—— 왕PD의 토크멘터리 ——
조선왕조실록 3

왕PD의 토크멘터리

조선왕조실록 3

초판 인쇄 2024년 2월 23일
초판 발행 2024년 3월 5일

지은이 왕현철
일러스트 김영곤
펴낸이 유해룡
펴낸곳 (주)스마트북스
출판등록 2010년 3월 5일 | 제2021-000149호
주소 서울시 영등포구 영등포로5길 19, 동아프라임밸리 1007호
편집전화 02)337-7800 | **영업전화** 02)337-7810 | **팩스** 02)337-7811

원고투고 www.smartbooks21.com/about/publication
홈페이지 www.smartbooks21.com

ISBN 979-11-93674-07-9 04910
     979-11-90238-66-3 04910 (세트)

왕PD의 토크멘터리

왕현철 지음

조선
왕조
실록

3

스마트북스

『조선왕조실록』에서
실천이 따르는 해답을 찾다

『조선왕조실록』 완독에 도전한 지 8년째, 어느덧 제3권을 출간하게 되었다. 제3권은 조선 중기의 인종, 명종, 선조, 광해군의 이야기를 담았다.

이 시기 동아시아는 요동쳤다. 명나라와 일본은 정권이 교체되는 변곡점이었다. 조선은 명나라와 사대외교로 끈끈한 관계를 유지했으나 명나라는 이미 쇠퇴의 길로 접어들었고, 반면 조선이 오랑캐로 업신여겼던 여진족은 청나라를 세워서 중원의 주인이 되어갔다. 일본은 조선을 침략한 도요토미 히데요시가 사망한 뒤, 도쿠가와 이에야스가 정권을 잡고 조선에 화해를 손짓했다. 조선은 두 나라의 영향으로 거센 파도를 탔다.

◆◆◆

인종은 조선 27명의 왕 중에서 재위 기간이 8개월로 최단기간이다. 그는 부왕의 상제에 대한 지나친 효로 목숨을 앞당겼고 업적이 거의 없다. 그러나 24년 동안 세자 자리에 있었다. 인종을 통해 왕의 효는 무엇인지, 조선의 세자는 어떻게 길러지고 미래를 준비했는지를 살폈다. 이는 의미 있는 작업이었다.

◆◆◆

명종은 22년 동안 재위했다. 12세에 왕위에 올라 모후 문정왕후의 수렴청정으로 어머니의 눈치를 봤다. 문정왕후는 아들을 왕위에 올렸음에도, 이에 그치지 않고 을사사화와 양재역 벽서 사건으로 수많은 선비를 정적으로 몰아 죽였고, 성리학의 나라 조선에서 불교를 중흥했다.

명종은 어머니와 그 세력의 틈바구니에서 벗어나려고 자신의 세력을 키워 맞서고자 했으나 한계가 있었다. 이 시기 백성의 삶은 너무나 고단해서 임꺽정 같은 도적_{백성에게는 의적}이 날뛰었다.

◆◆◆

선조 때는 임진왜란과 정유재란으로 국토가 침탈되었다. 우리 국토에서 조선, 명나라와 일본과 벌어진 7년간의 전쟁으로 수많은 생명을 잃어야 했고, 평범한 일상이 깨진 백성의 고통은 이루 말할 수 없었다.

　선조는 제 목숨 살겠다고 궁궐을 몰래 빠져나갔고, 나라는 풍전등화의 위기에 빠졌다. 이러한 절체절명의 상황에서 나라를 지켜낸 것은 여러 지역에서 스스로 일어난 의병장과 민초, 용기와 지혜를 겸비한 이순신 장군 등이었다.

　『선조실록』을 여러 번 꼼꼼하게 읽었다. 『이충무공전서』와 여러 개인 기록물도 참고했다. 선조의 민낯을 있는 그대로 객관적으로 전달하려 했고, 이순신의 승리 방정식은 오늘날에도 여전히 유효하므로 다시 강조할 점을 찾았다. 그 외에도 의병장과 백성의 힘, 외교의 중요성도 놓치지 않았다. 국가를 보전하고 발전시키기 위해서는 어느 하나의 강점으로 될 수 없고, 지도자와 백성, 군사와 외교, 다양한 전략들이 씨줄과 날줄의 연결 고리로 짜여져야 하기 때문이다.

　이런 측면에서 선조와 이순신, 그 외 여러 인물이 등장하는 임진왜란과 정유재란은 깊고 자세하게 쓰고자 했다. 400여 년이 지났지만, 그 가치가 충분하다고 판단했다.

◆◆◆

광해군은 세자 시절 백성의 환호를 받았으나 임금이 되자 완전히 바뀌었다. 재위 초기부터 형 임해군과 동생 영창대군을 죽이는 잔인함을 보였다. 제도적 어머니, 인목대비도 유폐했다. 상궁 김개시 같은 궁녀들에게 둘러싸여 정사를 등한시했다.

그러나 외교는 달랐다. 명나라에 파병해서 청나라와 싸우기도 하고, 싸우는 척도 했다. 명나라와 청나라 사이에서 줄타기 외교를 펼쳤고 두 마리 토끼를 모두 잡았다. 외교의 힘으로 약한 군사력을 보완하고, 우리 국토를 보전했다.

◆◆◆

현재의 한반도를 둘러싼 미·일·중·러의 패권관계도 이와 다르지 않다. 명분과 의리보다는 국익에 따라 움직이는 광해군의 지혜를 눈여겨봤다. 국가는 국토를 보전하고 국민의 생명과 재산을 지키는 것이 가장 우선이기 때문이다.

그러나 무엇보다 안타까운 것은 우리의 국토에 외국의 군사가 쳐들어와서 국토가 침탈된 것이다. 다행히 그 위기를 극복했지만, 위기에서 얻은 교훈은 지속되지 않았다.

임진왜란과 정유재란 이후에도 우리는 많은 전쟁을 겪었다. 정묘호란, 병자호란, 일제 강점기, 한국 전쟁 등으로 우리 국토는 유린되었고, 백성은 질곡의 나날을 보냈다. 세계 곳곳에서 전쟁이 벌어지고 있다. 인류가 생존하는 한 전쟁은 계속될 것이다.

국가의 힘이 약화하면 평화도 사라진다. 현재의 우리는 평화의 시대에 살고 있다. 행복이다. 이 행복을 후손과 그 후손에게 물려주고 또다시 전쟁의 구렁텅이에 빠지지 않아야 한다.

> "경장更張 고쳐서 새롭게 함하지 않으면 나라는 필시 망합니다. 그냥 나라가 망하는 것을 기다리는 것보다 경장하는 것이 낫습니다."
>
> 『선조수정실록』 15년 9월 1일
>
> "화친을 믿고서 방비를 소홀히 하는 자는 나라가 망하는 것이고, 화친을 말하면서 마음을 다해서 노력하는 자는 나라를 보존합니다."
>
> 『선조실록』 33년 2월 20일

율곡 이이와 의병장 곽재우가 선조에게 올린 말이다. 이이는 미래를 준비하지 않으면 위기가 닥쳐온다고 했고, 집을 수리하듯이 나라도 고쳐야 한다고 했다. 곽재우는 외교와 국방은 때에 맞게 다양한 전략으로 펼쳐야 한다고 했다.

역사는 전쟁과 평화가 쳇바퀴처럼 돌았다. 그 속에 문제와 해답은 동시에 있었다. 해답을 알고 있음에도 비슷한 비극이 되풀이되는 것은 실천하지 않기 때문이다. 실천이 따르지 않는 해답은 의미가 없고, 실천이 따르는 해답은 그 가치가 발휘된다.

개인의 삶도 이와 다르지 않다. 『조선왕조실록』 완독에 도전해서 매일 일찍 일어난다. 읽고, 분류하고, 요약해서 쓴다. 그 글이 차곡차곡 쌓여서 3권이 되었다. 나의 도전과 노력이 역사의 향기로 독자들에게 조금이라도 전해지기를 바란다.

2024년 3월
왕현철 드림

2장 명종, 수렴청정과 간신·도적이 들끓던 시대

3장 선조, 풍전등화의 나라, 이순신과 민초가 일어서다

4장　광해군, 공포정치와 중립외교의 두 얼굴

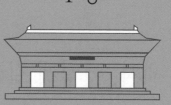

1장

인종, 짧은 재위기간,
펼쳐보지 못한 꿈

조선의 세자, 어떻게 길러졌나?

조선의 제12대 임금 인종은 중종의 두 번째 비 장경왕후 윤씨에게서 태어났다. 인종은 6세에 세자가 되어 24년간 세자 자리에 있었다. 세자로서는 문종 다음의 오랜 기간이었으나 재위는 8개월로 최단기간이었다.

인종의 원래 이름은 장경왕후의 태몽에 따라서 억명億命이었다. 억만년의 오랫동안 살라는 염원이 느껴진다. 그러나 억과 명은 일반인이 자주 사용하는 글자이기 때문에 5세에 호岵로 개명했다. 세자나 임금의 이름은 피휘하기 때문에 자주 사용하지 않는 한자로 바꾼다. 어쨌든 인종은 태몽의 바람대로 장수를 누리지 못했고 30세에 삶의 마침표를 찍었다.

인종의 세자시절을 통해서 조선의 세자가 어떻게 길러졌는지 그 과정을 보자.

　인종은 원자로 태어나서 민가로 나가서 보살핌을 받았다. 성종이 백성의 어려운 삶을 이해할 수 있도록 처음 실시했다. 연산군도 태어나서 궁궐 밖에서 자랐고 연산군의 적장자 이황폐세자도 마찬가지였다. 그러나 중종 10년 10월, 신하들은 오히려 원자를 궁궐로 불러들여서 보양해야 한다고 여러 차례 건의했다.

　　원자를 궁궐에서 양육해서 조정의 일과 내시와 궁녀를 대하고, 대신과 대간을 접하는 도리를 배워야 합니다.

⠄24년간 세자 자리에⠄

그러나 중종은 신하들의 건의를 받아들이지 않고, 원자를 교성군 노공필의 집으로 보냈다. 노공필은 영의정을 지낸 노사신의 아들로, 세조 때 과거에 합격해서 성종 때부터 육조판서를 모두 역임했다. 특히 형조판서는 세 번, 호조판서는 두 번 해서 판서 자리에 무려 아홉 번 오른다. 연산군 때도 판서를 했으나 유배 갔고 중종반정으로 복귀해서 교성군이 되고 좌·우찬성, 영돈령부사까지 올랐다. 또한 세자 연산군의 스승도 했다. 그의 경력을 보면 원자를 보양하는 데는 부족함이 없다.

　원자인종는 세 살에 잠시 궁궐로 들어왔다. 임금은 그의 학문을 시험했는데 『천자문』을 한 자도 틀리지 않고 다 외웠다. 네 자씩 250구절로 돼 있는 『천자문』을 모두 외우는 것은 쉽지 않다. 『유합』도 절반을 익혔다. 『유합』은 성종 때의 문신 서거정이 편저한 한자 교본으로 한자에 언문_{한글}이 병행돼 있어서 언문도 익힐 수 있다. 인종은 언문도 배웠다. 노공필이 원자의 공부에 매우 공을 들였음을 알 수 있다. 중종 12년 4월, 임금은 원자의 학문에 감탄해서 매우 만족하고 계잠을 내렸다. 장차 왕으로서 경계를 삼으라는 내용이다.

원자가 세 살에 궁궐로 들어와서 나를 알현했다. 너의 자질이 총명하니 매우 기특하다. 내가 손수 지은 계잠을 너의 장래를 위해서 내리니 잊지 마라.

계잠은 11개 항목으로 되어 있다.

1. 일찍 일어나고 밤이면 자라.
2. 학문을 게을리하지 마라.
3. 스승을 존대하고 도를 즐기고 선을 좋아하고 인을 힘써라.
4. 음악과 여색을 가까이하지 말고 재산을 축적하지 마라.
5. 예가 아니면 보고, 듣고, 말하고, 행동하지 마라.
6. 소인의 무리와 어울리지 말고 난잡한 놀이를 좋아하지 마라.
7. 뜻을 원대하게 세우고 금석처럼 단단하게 하라.
8. 임금에게 충성하고, 어버이에게 효도하며, 형제간에는 우애하고 (임금에게) 날마다 문안하고 수시로 음식을 보살펴라.
9. 간사한 마음을 버리고 이단을 숭상하지 마라.

10. 사욕으로 폐를 끼치지 말고 착하고 공정한 마음을 가져라.

11. 부녀자후궁과 궁녀와 내시의 말을 듣지 말고 처음과 끝을
    조심하라.

계잠의 내용을 세 살의 원자가 이해하기는 쉬운 일이 아니지만
계속 깨우쳐서 훌륭한 임금이 되기를 바라는 중종의 염원이 담겨
있다. 중종이 내린 계잠은 다른 세자에게도 기본 지침이 되었다.

원자는 6세에 세자에 올랐다. 조선의 세자는 8세에 오르는 것
이 상례이지만 2년이나 앞당겼다. 원자보다 먼저 태어난 경빈 박
씨의 아들 복성군을 염두에 두었기 때문이다. 원자의 어머니 장
경왕후는 승하했고, 경빈 박씨는 중종의 사랑을 받고 있었기 때
문이다. 신하들은 빨리 세자를 정해서 나라의 근본, 국본을 안정
시키고자 했다.

ː 세자의 하루는 바쁘다 ː

세자가 되면 기본적으로 해야 할 일이 있다. 시선, 문안, 입학이다.
시선은 아침저녁으로 임금의 수라를 살피는 것이고, 문안은 찾아
뵙고 인사를 드리는 것이며, 입학은 성균관에 들어가는 것이다.

임금과 세자가 한 지붕 아래서 사는 것이 아니라 전각이 떨어
져 있고, 의관노 갖추기 때문에 하루에 누세 번 시선이나 문안의
예를 올리는 것은 쉽지 않지만 세자로서 감내해야 할 일이었다.
세자가 시선을 할 때는 왕세자의 시위를 맡은 14명의 세자익위사

도 따라간다.

세자의 자질을 갖추는 데는 학문이 중요한 요소였다. 세자의 공부를 서연이라고 한다. 『경국대전』에 규정이 있다. 세자의 스승으로서 가장 위로는 사부師傅가 있다. 사는 영의정, 부는 좌의정이나 우의정 중에서 겸직한다. 그 밑으로 이사, 좌·우빈객, 좌·우부빈객, 보덕, 필선, 문학, 사서, 설서정7품 등 12명이다.

정1품의 정승에서 정7품의 젊은 관리까지 다양하게 구성되어 있어서 세자가 균형감각을 갖도록 했다. 왕의 의지에 따라서 실제로 운영된 스승의 구성은 차이가 있었다.

세자가 이사종1품 이상의 스승을 맞이할 때는 문밖의 섬돌까지 나가서 허리를 굽히는 예를 해야 했다. 서연을 통해서 스승을 존대하고 어른을 공경하는 겸양의 예절도 배웠다.

세자는 회강會講도 했다. 회강은 배운 것을 발표하는 형식으로 한 달에 한두 번 실시된다. 왕과 세자시강원, 익위사 전원이 참석하고 사헌부와 사간원에서도 각각 한 명씩 참석한다. 세자의 자질을 평가하는 잣대가 될 수 있으므로 긴장해야 했다.

교재는 『동궁계몽』『소학』『논어』『맹자』 등 성리학을 강조하는 교재와 『춘추』『통감강목』 등 역사서다. 성리학을 통해서 몸과 마음을 바르게 닦고 역사서를 통해서 나라를 다스리는 도와 삶의 교훈을 배우는 것이다. 임금의 경연과 마찬가지로 경세치용이나 부국강병과 같은 실용적 학문을 다루지 않은 것은 한계였다.

특히, 세자인종는 중국의 역사서 『통감강목』 150권을 10년에 걸쳐서 모두 읽었다. 이것은 부왕 중종도 마찬가지였다. 중종은 세자가 자신처럼 같은 책을 같은 기간에 읽은 것을 매우 기뻐하고 세자시강원 스승을 궁궐로 불러서 별도로 음식을 대접했다.

이 외에 세자가 배워야 할 중요한 덕목으로 3선과 4술이 있다. 3선은 부모에 대한 효도, 임금에 대한 충의, 장유에 대한 예절이고 4술은 시·서·예·악이다.

임금을 대신해서 중국 사신을 맞이하는 일도 했다. 세자와 사신의 위치를 정하고, 절을 하고, 칙서나 술잔을 주고받는 것 등은 모두 예법에 따라야 했고 까다로웠다. 사전 연습이 필요했다.

임금을 대신해서 기우제도 며칠 동안 지냈다. 가뭄의 막바지에 이르렀을 때다. 따가운 햇살이 내리쬐는 뙤약볕 아래서 석척기우제나 오방토룡제를 지냈다. 용을 닮은 도마뱀이나 흙으로 빚은 용을 통해서 지극한 정성으로 하늘의 조화로 비를 내리게 해서 백성에게 농사의 풍요로움을 안겨주어야 했다. 이 외에도 사냥이나 군사훈련을 참관하는 등 임금이 되기 위한 준비를 착실하게 했다.

세자 교육은 체계적이고 엄격하게 실시됐다. 나라의 예와 절차도 잘 배워야 했다. 세자는 이러한 과정을 잘 수행해서 왕과 신하들의 기대에 부응했고 소위 흠잡을 데가 없이 모범적인 세자로 자랐다.

: **반비례의 아이러니** :

그러나 모범적인 세자가 반드시 훌륭한 임금이 되는 것은 아니었다. 세자 기간약 30년이 가장 길었던 문종도 모범적인 세자였으나 재위는 2년 3개월이었다. 문종과 인종은 차기 왕의 자질을 키우기 위해서 엄격한 교육과 정성을 오랫동안 쏟았지만, 왕으로서 역량을 발휘할 충분한 시간을 갖지 못했다. 그만큼 뚜렷한 실적이 없다.

연산군과 광해군도 세자 기간이 10년을 넘었지만, 오히려 임금이 아니라 '군'으로 강등됐다.

반면 세자 기간이 짧은 왕들의 재위는 비교적 길었다. 세종세자 2개월, 재위 31년 6개월, 성종세자 0일, 재위 25년 1개월, 영조세자 3년, 재위 51년 7개월이다.

세자 기간과 왕위에 오른 재위 기간이 반비례한 것도 아이러니하다.

인간 만사가 교육한 대로 되는 것은 아니다. 그렇다고 뜻을 세우지 않고, 교육하지 않는다고 잘되는 것도 아니다. 세상의 일은 해답이 없으므로 그만큼 노력할 가치는 분명히 있다. 씨앗을 뿌리고 물을 주는 노력이 있어야 열매를 맺기 때문이다.

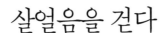

살얼음을 걷다

세자 인종는 24년 동안 견뎌내야 할 고통과 인내가 많았다. 세자 자리를 두고 주변에서 벌이는 권력 다툼이었다.

그는 치명적인 약점이 있었다. 태어난 지 6일 후 어머니 장경왕후가 승하한 것이고, 후궁의 아들보다 늦게 태어난 것이며, 결혼 후에는 후사가 없다는 것이다. 이러한 것이 빌미가 되어 세자 자리를 두고 여러 가지 사건이 벌어진다.

: 작서의 변 :

첫 번째가 '작서의 변'이다.『왕PD의 **토크멘터리 조선왕조실록**』 2권에 상세하게 소개함. 이 사건으로 경빈 박씨와 배다른 형 복성군, 매형 홍여가 아무런 법적 근거 없이 죽었다. 경빈 박씨와 복성군의 딸중종의 딸과 손녀, 세자의 배다른 누이와 조카도 연좌제가 적용되어 천민으로 전락했다. 당시 세자는 어렸지만, 그 과정을 지켜보았다. 중종 36년 11월 9일, 세자는 이들의 딱한 처지를 임금에게 알리기 위해서 과감히 글을 올렸다.

> 천총을 무릅쓰고 감히 아룁니다. 저는 나이가 어려서 '작서의 변' 경위는 알지 못하지만, 그 참혹함을 이루 말할 수 없었습니다. 저 때문에 형제들이 죽었으므로 슬프고 불쌍한 생각이 가슴에 저밉니다. 죽은 자는 어쩔 수 없지만 산 자들을 불쌍히 여겨주소서.

세자는 경빈 박씨와 복성군의 딸이 천민으로 전락해서 어려운 환경에서 살아가는 실상을 전하고 형제간의 우애를 나누고 싶다고 했다. 세자의 누이와 조카가 천민이 된 9년째였다.

중종은 자신의 첫째 아들 복성군을 자신의 명으로 죽인 것은 정말로 듣고 싶지 않다고 했다. 이 사건을 다시 언급하는 것은 임금의 심기를 건드릴 수 있었다. 그러나 세자는 용기를 냈고 중종은 결국 이들을 복직시켰다.

ː 두 번의 식중독 사건 ː

두 번째는 세자궁에서 일어난 식중독 사건이다. 세자가 자신의 시위를 담당하는 익위사에 포육얇게 저미어서 양념하여 말린 고기을 내렸다. 이것을 먹은 관원들이 두통과 배를 앓으며 구토와 설사를 했다. 만일 세자가 먹었다면 매우 중대한 문제였다. 신하들은 끝까지 추고해서 원인을 밝혀야 한다고 주장했다. 그러나 포육이 어느 곳에서 올라왔는지 정확한 출처를 알 수 없었기 때문에 원인을 밝힐 수 없었다. 포육의 출처를 알 수 있도록 표시해 두는 것으로 마무리됐다.

3년 후, 또 식중독 사건이 일어났다. 세자가 물린 퇴선에서 하인들이 생꿩고기와 식해를 먹고 구토하고 복통과 현기증을 일으켰다.

중종은 포육 사건에 이어서 또 이런 일이 일어나자 매우 놀랐다. 왕은 임금의 어선을 맡는 내시의 책임자인 도설리를 비롯한 관계자들을 추고했다. 또한 대궐에 음식물을 공급하는 반감, 상을 차리는 상배색도 조사했다. 식해를 보낸 용인현감과 경기감사도 추고했다. 그러나 식중독 원인은 밝혀내지 못했고 세자궁의 음식을 담당하는 내시와 용인현감의 파직으로 마무리됐다.

: 세자궁은 불타오르고 :

세 번째, 세자궁에 화재가 발생해서 세자가 거처하는 자선당까지 탔다. 입식 군사들은 우왕좌왕해서 제대로 불을 끄지 못했고 잡인들이 몰려들어서 어수선했다. 신하들은 세자의 안위가 걱정돼서 수소문했으나 행방을 알 수 없었다. 그러나 세자는 이미 임금

의 거처로 피신해 있었다.

> 세자궁의 화재는 해괴하고 경악스럽기 그지없다. 화재의 원인
> 을 조사하겠다.

중종 38년 1월 7일, 임금은 화재 소식을 듣고 재빨리 현장을
갔고 그 원인을 밝히고자 했다. 세자궁 정문의 첫 번째 방, 여종
이 거처하는 방에서 불이 시작한 듯했다. 여종이 목면을 방 안에
두고 밤에 살피러 갔다가 등불을 떨어뜨려서 불이 난 것이라고
했다. 100여 년 내려온 세자궁이 모두 타버린 큰 사건이었지만 여
종에게 태장을 치고, 노역의 죄를 묻는 비교적 가벼운 벌로 마무
리되는 듯했다.

그러나 식중독이나 화재 등 세자를 둘러싼 의문의 사건들이 계
속 일어나고, 진상이 밝혀지지 않자, 누군가가 세자에게 위해를

가한다는 의심의 눈초리가 번지고 있었다. 그 눈초리가 왕비 문정왕후를 향하고 있었다. 문정왕후에게는 늦둥이 경원대군이 있었다.

세자를 위협한 경빈 박씨는 이미 죽었고, 현재의 왕비, 문정왕후가 경원대군을 차기 세자로 올리려고 한다는 것이다. 이러한 배경은 세자에게 후사가 없는 것이 주요한 이유였고 수면 아래의 움직임도 있었다. 강릉부사에서 대사간으로 조정에 돌아온 구수담이 수면 아래의 움직임을 임금에게 고했다.

조정에는 대윤과 소윤의 당이 있습니다. 『중종실록』 38년 2월 24일

대윤은 윤임으로 세자를 지지하고, 소윤은 윤원형으로 경원대군을 지지했다. 조정은 세자와 현 왕비의 아들 경원대군의 세력으로 나누어졌다. 모두 외척으로 중종은 매우 놀랐다.

6년 전으로 돌아가보자. 김안로가 세자를 보호한다는 명목으로 문정왕후를 쫓아내려는 움직임이 있었다. 중종은 이 사실을 미리 알고 밀명을 내려서 오히려 김안로를 유배 보내서 사사했다. 중종의 명으로 문정왕후와 경원대군은 보호받았다.

이런 사건의 소용돌이를 겪었음에도 또다시 세자를 둘러싼 권력 다툼이 물밑에서 움직이는 것이다. 이에 대사헌 정순붕과 좌의정 홍언필이 구체적으로 증언을 했다.

"사람이 윤임을 보러 가면 대윤의 당이고 윤원형을 만나려고 가면 소윤의 당이라고 합니다. 대윤과 소윤이 서로 의심하고 있

습니다."

"신들은 이미 알고 있었으나 감히 아뢰지 못했습니다. 정순붕
의 말은 이치에 맞습니다."

: 세자를 위협하는 세력들 :

중종은 외척의 움직임을 그대로 놔둘 수 없었다. 윤임과 윤원형
의 당을 깨뜨리고 파면해서 유배를 보내려고 했다.

그러나 조정의 반대가 심했다. 조정은 이미 윤임세자 편과 윤원
형경원대군 편의 세력으로 재편되고 있었기 때문이다. 결국 그들을
죄주는 것은 흐지부지되었다. 이 불씨는 결국 자라서 명종 때 을
사사화로 번진다.

세자만 난처한 처지가 되었다. 세자 자리를 두고 조정이 쪼개
지고 수면 아래서 권력 다툼을 하는 것이다. 중종 39년 10월 2일
세자는 자신의 심경을 글로 써서 시강원 스승에게 보였다.

> 우리 형제의 우애는 하늘의 도리처럼 반듯한데 무슨 이유로 서
> 로 의심하는 단서가 생겼는지 모르겠습니다. 이것은 우리 형제
> 를 갈라놓으려는 술책에 불과합니다. 나의 충정을 임금께 아뢰고
> 여러 스승님께 의논하오니 살펴주십시오.

세자는 9세에 세자빈을 맞이했고, 3년 후 첫 합궁을 했으나 자
녀를 얻지 못했다. 후궁을 두었으나 역시 마찬가지였다. 혼인 후

20여 년이 지났어도 한 명의 후사가 없으니, 세자의 후계 문제는 겉으로 드러나지 않는 태풍이었다.

중종은 세 명의 왕비를 두었으나 아들은 세자인종와 경원대군뿐이다. 문정왕후는 자신의 아들, 경원대군이 차기의 권좌에 오르기를 꿈꿀 수 있다. 제3대 태종처럼 왕의 동생으로 세제가 되어서 왕에 오른 전례가 있었기 때문이다.

이러한 분위기에서 대윤과 소윤은 차기 권력을 위해서 물밑에서 움직이고, 세자는 사건이 일어날 때마다 자신의 심중을 글로 써서 형제의 우애가 빈틈이 없음을 강조하고, 대윤과 소윤의 갈라진 틈을 메우려고 노력했지만 한계가 있었고, 좌불안석이었다.

세자는 양위 소동도 겪어야 했다. 중종 33년 10월 1일, 내시를 시켜서 밤에 세자에게 대보를 전해주고 양위를 발표했다.

왕위에 오른 지 33년이 되었어도 다스림의 효과가 없어서 백성이 고통받고 있다. 내 나이 51세가 되어서 판단력이 흐려졌고, 어진 세자에게 자리를 물려주는 것은 좋은 일이다.

신하들은 임금의 갑작스러운 양위 발표에 아연실색했다. 세자는 식음을 전폐하고 온갖 방법으로 사양했고 심지어 목숨까지 끊고자 했고, 임금의 마음을 돌릴 수 있도록 조정대신들이 힘써 간쟁하기를 바랐다. 세자와 조정의 모든 신하가 반대하자 중종은 명을 거두어들였다.

"모든 신하가 놀라워하니 내 마음인들 편하겠는가. 마지못하여 그대들의 청을 따르겠다."

중종의 양위 소동은 이틀 만에 끝났다. 이러한 양위 소동은 대체로 신하와 세자의 '충성'을 확인하고 왕권을 강화하려는 임금의 연극이었다. 임금의 연극에 쉽게 말려들어서는 안 된다. 모든 신하가 반대하고 세자가 곡기를 끊고 울고불고 양위를 받아들이지 않는 것은 올바른 대처였다. 세자는 더욱더 근신해야 했다.

중종은 승하하기 전 약 2개월 동안 병을 앓았다. 세자는 왕의 곁을 지키고 병간호를 극진하게 하면서 수라를 거의 들지 않았다. 세자는 정작 자신의 몸을 돌보지 않은 것이다. 이것은 세자의 생명을 단축하는 원인이 된다.

세자는 24여 년 동안 차기 왕으로서 세자 수업을 착실하게 받고 모범적으로 자랐으나 그 이면에는 인내하고 견뎌야 할 일이 너무나 많았다. 생명의 위협이 되는 식중독이나 화재 사건도 있었고, 세자 자리를 두고 서로가 편을 나누고, 상대를 죽음으로 몰아넣는 비정함도 지켜보았다. 양위 소동도 겪었다.

세자는 2인자였으나 살얼음을 걸었다.

전하, 수라를 드시옵소서

조선은 핏줄로 왕위를 계승했고, 그 원칙은 적장자였다. 제12대 인종은 왕과 왕비의 적장자로 태어나서 원자를 거쳐 세자가 되었다. 중종의 승하로 왕위에 오르는 절차만 남았다.

선왕이 승하하면 성복하는 날 즉위식을 올린다. 성복은 초상이 난 5~6일째 상복을 입는 것이다. 신하들은 5일째 즉위식을 준비했으나 인종은 왕위에 오르려고 하지 않았다.

중종은 창경궁에서 승하했다. 신하들은 창경궁 명정전에서 즉위식을 준비하고 조복으로 갈아입고 대기했다. 세자도 상복을 다시 면복冕服 왕이 입는 최고의 예복으로 갈아입고 나와야 한다. 그러나 세자는 면복으로 갈아입을 의사가 전혀 없었다. 신하들이 여러 차례 권했지만 비통함만 쏟아내고 있었다. 왕위에 날름하게 오르지 않겠다는 것이다.

"직접 들어가서 면복을 입혀서 부축해서 나오시게 할 수 없는
가?"

"정승들이 이런 논의를 했으나 하지는 못했습니다."

임금과 신하들 간의 줄다리기는 계속됐고 해가 저물도록 이어
졌다. 상복을 입은 채로 즉위하자는 논의까지 했으나 조종조왕의
선대의 예법을 따라야 한다는 논의가 우세했다. 세자는 여전히 비
통함을 쏟아내면서 미동도 하지 않았다.

조정대신들은 직접 여차盧次 상주가 임시로 거처하는 곳를 찾아갔다.
조정이 7차례나 간청을 올렸으나 한결같았다. 석전夕奠 저녁에 제
물을 올리는 의식을 마치고 겨우 면복으로 갈아입었다. 즉위식을 하
겠다는 뜻이다. 깜깜한 밤중이었고 촛불을 켜야 했다. 그러나 어
좌에 오르지 않았다.

"어좌에 오르셔야 신하들이 하례를 드릴 수 있습니다."

세자는 억지로 어좌에 올랐으나 불안한 자세였고 애통한 눈
물을 비 오듯이 쏟아내고 있었다. 좌우의 뜰에 배종했던 신하들
도 덩달아서 오열했다. 세자는 한밤중에 창경궁 명정전에서 눈물
바다 속에서 즉위식을 했다. 제12대 인종이다.

인종은 즉위식이 끝나자 바로 상복으로 갈아입고 여차로 들어
갔다. 인종은 부왕의 죽음에 대한 슬픔을 지나칠 정도로 표했다.

조선시대 왕의 장례 절차는『세종오례』*『국조오례의』에 예법

● 세종오례: 국가의 예를 다섯 가지로 분류했다. 길례(제사 등), 가례(국혼, 책봉 등), 빈례(사신 접대 등), 군
례(군사 등), 흉례(국장 등)다. 세종이 집현전에 명해서 정리하고,『세종실록』의 부록으로 수록되어 있
다. 성종 때 완성한『국조오례의』의 저본이 된다.

과 절차가 자세하게 기록되어 있다. 고명, 습, 소렴, 대렴, 졸곡제 등을 설명하고, 하나의 예법이라도 소홀히 할 수 없었다.

선왕의 시신은 대략 5개월간 궁중에 안치했다. 산릉을 조성하는 데 그만큼 시간이 걸리기 때문이다. 이 동안 궁궐에서 조·석전과 상식의 제사를 올린다. 조·석전은 아침저녁으로, 상식은 하루 식사 때 두세 번 제물을 올리는 것으로 하루에 네다섯 번 제사를 올리고 곡림을 한다. 임금의 곡림은 몸을 굽혀서 네 번 절하고 15번 곡성을 낸다. 이 외에도 초하룻날, 보름날에 제사를 올리는 삭망전이 있고, 별제도 있다. 별제는 민속 절기인 정월, 동지, 한식, 단오, 중추절에 올리는 제사다.

인종은 이러한 제사를 직접 다 하고자 했다. 실제로 몇 개월 동안 제사를 직접 올렸다. 별제의 제문도 직접 썼다. 이러한 예는 다른 왕들에게서 찾아볼 수 없다. 조·석전과 상식은 상황에 따라서 건너뛰거나 신하들이 대신 지내기도 했다. 인종은 부왕의 상제를 매우 중시했고 지나칠 정도로 예를 지키고자 했다.

: 지나친 예와 효는 병을 부르고 :

그러나 곧 심각한 문제가 생겼다. 왕의 건강이었다.

선왕이 승하하면 소찬을 들지만, 49재를 지나면 고기반찬을 먹는 것이 일반적이다. 인종은 이러한 예법을 뛰어넘어서 수라를 들지 않는다는 소문이 돌고 있었다. 부왕의 병을 돌볼 때부터 벌써 수개월째였다. 임금의 걸음걸이가 불안정했고, 얼굴빛도 안 좋았다.

"선왕이 병중일 때는 병시중으로, 승하하신 이후는 애통함으로 수라를 드시지 않는다고 하니 매우 놀랍습니다. 종사의 대계를 위해서 수라를 드시옵소서."

"내가 예법을 지나치게 한 일이 없다. 부끄럽다. 신하들의 뜻에 부응하겠다."

인종의 대답은 그럴듯했으나 행동으로 옮기지 않았다. 신하들의 거듭된 요청에 수라를 드는 시늉을 했으나 실제로 먹지는 않았다. 용안이 더욱 수척해지고 구역질까지 있었음에도 의원의 진료도 거부하고 약도 먹지 않았다. 그런데도 약간 피곤할 뿐 몸에 이상이 없다는 것이다.

조정은 임금의 수라와 건강에 온통 집중했으나 5개월이 지나서야 비로소 임금이 의원의 진찰을 받았다. 의원이 진찰하니 매우 심각한 상태였다.

"임금의 옥체가 매우 피곤하고 비위가 미약합니다. 세종대왕의 유교대로 억지로라도 수라를 드셔야 합니다."

신하들의 최대 과제는 왕이 음식을 먹도록 하는 것이었고, 세종이 내린 권제權制 임시제도를 내세워서 수라를 드시라고 강력하게 권했다.

> 왕세자와 대군 이하는 사흘 안에 죽을, 사흘 뒤에 밥을 먹는다. 한 달이 지나면 술을 마시고, 졸곡 후에는 고기를 먹어라. 만일 병이 있으면 상중이라도 고기를 먹어라. 영구히 준수하라. 『세종실록』 29년 12월 20일

세종은 부모의 초상으로 상주가 너무 슬퍼하고 먹지 않아서 몸이 쇠약해지고 심지어 생명을 잃는 것을 안타깝게 여겼다. 이러한 것은 오히려 불효라고 여기고 생명과 건강을 유지하기 위해서 최소한의 음식을 먹도록 권제를 만들었다.

인종은 수라를 들지 않았고 혓바늘이 돋아서 음식을 먹지 못하고 잠도 잘 자지 못했다. 신하들은 우유와 고깃국, 소금과 장을 먹도록 권했다. 당시 우유는 심열을 제거하고 소금과 장은 기운을 돋우는 데 도움이 된다고 여겼다. 인종은 숟가락을 입에 가까이하고 먹는 시늉을 했으나 실제로는 먹지 않았다. 인종은 거식증에 가까웠다. 그런데도 제사는 직접 지냈다.

"그동안 상제를 친히 실행해서 몸이 쇠약해졌습니다. 신하에게 맡기소서."

"제사를 지내는 데 아무런 불편함이 없고, 한 번이라도 몸소 하지 않으면 미안한 일이다."

『인종실록』 몇 개월의 기록을 보면 선왕의 상제에 대한 논의, 왕의 수라와 건강에 관한 논의가 대부분이다. 인종이 선왕의 상제에 대해서 과도하게 집착하고, 수라를 거부하는 결과는 뻔했다. 왕의 건강은 차츰 악화일로로 치닫고 있었다.

"심맥, 폐맥, 신맥뿐만 아니라 이제는 간맥, 비맥, 위맥까지 약해지고 있습니다."『인종실록』 1년 2월 21일

의원과 신하들은 음식과 약으로 조리해야 한다고 강권하다시피 했고 고깃국을 먹도록 여러 차례 청을 올렸다. 그런데도 인종은 고깃국을 비롯한 수라를 제대로 들지 않았고, 죽음을 목전에

두고 겨우 약을 지어 올리라고 명했다. 이미 때를 놓쳤다.

인종은 헛소리까지 했다. 말도 알아듣기 어려웠다. 결국 인종은 약을 먹고 싶어도 먹을 수 없는 지경에 이르렀다.

그런데도 임금은 관복 차림이었다. 신하들이 문병으로 오래 앉아 있는 것이 민망할 정도였다. 이것은 부왕의 병을 돌볼 때도 마찬가지였다. 세자로서 밤낮으로 친히 약을 달이고 시중을 들면서 관대를 벗지 않았다.

임금의 증세가 극도로 악화하자 왕비 인성왕후는 손가락을 잘라서 피를 바치려고 했다. 영의정 윤인경의 만류로 실행하지 못했으나 임종이 임박했음을 짐작할 수 있다. 또한 왕비는 종묘, 사직, 소격서와 근처의 명산과 대천에 제관을 보내서 기도를 올리도록 하고, 모반죄 등 중대범죄를 제외한 대사면을 단행했으나 효과는 없었다.

인종은 마지막으로 배다른 동생 경원대군에게 양위한다는 전위단자에 계자인*을 찍고 숨을 거두었다. 경복궁 청연루 아래 소침이었다. 30세였다.

영의정과 좌의정은 임금의 허락을 받고 임종 직전에 옥체를 만져볼 수 있었다. 뼈만 앙상하게 남아 있었다. 두 정승은 눈물을 참을 수 없었다. 임금이 그동안 얼마나 수라를 들지 않았는지 미루어 알 수 있기 때문이다.

인종은 선왕의 상제에 대한 지나친 예와 효 사상, 그리고 수라를 들지 않음으로써 생명을 단축했다. 세자로서 24년간, 왕으로

* 계자인(啓字印): 임금이 재가하는 서류에 '계(啓)' 자를 찍는 도장.

서 8개월간의 짧은 재위 기간이었다.

인종은 임종을 목전에 두고 자신이 품은 평생의 뜻을 글로 남기고자 지필묵을 준비시켰으나 글을 쓸 여력이 없었다. 그나마 겨우 알아들을 수 있는 몇 마디를 남겼다.

⋮ 세자 24년, 임금 8개월 ⋮

"부왕의 승하가 얼마 되지 않아서 나 또한 이 지경에 이르러 효를 다하지 못했다. 부왕의 곁에 묻어주고 장례를 검소하게 치르라."

아무리 임금이라도 먹지 않고 건강을 돌보지 않으면 생명은 단축된다. 인종은 신하들의 최대 관심사인 수라를 들지 않았고, 지나칠 정도로 예법에 집착하여 왕으로서 재위 기간을 단축했다. 인종이 실천하고자 한 효가 오히려 선왕의 제사를 오랫동안 돌보지 못하는 불효가 되었다.

훌륭한 임금이 되기 위해서 세자에게 24년 동안 쏟은 보육과 학문을 왕으로서 불과 8개월밖에 활용하지 못한 것은 조선의 불행이었다. 인종 사후, 을사사화로 많은 선비가 죽임을 당하기 때문이다.

인종, 무엇을 남겼나?

인종 재위 8개월간의 기록을 보면 부왕의 장례나 왕의 건강에 대한 논의가 상당 부분을 차지하고 있다. 장례는 『국장도감』『빈전도감』『산릉도감』의 임시기구를 설치해서 협의해 나간다. 그런데 중종 39년 11월 15일, 중종의 승하 당일 문정왕후로부터 명이 내려왔다.

"문정전을 빈전으로 삼고, 통명전에 찬궁임금의 시신을 넣어두는 관을 설치하시오."

세자와 임시도감이 결정할 일을 왕대비가 사전 협의 없이 통보한 것이다. 특히 통명전은 내전으로 승지나 예모관장례 절차를 맡은 임시벼슬이 출입하기 어려운 곳이다. 즉, 부녀자와 궁녀 등이 출입하는 내전에 시신을 두겠다는 것으로 전례가 없었다.

그런데도 우의정이자 총호사국상을 총괄하는 임시벼슬 윤인경은 간언을 올리지 않고 오히려 사소한 절차까지 문정왕후에게 물어서 결정했다. 인종의 정사에 문정왕후가 개입할 수 있음을 보여준 사례다. 매우 잘못된 결정이었다.

인종의 탓도 있었다. 인종은 부왕의 승하에 지나칠 정도의 슬픔에 잠겨서 신하들의 물음에도 답을 내려주지 않았다. 홍문관은 문정왕후가 정사에 관여하는 것은 임시방편의 하책이라면서 임금에게 당당하게 권한을 행사하라고 상소를 올렸으나 효과는 없었다.

인종의 첫 결정은 부왕의 능 자리였다. 윤인경은 현장답사를 통해서 산의 형세를 그린 산형도를 올리고 풍수학을 참고한 장단점을 설명했다. 희릉현 경기도 고양시 옆이었다. 희릉은 중종의 두 번째 왕비 장경왕후의 능으로 인종의 어머니다. 중종도 생전에 희릉 주변에 묻히고 싶다고 세자에게 일러두었다. 신하들과 상지관들도 합당한 자리라고 동의했다. 이러한 뜻이 모아져서 중종의 능 자리는 희릉 옆으로 결정됐다. 그러나 중종의 능은 현재 서울시 강남구에 있고 문정왕후가 이곳으로 옮겼다.

중종의 첫 왕비 단경왕후 신씨는 아직 살아 있었다. 그녀는 지혜로운 아내였으나 부군이 왕이 되자 폐비로 전락해서 궁궐에서 쫓겨나 곤궁한 생활을 하고 있었다. 인종 1년 4월, 임금은 그녀를 복원시켰다.

"이제부터는 신씨의 사저를 폐비궁으로 부르고 자수궁후궁이 거처하는 곳처럼 대우하라."

중종은 첫 왕비를 쫓아내고 폐비로 강등시켰다. 인종은 부왕이 정한 '폐비'는 바꾸지 못했으나 '궁'으로 올려주고 후궁의 수준까지 생활의 편의를 제공했다. 인종의 지극한 효심을 엿볼 수 있다.

인종은 중국 사신을 맞이했고 경회루에서 잔치도 베풀었다. 또한 중국 사신의 접대를 위해서 물품을 바친 황해도와 평안도 백성들에게 세금을 줄여주었다. 인종은 왕으로서 최소한의 정책은 펼쳐나갔다.

선왕이 승하한 후 실록을 편찬한다. 실록청을 설치하고 각종 자료를 모은다. 이때 사관이 쓴 사초가 가장 중요한 자료다. 사관은 자신이 쓴 사초를 집에 보관한다. 이를 가장사초家藏史草라고 한다. 왕이 승하하면 사초를 제출한다.

선왕의 원로대신들은 사초에 신경이 쓰일 수밖에 없다. 조정에서 한 일이 비판적으로 기록될 수 있기 때문이다. 인종 때 대신들은 사관들에게 사초에 이름을 써서 제출하기를 청했다. 자신들에게 향하는 신랄한 비판을 피하기 위해서다.

그러나 간원은 나라에서 역사를 기록하는 것은 임금의 선과 악, 시정의 득과 실을 사실대로 직필하기 위한 것이라고 반발했다. 인종은 춘추관의 당상관과 협의하겠다고 유보하는 태도를 보였다. 영의정이자 실록편찬 책임자 윤인경은 한발 더 나아가서 가장사초에 이름을 썼는지 확인해야 한다고 주장했다.

그러나 예문관 봉교 민사도 등이 반발했다. 사초에 이름을 써서 제출하면 사관이 직필을 할 수 없다고 했다.

사초에 이름을 쓰는 것은 근거가 없고 이치도 맞지 않습니다. 사초는 공론을 유지하고 진실을 기록해서 선은 권장하고 악은 경계하기 위함입니다. 사초에 이름을 쓰면 아첨이 늘어날 것이고 공정하지 못할 것입니다. 신들은 차라리 명을 어겨서 벌을 받을지언정 사초에 이름을 감히 쓰지 못하겠습니다. 『인종실록』 1년 3월 3일

사관들은 임금의 명을 어긴 벌을 받더라도 이름을 쓸 수 없다는 결연한 자세를 보였다. 인종은 결국 사관들의 주장을 받아들이고, 이런 사실을 대신들에게 통보하게 했다.

사관 윤결이 영의정 윤인경 등에게 임금의 뜻을 전하자 "이미 그럴 줄 알았다"라고 언짢아했다. 대신들은 사초에 이름을 쓰지 않는 것이 공정하다고 알고 있음에도 자신들의 비판을 줄여보자는 꼼수를 부린 것이다. 인종이 사초에 이름을 쓰지 않도록 한 것은 현명한 판단이었다.

사관들은 어전회의에서 맨 나중에 나가기를 요청했다. 신하들이 회의를 마치고 나가는 상황을 이용해서 임금에게 비밀리 아뢰는 것을 막기 위해서였다. 전례는 직급이 낮은 순서인 사관이 먼저 나갔다. 인종은 전례를 존중하지만, 측근의 신하가 나간 후 사관이 나가도록 했다. 역사를 공정하게 기록하려는 사관의 편을 들어주었다.

인종의 재위 기간에 가장 많이 올라온 상소는 소광조의 신원 회복이었다. 첫 상소는 인종 1년 3월, 성균관 진사들이 올렸다.

조광조의 학문은 그 뿌리가 올바릅니다. 조광조는 김굉필에게 배웠고 그 위로 김종직, 김숙자, 길재, 정몽주로 거슬러 올라갑니다. 조광조는 선비들의 종장입니다. 조광조의 신원을 회복하는 것은 나라와 선비들의 사기를 진작시키는 것입니다.

조광조의 신원 회복은 유학의 종주를 잇는 것이라고 주장했다. 조광조의 죽음으로 그 맥이 끊어져 후학들은 안타깝게 여겼다. 홍문관, 경연관도 여러 차례 조광조의 신원 회복을 아뢰었다. 인종은 조광조의 학문이 도리에 밝고 선비들의 풍습에 좋은 영향을 미쳤다는 것은 인정했다. 그동안 대사면을 했다. 그런데도 조광조의 신원은 회복시킬 수 없다고 했다.

"부왕께서 풀어주지 않는 죄를 내가 쉽사리 고칠 수 없다."

인종은 조광조의 죄의 유무를 떠나서 부왕의 뜻을 거스를 수 없음을 밝혔다. 신하들은 이후에도 계속 조광조의 신원 회복을 요청했으나 임금의 마음은 움직이지 않았다. 그러나 인종 1년 6월 29일, 임금은 죽음을 목전에 두고 자신의 솔직한 심정을 밝혔다.

조광조의 일은 늘 마음속에서 잊지 않았다. 그러나 부왕의 일이어서 가볍게 고치지 못한 것이다. 조광조의 벼슬을 회복하고 현량과 출신도 다시 등용하라.

인종은 승하하기 이틀 전 조광조의 신원을 회복하도록 유언을

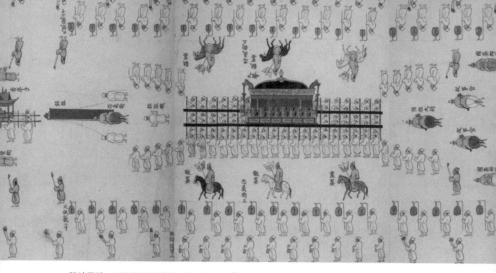

왕의 국장 | 숙종의 장례 행렬도 중 일부이다. 『숙종국장도감의궤』에 수록되어 있다.

남겼다. 인간은 죽음을 앞두고 죄와 벌, 애와 증이 사라지는 천성
으로 되돌아가는가 보다. 그런데도 신하들은 인종의 유언을 실천
하지 않았다. 조광조의 반대세력이 남아 있었다. 인종의 유언은
허공에 뜬 것이다. 아무리 왕이라도 사후의 일까지 뜻대로 되지
않았다.

조광조의 신원이 회복된 것은 선조 1년이다. 조광조의 사후 49
년 만에 영의정으로 추증되고, 조광조를 죽음으로 내몬 '주초위
왕'도 『선조실록』에 실리게 된다.

: 세자 시절 배운 것을 펼쳐보지도 못하고 :

인종은 왕비의 첫아들로 태어났으나 어머니 징경왕후는 생후 6
일 반에 승하했고, 누나 효혜공주와 매형 김희도 일찍 세상을 떠
났다. 세자 자리를 두고 배다른 남자 형제 복성군은 죽고, 여자 형

제는 노비로 전락했다. 세자궁이 불타고 잇따른 식중독 사건으로 생명의 위협을 받기도 했다.

인종은 후사도 없었다. 일부의 신하들은 야심에 찬 문정왕후와 끈을 맺고 있었다. 그녀의 아들, 경원대군을 왕위에 올리려는 세력이었고, 수면 아래서 움직이고 있었다.

인종은 24년간 세자를 거쳐서 왕위에 올랐다. 학문도 착실하게 쌓아서 모범적이었다. 세자와 스승으로서 맺은 신하들도 있었다. 인종은 오랫동안 쌓은 학문과 세력으로 왕조 국가의 절대적인 왕권을 행사할 수 있었다.

그러나 인종은 지나칠 정도의 효와 예법으로 건강을 돌보지 않아 모든 것이 물거품이 되었다.

제12대 인종은 조선의 왕 중에서 재위 8개월로 최단기간이었고, 내세울 만한 업적이 거의 없다. 세자 기간은 3년밖에 되지 않았지만, 소식으로 건강관리를 잘해서 51년 7개월간 왕위를 누리고 여러 업적을 남긴 영조와 대비된다.

왕위 계승의 적장자 원칙

조선은 왕위를 계승하는 원칙으로 적장자를 내세웠다. 그런데도 첫 단추부터 어긋났다. 태조가 막내 방석을 세자로 정함으로써 제1차 왕자의 난으로 형제간에 피를 흘리게 했다. 이후에도 세자를 교체하고, 왕비의 소생이 없거나 반정 등으로 적장자 원칙은 잘 지켜지지 않았다.

조선에서 적장자로 왕위를 계승한 왕은 27명의 왕 중에서 고작 7명뿐이었다. 문종, 단종, 연산군, 인종, 현종, 숙종, 순종이다. 숙종을 제외한 6명은 재위 기간이 짧고 역할도 미미했다. 문종, 단종, 인종, 순종은 재위 기간이 짧았고, 현종은 재위 기간이 15년이나 뚜렷한 업적이 없다. 특히 연산군은 최초로 왕과 왕비 사이에서 태어난 적장자였으나 최악의 폭군이었다. 숙종은 약 46년간 재위했으나 인현왕후와 장희빈 사이의 오락가락, 서인과 남인을 번갈아서 기용하거나 유배 보내는 세 번의 환국경신, 기사, 갑술으로 붕당 정치의 폐해를 낳았다. 반면 적장자는 아니었으나 어진 이를 등용해야 한다는 논의로 선정된 충녕대군세종은 훈민정음을 창제하는 등 위대한 업적을 쌓았다. 적장자도 아니고 세자를 거치지 않고 하루 만에 왕좌에 오른 성종은 조선 초기의 여러 제도를 정착시켰다. 영조와 정조도 적장자는 아니었으나 탕평책과 균역법을 시행하고, 화성수원을 건설하는 등 개혁 정치를 펼쳤다. 조선의 적장자 원칙은 만족한 결과를 얻지 못했다. 핏줄보다는 왕의 능력과 신하들의 지혜가 잘 어우러진 정치가 나라와 백성에게 도움이 되었다.

2장

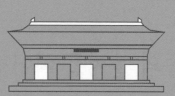

명종, 수렴청정과
간신·도적이 들끓던 시대

중종의 불씨를 이어받다

중종은 세 명의 왕비를 두었다. 단경왕후, 장경왕후와 문정왕후다. 단경왕후는 조강지처였지만 7일 만에 내쳤고 자식은 없었다. 장경왕후는 1남제12대 인종 1녀를 낳았고 일찍 승하했다. 문정왕후는 세 번째 왕비로서 1남제13대 명종 4녀를 낳았고 중종보다 21년을 더 살았다.

: 대윤과 소윤의 등장 :

두 왕비의 자식인 인종과 명종이 세자와 경원대군으로 있을 때, 그들 세력은 왕권을 두고 치열하게 싸웠다. 세자와 장경왕후를 지지하는 세력은 대윤, 경원대군과 문정왕후를 지지하는 세력은 소윤이다. 대윤은 장경왕후의 오빠 윤임, 소윤은 문정왕후의 동생 윤원형이 대표적이다. 윤임과 윤원형은 모두 외척으로 파평 윤씨지만, 권력은 공유할 수 없었고 생명을 빼앗기까지 했다.

중종 38년 2월, 구수담은 임금의 경연관으로 아침 경연에서 신하들 사이에 퍼진 풍문을 전했다.

"윤임을 대윤, 윤원형을 소윤이라고 하면서 각각 당을 세우고 있다고 합니다. 윤임은 부귀가 극에 달했고, 윤원형은 과거에 급제해서 좋은 벼슬을 맡아서 부족한 것이 없는데 왜 당을 세우는지 알 수 없습니다."

중종은 외척을 중심으로 당을 세운다는 말에 경악했다. 소인들이 조정을 어지럽게 하려는 소행으로 보고 추고하고자 했다. 그러나 구수담은 소문의 근원은 알 수 없다고 한발 물러섰다. 사헌부 집의 이몽량도 흔적이 없는 말을 추고하기는 어렵다고 거들었다. 삼정승도 사특한 논의와 헛말은 예부터 있었으나 임금이 중심을 잡으면 소문이 저절로 그치게 된다고 건의했다.

조정대신들은 대윤과 소윤이 있다는 변죽만 울렸다. 윤임과 윤원형이 세자 자리를 두고 어떤 싸움을 하는지 구체적으로 밝히지 않았다. 자칫 잘못하면 피바람을 일으킬 수 있기 때문이다.

"남은 흔적이 없는 말은 진실로 추고할 수 없다."

중종은 대신들의 건의를 받아들여서 사건을 더 이상 확대하지 않았다. 그러나 약 1년 6개월 후 대시한 정순붕이 다시 대윤과 소윤의 문제를 꺼낸다.

과거에 구수담이 대윤과 소윤을 상세하게 아뢰지 못하였습니다. 요즈음 조정이 겉으로는 무사한 듯 보이지만 속으로는 근심이 자라서 환난으로 번질 우려가 있습니다. 윤임을 보러 가면 대윤의 당이라고 하고 윤원형을 보러 가면 소윤이라고 부릅니다.

대윤과 소윤이 지지하는 구체적 내용도 밝혔다. 대윤은 세자인 종를 지지하고 소윤은 경원대군을 지지한다는 것이다. 또한 그러한 이유는 세자에게 후사가 없기 때문이라고 했다. 즉 경원대군도 장차 세자가 될 수 있어서 세력이 형성되는 것을 암시했다. 중종은 구수담이 말한 대윤과 소윤이 여전히 있다는 것에 매우 놀랐다.

"윤임과 윤원형은 지친이지만 그 무리가 하는 일은 잘 모른다. 이들이 당을 형성하면 후환이 매우 클 것이다. 깨뜨려야겠다."

중종은 세자와 경원대군 사이의 우정은 터럭만큼도 흔들림이 없는데 이런 간사한 의논이 불거진 것은 정유년 사건이 근원이라고 판단했다.

정유년 사건은 7년 전, 당시 좌의정 김안로가 세자를 보호한다는 구실로 경원대군의 외삼촌 윤원로, 윤원형을 파직시키고 문정왕후를 폐하려 한 사건이다. 중종은 그 낌새를 알아차리고 오히려 김안로를 체포해서 유배 보내고 사사했다. 문정왕후와 윤원형은 보호받았다. 중종은 이것으로 세자와 경원대군 사이의 갈등이 사라졌다고 보았는데, 다시 수면 아래서 움직이는 것이다.

중종은 주요 대신들을 불러서 대윤과 소윤의 당을 만들어서 세자와 경원대군을 각각 편드는 것은 매우 아름답지 못한 일이라고 질책하고 해결책을 제시했다.

"윤임은 간사한 의논을 먼저 내서 그치지 않게 하였으므로 귀양 보내고, 윤원형도 간사한 의논을 진정하지 못했으므로 파면한다."

: 불씨가 남아 을사사화로 :

조정은 대윤과 소윤의 당을 진정해 주도록 임금에게 아뢨다. 그러나 막상 임금이 양쪽을 징계하자, 대신들은 얼굴빛이 변했다. 사헌부, 사간원, 홍문관의 젊은 관료들도 마찬가지였다.

이즈음 대윤과 소윤의 세력은 팽팽했다. 중종은 양쪽을 진정시키기 위해서 징계를 내렸으나, 대윤과 소윤은 각각 자신의 편이 징계받는 것을 원하지 않았고, 징계를 반대했다.

중종은 모두가 반대하자 결국 징계를 철회한다. 대윤과 소윤의 근본적인 불씨를 묻어둔 채 겉으로는 평온을 되찾았다. 중종은 불씨를 제거하지 못하고 승하했다.

그 불씨가 자라서 을사사화로 발전한다.

수렴청정으로 정사를 시작하다

제13대 명종은 세자를 거치지 않고 왕위에 올랐다. 인종은 승하하기 이틀 전 경원대군에게 양위한다는 단자를 내렸다. 나라의 일에 대해서 말씀을 남겨달라는 문정왕후의 요청 때문이었다. 문정왕후는 기어코 아들 경원대군을 왕위에 올리는 야망을 실현했다.

인종 1년 7월 1일, 문정왕후는 인종의 승하 당일, 신하들이 슬픔에 빠져 장례 절차를 논의해야 할 시간에 차기 왕의 정사처리 방법을 먼저 꺼냈다.

"경원대군이 즉위하더라도 나이12세가 어리기 때문에 성종 때 정사를 청단한 정희왕후와 원상의 예처럼 공사를 처리하라."

문정왕후는 자신의 뜻을 먼저 밝혀서 대놓고 수렴청정하겠다고 했다. 정사에 개입하겠다는 강력한 뜻이다. 신하들의 여러 차례 요청으로 정사를 청단한 정희왕후와는 달랐다.

명종은 인종의 승하 6일 후 경복궁 근정문에서 즉위했다. 즉위 이튿날 영의정 윤인경 등은 나라의 소인과 간사한 자를 제거해야 한다고 아뢰면서 윤원로를 죄인으로 몰아갔다. 며칠 후 문정왕후가 윤원형을 통해서 은밀하게 전한 내용이다.

"윤원로는 흉악하고 간사해서 천륜 사이를 이간질했습니다. 그는 왕대비의 지친이지만 실상은 원수입니다."

: 오라비를 희생양 삼은 문정왕후 :

문정왕후는 다섯 명의 남자 형제가 있었다. 그중 오빠 윤원로와 동생 윤원형을 정치에 끌어들였다. 삼 남매는 경원대군을 인종 다음의 권력으로 만들기 위해서 똘똘 뭉쳤다. 이들이 인종을 핍박한다는 소문이 돌았을 정도다.

그러나 인종이 승하하고 경원대군이 왕위에 오르자, 삼 남매는 갈라섰다. 인종을 핍박했다는 의혹을 불식시킬 희생양이 필요했다. 문정왕후는 오빠 윤원로를 지목하고 덤터기를 씌운다. 남매 사이도 권력은 나눌 수 없는 비정한 칼이었다.

영의정 윤인경이 먼저 말을 꺼냈다. 홍문관이 총대를 메고, 윤원로를 주살하라는 상소를 올렸다. 사헌부와 사산원에서도 종사의 대계를 위해서 공론을 따르라고 했다. 의정부와 육조도 죄주기를 망설이지 말라고 했다. 한성부, 돈녕부, 심지어 도승지까지

나서서 윤원로의 죄를 주문했다. 조정의 모든 관원이 들불처럼 일어났고, 명종의 즉위와 동시에 윤원로의 죄주기에 정사의 초점이 맞추어졌다.

명종은 어머니의 뜻에 따라서 윤원로의 죄를 물어서 해남으로 유배를 보냈다. 즉위 나흘 만의 결정이었다. 왕의 즉위 때 화합의 장을 펼치는 일반적인 예와는 달랐다. 그런데도 윤원로는 아직 권력의 끈이 떨어졌다고 생각하지 않았다. 명종을 왕위에 올린 공을 자신하고 있었기 때문이다.

"내가 유배지에서 얼마나 머물겠는가. 내년 봄에 사면으로 돌아올 것이다."

윤원로는 그의 말대로 다시 복귀했다. 그러나 그는 공신록에 오르지 못한 분한 마음으로 동생 윤원형과 권력을 다투었으나 패했다. 그는 다시 유배를 갈 처지에 놓였다. 그는 동생 윤원형의 손을 잡고 하나밖에 없는 형을 살려달라고 애원했으나 결국 사사된다.

윤원로는 조카 명종이 왕위에 오르도록 노력했고 그 꿈이 실현되자 오히려 독배가 되어서 생명을 단축했다. 역사를 보면 높은 곳에는 늘 권력의 꿀과 칼이 동시에 숨어 있다.

문정왕후는 다시 칼날을 곤추세웠다. 윤임으로 향하고 있었다. 중종 말기 윤임대윤과 윤원형소윤으로 나누어져 있었다. 윤임은 승하한 인종의 외삼촌으로 인종을 지지했다. 문정왕후는 과거의 정적을 제거하고자 한 것이다. 그녀는 동생 윤원형을 신임해서 예조참의로 복귀시키고 밀지를 내렸다. 명종의 정사 초기에 정상적인 조직이 아니라 비선을 통해서 국가가 운영되는 것이다. 명종 즉위년 8월, 윤원형은 자신과 친밀한 병조판서 이기, 임백령, 정순 붕 등을 통해서 임금에게 조정대신들의 소집을 요구했다.

"속히 명패를 보내라."

명종은 이기 등의 보고를 받고 의정부, 사헌부, 사간원 수장 등 을 궁궐로 들어오게 했다. 경복궁 충순당에서 회의가 시작됐다. 임금이 앞에 앉고 문정왕후가 발을 내리고 왕의 뒤에 앉는 수렴 청정의 틀을 갖추었다. 이기가 먼저 입을 열고 문정왕후가 자신 의 생각을 덧붙였다.

"윤임은 중종 때부터 잘못을 저질렀고 최근에는 스스로 불안 해서 좌의정 유관과 이조판서 유인숙과 결탁하고 있습니다. 이 사람들을 유배 보내십시오."

"윤임은 간사하고 흉악했으나 인종의 외숙이었기에 처벌하지 않았다. 나 역시 잘 대우해서 집안끼리 혼사를 맺고자 하였으나 거절당했다. 그의 간사함은 종사에 관계되므로 크게 다스려야 할 것이다. 재상들은 의논하라."

문정왕후는 윤임이 과거 경원대군현 명종을 반대한 것을 종사*를 위협하는 간사함으로 몰아붙였다. 그런데도 조정의 누구도 이러한 것을 말하지 않기 때문에 부득이 밀지를 내려서 논의한다고 밝혔다. 역모죄까지 받을 수 있는 중대한 사건이다.

● 종사(宗社): 종묘와 사직의 준말로, 국가를 뜻함.

: 정적 제거에 나선 문정왕후 :

조정의 의견은 엇갈렸다. 영중추부사 홍언필은 문정왕후의 뜻에 따라서 윤임을 유배 보내고 여러 사람도 같은 생각이라고 분위기를 몰아갔다.

그러나 영의정 윤인경은 즉위 초기 민심을 안정시켜야 하니 벌을 무겁게 주는 것은 불가하다고 반대했다. 좌·우찬성 이언적과 권벌도 정치는 민심을 얻어야 하고 형벌로 위협해서는 안 된다고 동조했다. 특히 사간원 수장 김광준은 승정원이 아니라 밀지를 통해서 뜻을 전달하고 죄주는 것은 후세에 폐단이 있을 것이라고 처리 절차를 문제 삼았다.

여러 반대에도 불구하고 답은 이미 정해져 있었다. 문정왕후의 뜻대로 되었다. 윤임을 먼 지방으로 쫓아 보내고 그와 뜻을 같이한 좌의정 유관은 체직하고 이조판서 유인숙은 파직시켰다. 문정왕후는 윤임을 조정에서 몰아내는 데 성공했다.

한편 홍문관은 밀지를 통해서 정사를 처리하는 것에 크게 우려를 나타냈다.

"임금의 행위는 광명정대해야 합니다. 승정원이 아니라 밀지를 내려서 죄준 것은 사특한 길이 열려서 사림의 화를 불러일으킬 수 있습니다."

사간원 헌납 백인걸도 같은 생각이었다. 그는 어머니와 처에게 '내가 의금부에 갇혀서 유배를 가더라도 놀라지 마라'고 일러두고 집을 나섰다. 어머니와 부인이 울면서 말렸지만, 소용이 없었다.

"밀지를 통해서 죄준 것은 크게 잘못됐습니다. 윤원형도 밀지로 정사를 처리하는 것은 잘못되었다고 거절해야 했습니다. 윤원형을 추고하소서."

문정왕후는 다시 대신들을 소집하고 밀지를 비판한 백인걸을 의금부에 가두었다. 백인걸과 같은 생각을 한 사헌부와 사간원 관리들도 파직시켰다. 명종 즉위 초기에 나라를 정상적인 조직으로 운영하지 않고 대간들의 입을 틀어막은 것이다.

"대간이 아뢴 말 때문에 벌을 받으면 그 기상이 꺾입니다. 국가의 화가 위급할 때 간언을 올리는 자가 없으면 폐단이 일어납니다."

영의정 윤인경 등 조정대신들은 대간을 죄줄 수 없다고 반대했으나 허사였다. 문정왕후는 더욱더 강경해서 죄를 더 무겁게 했다. 윤임은 해남, 유관은 서천, 유인숙은 무장, 윤흥인은 낙안으로 유배 보냈다. 윤흥인은 윤임의 아들로 후사가 없는 인종의 제사를 맡고 있었다. 인종의 유언이었다.

: 태풍의 눈이 된 수렴청정 :

조정의 반발은 계속됐다. 세 사람이 종사를 위협했다는 구체적 증거가 없다는 것이다. 영의정 윤인경뿐만 아니라 문정왕후의 편으로 우의정이 된 이기, 이조판서 임백령조차도 세 사람의 죄가 불분명하다고 주장했다. 특히 인종의 제사를 맡은 윤흥인에게는 벌을 줄 수 없다고 했다. 문정왕후는 조정대신들의 건의에 귀를 기울이지 않았고 인종의 유언도 아랑곳하지 않았다. 오히려 조정대신들이 세 사람을 옹호하는 것은 한심하다고 여겼다.

이에 문정왕후의 뜻을 맞춘 공조판서 정순붕이 상소*를 올렸다. 경복궁 충순당에 중요한 조정대신들이 다 모였고 역시 수렴청정의 틀을 갖추었다.

정순붕은 상소에서 윤임은 중종 때 문정왕후를 해치려 했고, 유관은 인종의 후사를 누구로 할 것인가를 물었고 유인숙은 현재의 왕 명종이 현명한가를 물었고, 문정왕후가 수렴청정하지 말아야 한다고 주장했다는 것이다. 모두 다 역모죄로 처벌받을 수 있는 내용이다. 정순붕은 윤임, 유관과 유인숙까지 끌어들여서 그들이 멸족의 화를 입을 지경까지 몰고 갔다.

조정대신들은 정순붕의 상소 내용을 처음 들었다. 그런데도 세 사람이 그런 말을 하지 않았다는 반대 증거를 제시할 수 없었다. 조정대신들이 할 수 있는 것은 죄를 낮추는 정도의 변호였다. 문정왕후의 태도가 워낙 강경해서 이러한 변호도 소용이 없었다.

결국 윤임, 유관, 유인숙은 모두 사사된다. 모두가 납득할 만한 죄가 없었다. 문정왕후는 명종의 즉위 초기 근거가 불분명한 상소로 정적을 제거했다.

그리고 본격적인 사림의 화가 잠복하고 있었다. 문정왕후의 수렴청정이 태풍의 눈을 만들고 있었다. 그녀는 공격형이었다.

---

* 정순붕은 근거 없는 상소를 올려서 윤임, 유관, 유인숙을 죽게 했다. 그의 아들 정염은 아버지와 생각이 전혀 달랐다. 아들은 아버지의 상소가 근거 없다고 여겨서 집을 떠나 산사로 들어가서 외롭게 죽는다.
정순붕은 정적을 죽여서 쾌재를 불렀을까? 아들의 죽음에 비통했을까? 그의 근거 없는 상소는 혹독한 대가를 치렀다.

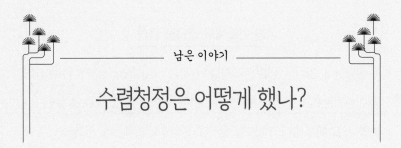

수렴청정은 어떻게 했나?

TV 드라마를 보면 대왕대비와 왕과 신하 사이에 발을 내리고 정사를 처리하는 모습이 나온다. 수렴청정이다. TV 드라마는 조선의 수렴청정을 맞게 표현하고 있을까? 실제로 어떻게 수렴청정을 했을까?

정희왕후의 정사 청단

조선에서 처음으로 왕을 대신해서 여인이 정사를 최종적으로 결정한 것은 성종 때다. 성종은 세자를 거치지 않고 13세에 왕위에 올랐다. 당시 궁궐의 최고 어른은 세조의 비, 정희왕후로 성종의 할머니였다. 그녀가 후견인 역할을 했다.

정희왕후가 조정에 관여한 것은 '수렴청정'이 아니라 '정사의 청단'이라고 했다. 정사를 듣고 결단을 내리는 것이다.

그녀는 두 가지 형태로 정사를 청단했다. 조정대신들과 직접 대면하는 방식과 언문으로 글을 내려서 자신의 뜻을 밝히는 방식이다. 이를 '의지懿旨'라고 한다. 그녀가 조정에 의지를 내리면 승정원은 그것을 한문으로 번역해서 논의하고, 조정의 결정은 다시 언문으로 번역해서 그녀에게 보고했다. 정희왕후는 수렴청정의 형식으로 정사를 처리하지 않았다.

발 안쪽에서 정사를 돕다

두 번째는 명종 때다. 명종은 세자를 거치지 않고 12세에 왕위에 올랐다. 어머니 문정왕후가 수렴청정을 했다. 조정은 수렴청정의 옛 제도를 찾았으나 없었다. 그 대신 송나라 제도를 찾았다. 황태후와 황제는 발 안쪽에 있고 신하는 발 바깥쪽에 있어서 그대로 따랐다.

그러나 사헌부에서 이의를 제기했다. 왕과 신하가 발을 두고 용안을 직접 뵙지 못하면 충성심이 덜 우러나온다고 했다. 명종도 발을 사이에 두고 신하를 대하는 것은 매우 불편하다고 했다. 조정은 성종 때의 『승정원일기』를 다시 고찰해서 수렴청정의 예를 찾았으나 없었다. 수렴청정으로 정사를 처리하지 않았으니 있을 수 없었다.

문정왕후는 8년간 수렴청정을 했다. 그녀는 발 안쪽에 있었으나 명종은 발 안과 밖을 번갈아서 앉았다. 일정한 형식을 갖추지 않았다.

수렴청정 제도 마련

조선에서 수렴청정의 절목을 마련한 것은 제23대 순조 때다. 예조가 중국의 제도와 정희왕후의 예를 참고해서 만들었다.

장소는 임금이 정사를 펼치는 편전으로 하고, 대왕대비는 발의 안쪽에서 동쪽으로 가깝게 해서 남쪽을 향해 앉고, 왕은 발의 바깥쪽에서 서쪽으로 가깝게 해서 남쪽으로 앉는다. 왕은 신하들과 직접 마주 볼 수 있도록 했다.

신하들은 먼저 대왕대비에게 4배를 하고 그다음 약간 서쪽으로 옮겨서 임금에게 4배를 올렸다. 신하들은 수렴청정 전에 8번 절을 올렸다.

대왕대비와 신하 간의 의견을 주고받는 방식은 두 가지였다. 대왕대비는 왕을 통하거나 신하들과 직접 의사를 교환했다. 대왕대비와 신하 사이에 바로 소통이 가능했다. 수렴청정의 횟수는 한 달에 6번으로 원칙을 정했다. 그러나 대정령과 대전례, 변방의 급보는 수시로 할 수 있다.

대왕대비는 임금의 경연에도 발을 치고 참관할 수 있다. 임금의 학문 성과에 따라 수렴청정을 계속할지 판단하기 때문이다. 정희왕후가 정사를 처음 청단한 후 약 330년 만에 수렴청정 제도가 마련됐다.

수렴청정의 명과 암

조선에서 수렴청정을 한 것은 성종, 명종, 선조, 순조, 헌종, 철종, 고종으로 7번이었고, 여인이 정사에 관여하는 유일한 제도였다. 대체로 왕이 홀로서기를 잘할 수 있도록 보호막 역할에 그쳤다.

반면, 문정왕후는 너무 공격적으로 관여해서 을사사화, 양재역 벽서 사건을 일으켜서 많은 신하를 죽였다.

단종은 12세의 어린 나이에 즉위했지만, 할머니와 어머니가 이미 돌아가셨기 때문에 수렴청정을 할 보호막이 없었다. 그 대신 혜빈 양씨와 김종서 등이 병풍이 되고자 했으나 한계였고, 그들보다 핏줄이 더 가까운 수양대군의 계유정난으로 무너졌다.

조선에서 수렴청정 제도를 마련한 것은 조선 후기였고, 결국 제도보다 그것을 운영하는 사람이 중요했다.

을사사화, 태풍이 몰아치다

명종 즉위년 9월 1일, 경기 관찰사 김명윤은 궁궐로 찾아와서 봉서를 내밀고 중대한 일을 아뢰겠다고 했다. 윤임 등이 사사된 며칠 후였다.

"윤임은 종사의 대계를 위해서 처벌받았지만, 공모한 사람이 있습니다. 윤임의 조카 계림군 이유입니다. 윤임은 이유를 의지해서 흉측한 모의를 했고, 이유는 그 실정을 알았을 것입니다. 불궤不軌 반역을 꾀함를 도모할 수 있습니다. 빨리 조처하소서. 봉성군 이완도 나이17세는 어리지만, 왕자들 중에서 뛰어나므로 반란의 명분으로 삼을 자가 있을 수 있습니다. 아울러 조처하소서."

김명윤은 이미 죽은 윤임과 조카 이유가 반역을 모의했고 종친 이완도 가능성이 있다고 밀고했다. 이유는 성종의 형 월산대군의 손자로서 윤임의 조카이고, 이완은 중종과 희빈 홍씨 사이에 태어났다. 명종의 배다른 형으로 모두 왕족이다. 명종은 승정원을 통해서 명을 내렸다.

"의금부 낭청, 선전관, 내시 등은 여러 군데로 나누어서 이유를 체포하라. 이완은 나이가 어려서 아는 바가 없을 것이므로 신문하지 마라. 정부의 당상관, 육조판서, 한성판윤, 대사헌, 대사간 등을 궁궐로 오게 하라."

: 을사사화의 방아쇠가 당겨지다 :

김명윤의 밀고로 을사사화의 본격적인 방아쇠가 당겨졌다. 이유를 체포하러 갔으나 집에 없었다. 이유가 간 곳을 알 수 있는 사람들을 체포했고, 이유의 아내와 아들, 조카들도 붙잡아와서 추고했다. 또한, 이미 사사된 유관과 유인숙의 자식들도 잡아와서 고문했다. 수십 명이 잡혀오고, 풀려나고, 다시 잡혀오고 했다.

이럴 때 덩달아서 춤을 추는 자들도 있다. 공훈을 바라고 고변하는 자들이다. 유학幼學 생원이 되지 못한 무벼슬 자 한성원은 부모의 상중임에도 상복을 입고 궁궐로 왔다. 이유의 행방을 알 수 있는 그의 종 영수를 체포해서 고변한다고 밝혔다. 사관은 이렇게 고변하는 자는 '인륜에 죄를 짓는 자이다'라고 비난했다. 추고받는 사람이 늘어나는 까닭이다. 내수사 별좌 이학령은 모진 고문을 받고 이유에게 들은 말을 증언했다.

"'윤원로와 윤임이 나를 (왕으로) 세워야 한다고 했다. 이것은 민망스러운 일이고 여기 있으면 나는 틀림없이 죽게 될 것이다.'라고 이유가 말했습니다."

이유는 윤임의 말을 듣고 자신의 생명이 위태롭다고 여겨서 산으로 들어갔다. 그는 왕이 될 생각보다는 위험을 피해서 생명을 보전하고자 했고, 반역을 꾀할 의도가 전혀 없었다. 명종은 이유를 체포하기 위한 포고절목을 내렸다. 수배령이다.

한편, 경복궁 경회루에 형장이 설치돼 심문은 계속됐다. 그러나 잡혀온 자 대부분은 계림군 이유를 모르거나 관계없다고 부인했다. 반역의 주동자로 여긴 이유가 체포되지 않은 상태에서 윤임, 유관, 유인숙의 아들들을 사형에 처했다. 이 외에도 수십 명이 고문으로 죽거나 참형되었다.

이때의 형 집행은 법이 없는 것과 마찬가지였다. 반역의 증거도 없었고, 모반을 부인해도 막무가내로 죽였다. 다만 16세가 되지 않은 남자는 사형에 처하지 않았고 여자들은 종으로 전락했다. 반역 혐의자의 재산은 몰수하고, 형제와 친척들은 귀양 갔다. 문정왕후는 정적 제거에 권력을 남용하고 잔인했다.

인종이 승하한 후 윤원형은 물 만난 고기처럼 기뻐하면서 보복할 생각으로 유언비어를 퍼뜨렸다. 문정왕후는 이에 밀지를 내려서 장단을 맞추었다. 이기, 임백령, 정순붕, 허자 등이 고변해서 윤임, 유관, 유인숙 등을 죽였다. 명분과 절의를 지키는 진짜 선비들도 이들로부터 모함당해서 사림의 화가 일어났다. 이때보다 더 참혹한 화는 없었다.

명종 즉위년, 을사년에 일어난 이 사건을 '을사사화'라고 한다.

왕PD의 토크멘터리 조선왕조실록 3

66

특히 일상의 법도를 잘 지키고 바른말을 하고 장래가 촉망되는 인재들이 죽거나 파직되었다. 계림군 이유와 조금이라도 관계가 있는 것이 사유였다.

반면, 정적을 제거하는 데 앞장선 무리는 조정을 안정시켰다고 해서 공신으로 책정됐다.

일등 공신이 받은 상을 보자. 공신은 당사자의 승진은 별도로 하더라도 그의 부모와 처, 아들에게도 관작을 내리고 3계급을 올려주고, 만일 아들이 없으면 조카나 사위에게 2계급을 올려준다. 노비 12명, 반당호위하는 군사 10명, 구사가마를 메는 노비 7명을 붙여주고, 전답 150결과 가옥 한 채를 준다.

모반의 근거가 불분명한 죄로 수많은 사람을 죽이고 그 공으로 어마어마한 상을 받았다. 을사 위사공신은 27명, 을사 원종공신은 1,400명이 공신록에 올랐다. 그 숫자가 터무니없이 많았고 공의 근거도 없이 공신 잔치를 벌인 것이다. 공신록을 주도한 윤원형, 이기 등이 국정을 농단해서 자신들의 세력을 넓혔다.

양심의 가책을 느낀 공신들도 있었다. 공신 일부는 공신록을 반납하고자 했으나 임금은 오히려 상이 부족하다고 하면서 받아들이지 않았다. 사헌부가 원종공신을 철회하라고 여러 차례 상소를 올렸으나 받아들이지 않았다. 을사사화를 고변한 김명윤도 공신에 오른다. 그러나 그에 대한 인물평은 호되었다. 『명종실록』 15년 5월 3일

"김명윤은 행실이 바르지 못하고 거칠고 주하게 일을 처리했다. 그는 벼슬자리에 급급한 비열한 사람이니 무엇이라고 하겠는가?"

선조 때 김명윤이 죽자, 국장에 대한 논의가 있었다. 승정원에서 반대한다.

"김명윤은 권력 있는 간사한 신하에게 아부해서 공을 바라고 고변해서 종친을 죽이고 사림을 모함했습니다. 그는 나라의 큰 적입니다. 예를 갖추는 장례를 치러서는 안 됩니다."

선조는 승정원의 건의를 받아들였다. 모두 기뻐했다. 그는 후학들에게 혹독한 평가를 받았다. 조선시대 공신이라고 해서 반드시 나라를 위해서 공을 세운 것은 아니다.

한편, 조정은 계림군 이유를 아직 체포하지 못했다. 반역의 주도자로 여긴 이유를 체포해서 신문도 하지 않은 상태에서 반역을 부인하는 수많은 사람을 죽이고, 공신 잔치를 벌인 것이다. 조선에서 이와 같은 예는 찾아볼 수 없다.

: 숨어 있는 불씨 :

명종은 다시 파발마를 띄워서 강원도와 안변부사에게 이유를 체포하라는 명을 내렸다. 나흘 후 체포 소식이 들려왔다. 이유는 강원도 금강산과 이어진 황룡산의 봉우리 바위 아래에 숨어 있었다.

"너는 큰 죄를 지었음에도 왜 도망갔는가?"

"나의 명이 짧다는 점괘가 있어서 산에서 생활해야 한다고 했습니다. 마침내 부친이 돌아가셨으므로 스님이 되었습니다. 다른 뜻은 없습니다."

이유는 역모 혐의를 부인했으나 압슬형과 낙형의 고문이 시작되었다. 목숨만 붙어 있을 정도의 잔인한 고문이었다. 마침내 윤임에게 들은 내용을 털어놓았다.

만약 임금에게 눈병이 있어서 정사를 볼 수 없다면 자신과 봉성군 중에서 왕위에 올라야 한다고 윤임이 말했다는 것이다. 그는 윤임의 말을 듣고 스스로 머리를 깎아서 중이 되고, 임금께 달려가서 밝히려고 했으나 윤임의 만류로 하지 못했다는 것이다. 그가 왕에게 사전에 보고했다면 을사사화는 일어나지 않았을까?

계림군 이유는 43세의 종친으로서 윤임의 조카다. 본인은 왕위에 오르기 위해서 아무런 행동을 하지 않았다. 그러나 중종 말 권력을 다툰 대윤과 소윤의 소용돌이에 빠져서 명종 때 소윤에게 보복당했다. 그는 결국 능지처사를 당해서 사흘 동안 효수됐고, 손발은 사방에 돌려서 보도록 했다. 그와 관련된 수십 명도 아무런 까닭도 모른 채 참형당했다.

왕조 국가에서 종친으로 태어나면 최소한의 생활은 보장된다. 집과 논밭이 주어지고 노비도 내려준다. 이와 반대로 신하들의 정권욕으로 역모 혐의에 휩싸이는 종친도 있다. 안정적인 생활과 반역의 죄를 양손에 쥐고 사는 것이다.

윤임과 이유, 그 외 수십 명을 죽음으로 몰아간 을사사화는 끝난 듯 보였으나 아직도 불씨가 숨어 있었다. 문정왕후의 정적 제거는 검질겼다.

양재역 벽서 사건

조선시대 관리들이 출장 갈 때 숙박하거나 말을 갈아타는 곳이 역참驛站이다. 역관驛館과 역마驛馬을 갖추고, 교통이 편리한 곳 25~30리 사이에 설치했다. 공문서를 전달하는 기능도 수행해서 전국에 500여 개가 있었다.

이 중에서 양재역이 역사에 널리 알려진 것은 명종 2년 9월, 붉은 글씨로 쓴 익명서 때문이었다. 양재역은 과천현으로 현재 서울시 서초구에 있다.

> 여주女主가 위에서 정권을 잡고 간신 이기 등이 아래에서 권세를 농간하고 있으니, 나라가 장차 망할 것을 서서 기다릴 수 있게 되었다. 어찌 한심하지 않은가. 중추월 그믐날.

여주는 수렴청정하는 문정왕후를 가리킨다. 문정왕후와 이기 등이 권력을 농단해서 나라가 망할 지경에 이르렀다는 것이다.

홍문관 부제학 정언각은 양재역에 붙어 있는 익명서를 발견했다. 그는 시집가는 딸을 전송하기 위해 양재역에 갔다가 벽에 붙은 붉은 익명서를 발견하고는 나라에 관련된 중대한 내용이라 여겨서 가져왔다는 것이다.

조선은 익명서를 무시했지만, 명종은 문정왕후를 원망하는 소행으로 보고 신하들을 궁궐로 불러서 논의했다. 영의정 윤인경, 우찬성 민제인, 판중추부사 허자, 예조판서 윤원형 등이 모였다. 윤인경은 익명서는 믿을 수 없다는 것을 전제하면서도 도성에 떠도는 소문을 소개했다. '을사사화는 거짓 자백으로 선비들을 죄 주었고, 그때의 공신들은 아무런 공이 없다'라는 말이 떠돈다는 것이다.

익명서는 누구의 글씨인지 누가 붙였는지를 밝히는 것이 우선이다. 붉은 글씨를 쓰는 주사朱砂는 쉽게 구할 수 있는 재료가 아니다. 필적도 있다. 역참은 공개된 장소다. 조사하면 범인을 찾을 수 있다.

: 죄를 묻는 청죄단자를 올리다 :

그러나 조정은 범인을 찾는 데는 관심이 없고, 이미 쇠를 청하는 '청죄단자'를 만들어서 올렸다. 나쁜 소문이 떠돌고 익명서가 붙은 것은 을사사화 이후의 남은 세력이 화근을 불러일으킨다는 것이다.

청죄단자에는 32명의 명단이 있었다. 봉성군 이완, 송인수, 이약빙은 사사하고, 이언적 등 29명은 유배 보내라고 했다. 양재역 벽서는 단지 죄주기 위한 구실이었고 이미 답을 정하고 있었다.

이완은 중종과 희빈 홍씨 사이에 태어났다. 그는 왕자 중에서 똑똑하다는 평가가 있었는데 그것으로 반란의 명분을 삼을 자가 있다는 것이다. 경기 관찰사 김명윤이 이미 1년 전에 이완이 반란을 일으킬 수 있다고 고변했다. 명종은 그가 나이17세가 어리고 아무런 행동도 하지 않아서 죄줄 수 없다고 버텼으나 신하들의 거듭된 요구로 유배 보냈다. 그는 반역의 괴수로 몰려 생명을 빼앗길 처지에 놓였다.

"화의 근원, 이완을 대의로 결단하소서."

"골육지친을 죽이는 것은 중대한 일이다. 그는 외딴곳에 유배 중이고 겨우 숨만 붙어 있다. 그가 무슨 반란을 일으키겠는가."

신하들은 봉성군 이완이 반란을 일으킬 만한 아무런 단서도 제시하지 않았다. 단지 그가 똑똑해서 반란을 일으킬 수 있다는 의심만으로 사형을 요구했다. 『경국대전』을 근거로 하지 않는 임의의 잣대였다.

명종은 이완이 반역 모의를 하지 않아서 사형을 내릴 법적 근거가 없고, 형제의 인정과 도리를 보전하기 위해서 죄줄 수 없다고 버텼다. 그러나 신하들이 수십 차례 생명을 빼앗아야 한다고 요구해서 결국 이완을 위리안치하고 자처를 명한다.

봉성군 이완의 자결 소식을 듣고 삼척고을 사람 중에 눈물을 흘리지 않은 이가 없었다. 고을 사람들은 사당을 지어서 제사를 지냈다. 조정과 멀리 떨어진 백성들도 그의 억울함과 원통함을 알았다.

명종은 죄 없는 배다른 형을 지키려고 노력했으나 수렴청정하는 어머니와 그 세력에 휘둘려서 왕으로서 권한을 제대로 발휘하지 못했다.

청죄단자에는 권벌, 이언적, 백인걸의 이름도 있었는데 모두 평판이 좋은 선비였다. 권벌은 의정부 우찬성까지 오르고 명종의 원상으로서 질박하고 충의가 넘치는 신하로 평가받았다. 이언적도 마찬가지다. 그는 중종 때 올바른 국가 운영을 위한 '일강십목소'를 올리고, 세자 보양을 위해서 정성을 다하고 권력과 가능한 한 떨어지려고 했다. 백인걸도 불의에 굴복하지 않고 직언을 올리는 올곧은 선비였다.

청죄단자에 포함된 다른 신하들도 이와 비슷했다. 이들의 공통점은 현재 권력을 농단하는 윤원형, 이기 등과 생각이 달랐고 충언을 올렸다. 문정왕후와 그녀의 세력은 양재역 벽서 사건을 꾸미면서 올곧은 신하들을 죽이거나 유배 보내는 일을 저질렀다. 임금을 무시한 국정농단이다.

익명서를 갖고 온 정언각은 홍문관의 실질적 책임자 부제학이다. 홍문관은 성종 때 설치해서 경적을 연구하고 문한을 담당했다. 홍문관은 홍문록*에 들어가야 선발되고 사헌부, 사간원과

● 홍문록: 과거 합격자 중에서 홍문관에 들어갈 1차 명단을 작성한다. 그 명단에 권점(비밀기표)을 해서 많이 받은 자가 홍문록에 오른다. 또한 본인뿐만 아니라 처가의 가문까지 흠결이 없어야 한다. 엄격한 절차를 거쳤다. 홍문관은 홍문록을 통해서 선발하고 집현전에 이어서 인재의 산실이었다. 그러나 명종 때 홍문관은 그 본래의 기능을 잃고 윤원형의 편이 되었다.

함께 삼사로서 언론의 기능도 있었다.

명종 때 홍문관은 그 본래의 역할을 잃었다. 정언각은 윤원형과 한편으로 홍문관 본래의 기능보다는 오히려 윤원형의 장단에 맞추어서 올바른 선비들을 죽이거나 유배 보내는 데 앞잡이 노릇을 했다. 양재역 벽서 사건에 홍문관이 관여하고, 비판 기능을 잃은 것은 참으로 참담했다. 정언각은 이로부터 9년 후 죽는다. 명종 11년 8월, 사관은 그의 졸기를 남겨서 혹평했다.

> 정언각은 성품이 음흉하고 간사하며 악독했다. 그가 양재역 벽서를 고변함으로써 을사사화 이후 목숨을 건진 나머지 사람들이 죽임을 당하거나 귀양 갔다. 어떤 사람이 양재역 벽서는 바로 정언각 자신이 지었다고 한다. 그가 말에서 떨어져 말발굽에 밟혀 죽으니, 하늘이 벌을 내린 것이다.

양재역 벽서는 정언각 스스로 꾸며낸 익명서였다. 조정이 익명서를 조사하지 않는 이유였다. 정언각의 인물됨을 알 수 있는 예가 있다. 병조판서 김안국은 한참 아래의 부하 정언각이 출근하면 계단에 내려가서 맞이했다. 그 이유를 물으니 '정언각은 간사해서 권세가 있으면 반드시 사람을 해칠 것이다'라고 했다. 김안국의 예측대로 정언각이 조정에서 일하면 늘 사람이 상해를 입었다.

양재역 벽서 사건으로 엉뚱하게 불똥이 튄 신하도 있었다. 퇴계 이황은 당시 홍문관의 중간 간부 응교였다. 그도 봉성군 이완을 죽이라는 상소에 이름을 올렸다. 후일 정인홍은 이황을 공격하는 수단으로 이 사실을 활용했다. 이황이 홍문관을 나와서 벼슬을 버려야 했던 것이다.

: 충신은 사라지고 간신배가 들끓다 :

명종 초기, 을사사화와 양재역 벽서 사건으로 많은 선비가 억울한 죽임을 당했다. 문정왕후와 윤원형 일당은 정적 제거를 위해서 사소한 꼬투리도 만들어서 올가미를 씌웠다. 명종은 12세에 임금이 되어서 홀로서기 할 힘이 부족했다. 원상제도가 있었으나 수렴청정하는 문정왕후의 뜻 살피기에 급급했다.

이로부터 몇 개월 후 명종 2년 12월 흉년과 일식의 재변으로 조정중신들이 대책회의를 했다. 이 논의를 보면 당시 을사사화와 양재역 벽서 사건을 주도한 자들의 수준을 엿볼 수 있다.

문정왕후: 이러한 재변은 그 까닭이 있을 것이다. 조정의 중론을 듣고자 하니 모두 숨김없이 말씀하시오.

영의정 윤인경: 임금과 수렴청정은 아무런 문제가 없습니다. 다만 인심과 풍속이 착하고 아름답지 못하고 군신도 상하의 분수를 모릅니다. 임금이 권력과 기강을 총괄해서 다스리면 폐해가 사라질 것입니다.

좌의정 이기: 지금 기강이 무너지고 상하의 분수가 거꾸로 가고 있습니다. 사대부들은 금주령도 지키지 않고 스스로 법을 무너

뜨리고 있습니다.

우의정 정순붕: 권력과 기강은 임금에게 있어야 합니다. 지금은 그것이 아랫사람에게 빼앗긴 듯합니다. 아랫사람들이 질서를 어지럽히므로 잘 다스려지지 않습니다.

판중추부사 허자: 올해는 유달리 흉년임에도 사대부들은 술을 마시고 잔치를 벌이고 있습니다. 조정의 핵심 관료들이 오히려 국가의 법을 무너뜨리고 있습니다.

우찬성 황헌: 백관들이 이때보다 태만한 적이 없습니다. 상하가 서로 뒤섞여서 아랫사람이 윗사람을 능멸합니다. 상하의 위엄이 분명하지 않아서 재변이 발생합니다.

조선에서 흉년이나 재변이 일어나면 임금은 공구수성하고, 삼정승과 대신들은 임금을 잘못 보좌한 자신들 탓으로 돌리고 사직서를 내는 것이 일반적이다. 그런데도 이들은 나라의 최고 대신으로서 자신들의 잘못은 없고, 나라가 잘못되는 것은 오로지 아랫사람의 탓으로 돌렸다.

명종 때 국정을 운영한 이들의 수준을 미루어 짐작할 수 있다. 올곧은 충신은 사라지고 간사한 무리가 정권을 잡은 결과였다.

문정왕후와 윤원형이 일으킨 을사사화와 양재역 벽서 사건으로 조정의 올곧은 신하는 참형 당하고, 유배 가거나, 스스로 물러났다. 유능한 인재가 없으면 실적도 없다. 명종 재위 22년간, 문정왕후와 그 세력이 실질적으로 정권을 잡았으나 뚜렷한 업적이 떠오르지 않는다.

직필한 사관을 죽인 명종

명종 3년 『속무정보감』을 편찬하도록 했다. 성종에서 명종 3년까지 국가의 변란 등을 기록해서 경계와 교훈을 삼기 위해서다. 조선 초기부터 예종까지 편찬한 『무정보감』의 속편이다.

『속무정보감』은 을사사화를 주도했던 윤원형, 윤인경, 이기, 정순붕 등이 찬집의 주요 구성원이다. 명종 3년 2월, 이들은 사관이 기록한 시정기 등의 자료를 수집해서 보았다.

- 백인걸은 문정왕후가 윤원형에게 밀지를 내린 것은 부당하나고 식언했다. 만일 자신이 의금부의 옥에 갇혀도 놀라지 말라고 어머니와 아내에게 이야기했다.
- 윤임·유관·유인숙을 사사하는 명이 내려지자, 이언적과 나

세찬 등 5~6인은 비통한 표정이었다.

- 임금께서 사슴 고기, 특히 사슴 꼬리를 좋아하셨다. 지금은 상중임에도 (임금께서) 나이가 어리기 때문에 이와 같다.
- 이언적과 권벌은 어질고 올바른 사람이다.

사관이 기록한 시정기는 을사사화를 비판하거나 당시 희생된 인물들에 대해서 우호적인 내용이 많았다. 명종이 상중에 사슴 고기를 찾는 내용까지 빼놓지 않았다. 조선시대는 상중에 고기를 먹어서는 안 된다. 명종은 보고받고 바로 명을 내렸다.

"아직도 인심이 안정되지 못하고 있는 것인가. 조정은 잘못되었고 역적이 옳다고 기록된 것은 경악스럽다. 사슴 꼬리를 좋아했다는 기록도 있을 수 있는 일인가. 추문하라."

시정기를 기록한 당시의 근무자, 필적 등을 조사해서 사관 안명세와 손홍적이 잡혀왔다.

안명세는 사관의 청요직에 임명되자 그 은혜에 보답하고자 밤낮없이 열심히 일했다고 하면서 윤임과는 개인적인 친분이 전혀 없다고 했다.

손홍적은 사슴 이야기를 쓴 내막을 밝혔다. 사슴 이야기는 내시가 사슴 고기를 구하기 위해서 승정원에 알린 것을 들었고, 임금의 명을 기록하는 것은 자신의 업무라고 진술했다. 안명세와 손홍적은 사관으로서 자신이 보고 들은 것을 있는 그대로 쓴 것이다.

그런데도 안명세는 참형에 처하고 처자는 종으로 강등되고 재산은 몰수당했다. 반역 혐의에 가까운 무거운 벌을 받았다. 손홍적은 유배 갔다. 김종직의 「조의제문」이 『조선왕조실록』에 실린 것을 문제 삼아서 많은 사람을 죽인 무오사화에 이어서 두 번째로 사관을 죽이는 일이 벌어졌다. 명종 3년 2월에 다른 사관 세 명은 안명세의 죽음에 대해서 자신들의 소견을 남겼다.

> 사관1: 안명세는 단정한 사람이다. 을사사화를 사실에 근거해서 바르게 기록했다. 어떠한 권세도 두려워하지 않고 직필했고, 이것으로 죽음을 초래했으니 참으로 가슴 아픈 일이다.
>
> 사관2: 안명세는 무슨 죄가 있는가. 이기 등은 간흉의 무리로서 오히려 안명세를 반역으로 몰아서 참형에 처했으니, 역사의 화가 극에 달했다. 국가가 망하지 않는 것만도 다행이다.
>
> 사관3: 안명세는 『이십사공신전』을 지어서 일찍이 을사사화를 비판했고 단정하고 과묵했다. 그는 직필했다.

사관 세 명이 기록한 안명세의 평전을 보면 그가 사관으로서 얼마나 자신의 업무를 충실하게 이행하고 올곧은 선비정신을 갖고 있는지를 알 수 있다. 사관 세 명은 안명세의 죽음을 보고 자신들의 솔직한 의견을 남겼다. 자신들에게도 생명의 위협이 올 수 있지만 직필을 두려워하지 않았다.

명종은 그런 안명세를 죽였다. 그러나 실질적으로 안명세를 죽인 것은 수렴청정하는 문정왕후와 그녀의 명을 따른 영의정 윤인경, 좌의정 이기, 우의정 정순붕, 이조판서 윤원형 등이다. 문정왕후는 그들의 잣대로 을사사화를 잘못 기록했다고 해서 유능한 인재를 희생시켰다. 인재를 잃는 것은 나라의 동량을 잃는 것이다.

명종은 안명세 등이 기록한 역사적 사실을 삭제하고 개정하라고 지시를 내렸다. 그러나 안명세의 기록은 원문 그대로 『조선왕조실록』에 남아 있다. 문정왕후가 승하한 후 사림이 집권해서 그 기록을 살렸기 때문이다. 문정왕후가 없애려고 한 안명세의 기록이 남은 것은 역사를 정확하게 기록하려는 조선의 정신이었다. 안명세는 그 기록 때문에 생명을 단축했으나 우리는 그 기록을 통해서 역사적 진실에 접근할 수 있다.

조선은 사관의 업무를 매우 중시했다. 임금의 잠자리 등 사적인 일을 제외하고는 늘 곁에서 정사의 모든 것을 기록했다. 임금과 신하가 사관 없이 독대하는 것도 금지했다. 일이 공개되지 않고 비밀리에 처리되는 것을 방지하기 위해서였다.

사관은 유능한 인재를 뽑았고 3~4대 조상까지 흠결이 없어야 했다. 조상의 나쁜 일을 감추거나 왜곡하면 안 되기 때문이다. 사관이 되면 청요직에 들어가고 가문의 영광으로 여겼다.

명종은 역사를 정확하게 기록하고자 자신의 업무를 충실하게 실천한 사관을 참형에 처했다. 그러나 사관을 죽인다고 해서 역사가 없어지지 않았다. 오히려 사관을 죽인 불명예의 왕이 되었다. 조선의 사관, 역사를 직필했다. 사관의 정신이 『조선왕조실록』 곳곳에 흐르고 있다.

문정왕후,
선종과 교종을 부활하다

문정왕후는 집념을 갖고 아들 경원대군을 왕위에 올려놓는 데 성공했다. 어린 왕12세을 대신해서 수렴청정을 했다. 그녀는 문자를 알았고 고전과 역사책을 읽었다. 중국의 고사나 역대 왕의 치적 등의 예를 들어서 생각을 밝혔다. 신하와 토론에서도 밀리지 않았다.

이뿐만 아니라 국정에 임하는 자세도 달랐다. 문정왕후는 스스로 국정을 이끌었다. 문정왕후는 을사사화, 양재역 벽서 사건 등에서 주도적 역할을 해서 많은 정적을 죽였다. 왕권 안정이 명분이었지만, 너무나 가혹했다.

명종 5년, 그녀가 수렴청정한 지 5년이 지났다. 그녀는 또다시 조정을 뒤흔드는 정책을 들고나온다. 조선이 배척한 불교의 선종과 교종의 양종을 부활시키겠다는 것이다. 그해 12월, 그녀는 우의정 상진에게 비망기를 내렸다.

"현재 양민의 수가 줄어서 군졸의 고통이 지금보다 더한 때가 없다. 군역의 괴로움으로 중이 되고자 하는 사람이 늘어나서 군액이 날로 줄어드는 한심스러운 일이 벌어지고 있다. 이들을 통솔할 제도가 필요하다. 봉은사는 선종, 봉선사는 교종의 본산으로 삼아서 중이 될 수 있는 조건을 명확하게 하라."

봉은사는 연산군 4년 성종의 능 동쪽에 있던 견성사를 크게 중창해서 이름을 고쳤다. 성종의 두 번째 왕비 정현왕후가 성종의 원찰로 만든 것이다. 현재 서울시 강남구에 있다.

봉선사는 예종 1년 세조의 비 정희왕후가 세조의 원찰로 지은 것이다. 현재 세조의 능이 있는 경기도 남양주시 진전읍에 있다.

문정왕후는 『경국대전』에 선종과 교종을 명기해 놓은 것은 불교를 숭상해서가 아니라 중이 되는 것을 막고자 함인데, 이것을 없앴기 때문에 오히려 폐단이 생겼다고 했다. 봉은사와 봉선사를 각각 선종과 교종의 본산으로 삼고 『경국대전』에 근거해서 중이 되는 조건을 명확하게 하라는 것이다. 우의정 상진은 답신을 올렸다.

"군액이 줄어드는 것은 백성들이 군역을 피해서 중이 되기 때문입니다. 봉은사가 보호받는다고 하면 중이 점점 늘어날 것입니다. 『경국대전』대로 시행하면 그 폐해가 크기 때문에 아뢰지 않았습니다."

문정왕후는 양종을 세워서 통솔하면 스님이 줄어들어서 군역이 늘어나고, 상진은 양종을 부활하면 오히려 스님이 늘어나서 군역이 줄어든다고 했다. 서로 정반대의 시각을 가졌다.

조정의 논리는 상진과 같았다. 성리학을 중시한 신하들은 불교를 이단으로 보고, 승려가 많아지면 군역이 줄어들어서 국가에 아무런 도움이 되지 않는다고 했다. 역대 왕들도 불교를 배척했다고 하면서 양종을 부활시키는 것은 안 된다고 주장했다.

그러나 명종의 뜻은 명확했다. 명종은 자신은 불교를 숭상하지 않고, 여러 신하가 계속 상소를 올리게 해서 미안하게 생각하지만, 국가의 폐단을 고치기 위한 자전어머니 문정왕후의 뜻을 받들겠다고 했다. 명종은 수렴청정하는 어머니의 뜻을 거스를 수 없었다.

문정왕후가 양종을 부활하겠다는 그 이면에는 보우 스님이 있었다. 보우는 봉은사 주지로서 궁궐로 들어와 문정왕후를 만났고 두터운 신임을 받았다. 조정은 문정왕후의 지지를 받는 보우 스님에게 화살을 돌려서, 보우는 뭇사람을 현혹하는 간사한 자로 보고 생명을 빼앗아야 한다고 요구했다. 그러나 문정왕후의 태도는 확고했다.

"보우가 뭇사람을 현혹한다는 것은 알지 못하겠다. 봉은사 주지를 모함하는 일이다. 조정이 모함하는 자들의 말을 따르는 것은 올바르지 못하다."

그런데도 조정에서 상소를 올리는 범위가 차차 확대돼 갔다. 조선시대 거의 상소를 올리지 않는 실무부서, 예문관 봉교, 승문원 판교, 통례원 좌통례, 사헌부 감찰, 교서관 저작 등 중·하급관리들까지 참여했다. 심지어 왕의 비서실 승정원도 상소를 올려서 동참했다.

성균관 유생들은 명종이 상소를 받아들이지 않자 아예 성균관을 떠났다. 유례가 없는 일이었다. 성균관 유생들의 아버지는 고위직이 많았다. 명종은 고위직 관리를 통해서 유생들을 성균관으로 돌아오도록 압박했으나 여의찮았다. 성리학을 공부한 아버지와 아들은 모두 불교를 배척했기 때문이다.

조선에서 하나의 문제를 가지고 영의정에서 하급관리까지 똘똘 뭉쳐서 이렇게 많은 상소를 올린 예가 없었다. 하루에도 서너 차례 양종의 폐지를 요구했고, 그 수를 다 헤아릴 수 없을 정도로 수백 번 상소를 올렸다. 이 시기의 『명종실록』을 보면 양종 폐지를 주장하는 신하들의 상소가 거의 5~6개월간 지속됐다. 불교의 부활이냐, 폐단이냐를 놓고 문정왕후와 신하들 간에 줄다리기를 계속했다.

: 사찰은 번성하고 백성들의 반감은 쌓이고 :

조정의 압박이 심해지자, 문정왕후는 단식으로 맞섰다. 명종은 어머니의 단식에 마음이 불편했고, 문정왕후의 강경책에 더욱더 조정의 의견을 받아들일 수 없었다.

그러면서 명종은 명나라 학자 첨릉이 불교를 비판한 『이단변정』을 인쇄하고 널리 반포해서 신하들의 마음을 달랬다. 명종은 당근책을 제시했으나 미봉책에 불과했다. 다른 한편으로 어머니의 뜻에 따라서 특명으로 보우를 판선종사 도대선사 봉은사 주

양PD의 토크멘터리 조선왕조실록 3

지, 수진을 판교종사 도대사 봉선사 주지로 삼았기 때문이다.

봉은사와 봉선사 주지의 격을 조정 신하의 반열로 올려주었다. 판사는 머리에 옥관자를 쓰고 허리에 붉은 띠를 두르고 길을 갈 때는 소라를 양쪽에서 불어서 위엄을 과시할 수 있는 직책이다. 궁궐 출입도 가능하다. 주지 아래에 지음持音을 둔다. 지음은 처음에는 전국의 유명한 중을 선발해서 왕실의 내원당에 소속시켰다. 차츰 지음은 선과禪科를 통과해서 차첩임명장을 주었다. 주지 바로 아래다. 즉, 주지는 출신승이라고 해서 승과에 합격한 승려이고, 지음은 참학승으로 도첩을 받고 출가는 했으나 아직 승과를 통과하지 않은 승려다.

명종 초기에는 주지와 지음이 있는 사찰이 99곳이었으나 추후 296곳이 늘어나서 모두 395곳이나 되었다. 명종 때 사찰이 매우 번성했음을 알 수 있다. 사찰이 번성하는 만큼 신하들의 반대도 거셌다.

명종은 선과도 실시하고 정업원도 증축한다. 선과는 승려에게 도첩을 주기 위한 일종의 과거시험으로 불경을 외우게 했다. 이때 뽑은 승려들은 임진왜란 때 의병으로 활약했다. 서산대사 휴정, 사명대사 유정, 그 외 이름이 기록되지 않은 많은 승려가 선과에 합격했고, 나라가 전란의 위기에 처하자, 불경 대신 무기를 들었고 왜적과 싸웠다.

정업원은 고려 때부터 여승들이 기치하는 사찰이다. 공민왕의 후궁 혜화궁주 이씨혜비로 봉함가 여승이 되어서 머물렀고, 조선에서는 세자 방석의 부인 심씨가 처음으로 주지를 맡았다. 또한, 선왕의 후궁들이 여승이 되어서 살았다. 중종 때 선비들의 독서당으로 기능이 바뀌었으나 명종 때 원래의 기능으로 부활시켰다.

명종 8년 7월, 문정왕후는 스스로 수렴청정을 그만두겠다고 했다. 명종은 아직 홀로 정사를 처리할 수 없으므로 받아들일 수 없다고 했으나 신하들은 그 뜻을 따르는 것이 효라고 설득했다.

"자전문정왕후의 뜻이 간절하시고 대신의 뜻 또한 이와 같아서 어쩔 도리가 없다. 억지로나마 따르겠다."

신하들은 효를 명분으로 내세워서 내심 박수를 보냈다. 임금에게 정권을 돌려주는 것은 온 나라 백성들이 모두 다행으로 여겼을 정도였다. 불교를 지지한 문정왕후에 대한 반감을 상징적으로 보여준다.

ː 문정왕후 사후, 불교는 제자리로 ː

그러나 문정왕후의 수렴청정이 끝났다고 해서 불교 정책이 바뀐 것은 아니었다. 명종 20년 4월, 문정왕후는 명종을 강하게 휘어잡았다.

"내가 아니면 네가 어떻게 이 자리에 오를 수 있었겠는가?"

문정왕후는 명종이 마음에 맞지 않는 구석이 있으면 마치 민가의 어머니가 어린 아들을 대하는 것처럼 했다. 명종은 지극한 효성으로 어머니의 뜻을 따랐고, 때로는 후원의 외진 곳으로 가서 눈물을 흘리거나 목 놓아 울기까지도 했다. 명종은 제도적으로는 독립했으나 어머니의 그늘을 벗어나지 못했다. 명종 20년, 문정왕후는 승하하기 전에 언문 유교를 내렸다.

"불교는 이단이지만 조종조에도 있었다. 선종과 교종의 양종을 다시 세운 것은 승려를 통제하기 위한 것이다. 조정은 내 뜻을 잘 이해해서 끝까지 보존하도록 하라."

문정왕후는 양종의 부활, 선과 실시, 정업원 증축 등이 자신의 사후까지 계속 이어지기를 바랐다.

그러나 문정왕후가 승하한 후 판세는 완전히 뒤바뀌었다. 사헌부, 사간원, 홍문관이 앞장서서 불교를 비판하고 양종의 부활을 이끌었던 보우 스님을 죄주라고 요구했다. 성균관 유생들은 임금이 상소를 받아들이지 않자, 이번에도 성균관을 떠났다. 영의정까지 합류해서 보우의 죽음을 요구했다. 2개월 동안 지속되었다. 결국 명종은 보우를 제주로 유배 보냈다.

그런데도 전국의 유생들은 보우를 죽이라는 상소를 3개월 동안 계속 올렸다. 명종은 받아들이지 않았으나 제주목사 변협이 보우를 주살한다. 제주목사가 임의로 사람을 죽일 권한은 없으나 변협이 처벌받은 기록은 없다. 조정대신들과 공감이 있었기 때문일 것이다. 양종의 선과도 없앴다.

문정왕후의 죽음으로 불교의 중흥 정책은 제자리로 돌아갔다. 조선은 다시 성리학의 나라가 되었다. 성리학으로 세상을 보는 갇힌 세계로 되돌아간 것이다.

문정왕후가 선과를 복원해서 서산대사와 사명대사를 배출하고, 임진왜란 때 승병이 활약하도록 틀을 마련한 것은 공이다. 봉은사와 봉선사도 그대로 남아 있어서 많은 사람이 찾고 있다.

맞수 대결,
문정왕후의 윤원형과 명종의 이양

문정왕후가 수렴청정할 때, 조정은 온통 문정왕후와 윤원형을 지지하는 세력으로 가득 찼다.

　명종은 임금으로서 마냥 그들에게 휘둘릴 수는 없었다. 그 틈새를 비집고 자신의 세력을 키워야 했다. 명종은 그 인물로 이양을 발탁해서 키웠다. 이양은 왕비 인순왕후의 외삼촌이다. 명종은 이양에게 은밀하게 자신의 뜻을 전했다. 윤원형과 이양은 둘 다 외척이자 정치적 맞수로서 서로를 견제했으나, 나쁜 의미에서 닮은꼴이다.

: 정치 맞수, 나쁜 점이 닮았다 :

첫째, 과거 합격에 물의가 있었다.

윤원형은 최초의 합격자 명단에 없었으나 다시 작성된 명단에 이름이 올랐다. 매우 이례적이었다. 사헌부와 사간원에서 이의를 제기했으나 중종은 받아들이지 않았다.

이양은 유생들의 시험에서 수석을 차지했다. 그의 스승 정사룡이 시험관으로서 문제를 사전에 유출했다는 소문이 퍼졌다. 둘 다 깔끔하게 과거에 합격하지 않았다.

둘째, 초고속 승진이다.

윤원형은 명종 3년 예조판서를 거쳐서 이조판서 두 번, 병조판서 세 번, 우의정을 거쳐서 영의정에 오른다. 그는 명종 20년 동안 최고의 실세였다.

이양은 윤원형보다 훨씬 늦게 과거로 진출했다. 그러나 명종은 이양의 벼슬을 하루가 멀다하고 높여주고 과거에 합격한 지 7년 만에 동부승지, 11년 만에 이조판서로 올려준다. 명종의 전폭적인 지원으로 임용순서를 크게 뛰어넘었다.

셋째, 이조판서로서 벼슬을 뇌물로 팔았다.

윤원형의 부친은 파산 부원군 윤지임이다. 그는 왕비의 아버지였으나 따뜻하고 공손했으며 또한 검소했다. 그는 유생 때부터 비단옷 차림을 하지 않았고, 이것을 끝끝내 지켰다. 그러나 윤원형은 아버지와 완전히 달랐다. 윤원형은 이조판서로서 벼슬을 돈으로 파는 것이 마치 시장의 장사꾼처럼 했다. 그의 집 앞에는 관작

관직과 작위을 뇌물을 주고 사려는 사람들로 문전성시를 이루었다.

이양도 비슷했다. 『명종실록』에 이양과 연관된 단어로 '아부', '아첨'이 따라다닌다. 그에게 아부나 아첨해서 벼슬을 얻는 자가 많다는 의미다. 명종은 윤원형을 견제하기 위해서 이양에게 조정의 인물이나 일을 몰래 물었다. 이양은 그것을 슬쩍 흘려서 위세를 과시했다. 그의 권세가 강해지자, 그의 집 앞에도 윤원형과 마찬가지로 벼슬을 사려는 선비들로 문전성시였다.

넷째, 모두 객지에서 쓸쓸하게 죽었다.

명종 20년 문정왕후가 승하했다. 『조선왕조실록』에 기록된 왕후의 사후 평가는 일반적으로 칭송이 많은데, 문정왕후에 대한 평가는 악평이었다. 그녀가 나라를 망하게 할 정도라고 했다.

"문정왕후는 아우 윤원형과 나라 안팎에서 권력을 휘둘렀다. 명종 20년 사이 조정의 정치가 흐리고 어지러웠다. 염치가 땅에 떨어지고, 백성은 가난에 시달리고, 나라의 맥이 끊어졌다. 종묘와 사직이 망하지 않는 것이 다행일 정도다."

문정왕후가 승하하고 왕후의 발인이 끝나자, 그동안 막고 있던 둑이 터졌다. 사헌부와 사간원에서 바로 상소를 올려 윤원형을 탄핵한다.

"영의정 윤원형은 왕실의 골육지친으로서 정령을 제 마음대로 결정하고 임금의 보위까지 농락했습니다. 임금의 위엄과 권세를 장악하고, 심지어 임금을 위협해서 신하의 예절도 지키지 않았습니다. 모든 신하의 입을 틀어막고 나라 안팎의 모든 이권을 긁어모았습니다. 윤원형을 속히 귀양 보내서 재앙의 빌미를 막으십시오."

명종은 상중이므로 윤허하지 않는다고 했다. 그러나 사헌부와 사간원은 하루에 네 번씩 총 38번, 홍문관은 하루에 두 번씩 총 17번, 육조판서 이상은 네 번이나 윤원형을 귀양 보내라는 청을 올렸다. 윤원형의 죄를 26조목으로 나열하자 영의정은 체직했으나 유배는 보내지 않았다.

다시 상소 행렬이 이어졌다. 좀처럼 상소를 올리지 않는 의정부 사인, 육조 낭관이 윤원형의 죄를 장문으로 나열하고 유배를 청했다. 충훈부 당상관, 승정원, 대호군, 예문관도 합류했다. 사헌부와 사간원은 19번, 홍문관은 8번을 더 유배의 청을 올렸다. 명종은 윤원형을 파직하고 공신의 작위와 봉록을 박탈했다. 그러나 유배의 명은 내리지 않았다.

신하들은 상소를 포기하지 않았다. 다시 상소 행렬이 이어졌다. 사헌부와 사간원은 또다시 18번, 홍문관은 8번, 삼정승이 포함된 당상관 이상이 네 번, 예문관, 승문원, 성균관, 교서관, 승정원, 동반 6품 이상까지 합류했다. 조정의 거의 모든 부서가 거듭해서 유배를 청했다.

"관작을 삭탈하고 방귀전리시켜라. 귀양 보내는 것은 윤허하지 않는다."

방귀전리는 자신의 고향으로 내쫓는 형벌이다. 한 사람을 유배 보내기 위해서 온 조정이 동원되고, 무려 140여 차례 상소를 올렸다. 유례가 없을 정도다. 그동안 윤원형의 악행에 대한 쌓여진 분노가 어느 정도였는지를 짐작할 수 있다.

윤원형은 그의 첩 정난정과 함께 강음江陰 현 황해도 금천군에서 죽었다. 명종이 사약을 내린 것은 아니다. 『명종실록』은 정난정이 자살한 이후 드디어 울분으로 죽었다고 표현돼 있다. 명종의 재위 기간에 권력을 농단해서 집 앞은 뇌물을 바치는 장사꾼 같은 선비가 문전성시를 이루었으나 그의 죽음에는 아무도 없었다. 그의 인생 마무리는 초라하고 쓸쓸했다.

이양은 기대승을 자신의 세력으로 끌어들이려고 노력했다. 기대승은 퇴계 이황과 사단칠정을 논할 만큼 조선의 성리학을 한층 끌어올렸고, 올곧은 선비로 평판이 높았다.

기대승은 이양의 만남을 거절하고 선비의 지조를 지켰다. 이양은 기대승이 자기편이 되지 않자, 사림의 영수로서 죄를 뒤집어씌워 유배 보내라고 청했다. 명종은 기대승의 인물을 보는 안목보다는 이양의 말에 귀를 기울여서 기대승을 삭탈관직하고 문외송출시켰다.

윤원형은 이양의 세력이 커지자, 이 기회를 이용해서 견제했다. 홍문관을 움직여서 이양을 탄핵하는 상소를 올렸다. 홍문관의 책임자는 기대승의 형, 기대항이다.

"이조판서 이양은 왕비의 친척으로서 지나친 은총과 발탁으로 갑작스럽게 판서에 올랐습니다. 나라를 위해서 보답해야 하지만, 오로지 권력을 장악하는 데 힘쓰고 자신에게 아부하는 자는 등용하고, 어진 이의 관리 진출을 막고, 온갖 짓으로 나라를 병들게 했습니다. 사람들은 이양이 있는 줄만 알고 전하가 계신 줄은 모릅니다. 이양을 죄주어 백성들의 마음을 시원하게 하여 주십시오."

이양은 기대승을 끌어들여서 세력을 넓히고자 했으나 오히려 윤원형의 되치기에 당했다. 명종은 이양의 관작을 삭탈하고 충남 보령으로 유배 보냈다. 사헌부와 사간원은 이양의 죄가 가볍다고 보고, 약 2개월간 줄기차게 요구해서 유배지를 보령에서 평안도 강계로 바꾼다.

: 호랑이로 호랑이를 대적하게 했으나… :

명종은 문정왕후와 윤원형의 죽음 이후 이양을 불러들이고자 했으나 사헌부와 홍문관은 막았다. 이양은 유배지에서 돌아오지 못했고, 그 이후의 기록은 없다. 그도 유배지에서 사망한 것으로 추정한다. 이양 역시 인생의 마무리는 초라하고 쓸쓸했을 것이다.

윤원형과 이양, 정치적 맞수로서 한때는 하늘 높은 줄 모르고 권력을 쥐락펴락했으나 둘 다 인생 말로는 쓸쓸했다.

명종은 문정왕후와 윤원형의 독주를 견제하기 위해서 이양을 키워서 맞서게 했다. 호랑이를 키워서 호랑이를 대적했다. 그러나 호랑이는 숲의 질서를 유지하기보다는 자신의 먹잇감 사냥에만 몰입했다. 또 다른 간신을 키운 것이나 마찬가지였다.

이들은 백성을 위해서 좋은 정책을 펼치기보다는 사적인 욕심 채우기에 급급했다. 조정은 뇌물을 주고 관직을 차지하는 소인배들이 득실했고, 그 중심에 윤원형과 이양이 있었다. 정치는 날로 문란해졌다. 백성은 더욱더 고달픈 삶을 살아야 했다.

명종 때 임꺽정 같은 도적에 백성이 환호한 것은 이와 무관하지 않았다.

모이면 도적이고
흩어지면 백성이다

개성부 포도관 이억근은 도둑잡기 전문이다. 그는 도둑 수십 명을 잡아서 도둑들에게는 공포의 대상이었다. 명종 14년, 황해도에 도적이 나타났다는 신계현령의 신고를 받고 그는 20여 명의 군사를 데리고 현지로 갔다. 그는 군사를 동원해서 도적을 포위하고 새벽에 기습했으나 오히려 일곱 대의 화살을 맞고 죽었다. 도적은 임꺽정이었다.

: 구월산 도적 임꺽정 :

임꺽정은 몇 개월 후 한성에도 나타났다. 이번에도 기습해서 잡으려 했으나 임꺽정은 도망했다. 조정은 두 번이나 임꺽정을 잡으려고 했으나 실패했다.

임꺽정은 경기도 양주의 백정 출신으로, 황해도를 중심으로 활동하고 있었다. 본거지는 구월산이다. 이즈음 임꺽정뿐만 아니라 도적이 여기저기서 날뛰고 있었다. 경기도, 황해도와 평안도의 수백 리 사이에 나그네가 지나다니지 못할 정도로 도둑이 성행했다. 명종 때 그만큼 백성의 생활이 피폐해졌기 때문이다.

조정은 대대적인 토벌 작전을 폈다. 약 500명의 군사들이 임꺽정의 근거지로 알려진 구월산으로 향했다. 관군은 무성한 숲과 깊은 골짜기를 수색했으나 오히려 부장 연천령과 관군 일부가 살해되었다. 역마도 빼앗겼다. 관군은 산세가 험하고 날이 어두워져서 철수했다.

명종은 관군이 도적을 번번이 놓치고 포도관, 부장 등이 살해되자 국위가 손상되고 기강이 무너졌다고 여겼다. 명종 15년 12월, 임금은 삼정승, 영부사, 병조와 형조의 당상관, 좌우 포도대장을 비밀리에 불렀다.

"이번의 도적은 좀도둑과 비교가 안 된다. 특별한 조처를 해서 백성이 편안하게 살도록 해야 한다. 도적을 막을 방도를 세워라."

: 가짜 임꺽정이 잡히다 :

조정은 임금과 생각이 같았다. 최근의 도저은 좀도둑을 뛰어넘어서 반역자라고까지 여겼다. 그 대책으로 포도관의 격을 높이고자 했다. 임시직책으로 순경사종2품를 두었다. 한성의 용맹한 군사를 더 차출해서 도적을 반드시 체포하겠다는 것이다.

황해도에 이사증, 강원도에 김세한을 순경사로 파견했다. 한성의 정예 군사 50명을 뽑고, 또한 현지 군사를 지휘할 수 있다. 약한 달 후 임꺽정의 체포 소식이 들려왔다. 순경사 이사증은 임꺽정을 한성으로 압송하고 임금에게 직접 보고했다.

"대도를 잡았으니 매우 가상히 여긴다."

명종은 매우 기뻤고, 의금부는 임꺽정의 진위를 확인했다. 임꺽정의 부하 서임과 대질시키니 임꺽정이 아니라 가도치라고 했다. 가도치는 임꺽정의 형이다. 체포한 도적을 심하게 고문해서 무리한 자백을 강요하고, 빨리 체포했다는 공명심의 결과였다.

명종은 임꺽정을 체포하지 못한 것을 분하게 여긴다고 하면서 특별한 조치를 해서 반드시 잡으라고 명했다.

임금의 명이 내려지자, 의주목사 이수철은 두 번째 임꺽정을 체포했다고 보고했다. 가짜 임꺽정 사건 8개월 후다. 명종은 선전관을 내려 보내서 임꺽정을 압송하라고 명했다. 조정에서 신문하기 위해서다.

조정에서 체포한 도적을 새롭게 신문하니 임꺽정이 아니었다. 심지어 임꺽정의 아내, 의붓자식과 사위도 체포했다고 했으나 이들도 모두 가짜였다. 모두 가혹한 고문으로 거짓 자백을 강요해서 받아낸 진술의 결과였다.

가짜 임꺽정 사건이 두 번이나 벌어진 것은 조정의 안달복달, 체포해야 하는 관리의 압박감, 체포로 상을 타려는 욕심, 진짜 임꺽정을 보호하고자 하는 백성이 만들어 낸 합작품이다.

명종은 임꺽정의 체포가 계속해서 실패하자 매우 초조했다. 임꺽정의 세력이 적국과 같고 이대로 두면 몇 개의 도가 임꺽정의 손에 넘어갈 수 있다고 봤다. 다시 한번 특별한 조치를 해서 도적을 잡으라고 명했다. 조정은 토포대장을 토포사로 격을 높이고 남치근을 임명했다.

: 서임아, 서임아, 끝내 투항하였느냐 :

임꺽정은 명종 17년에 체포된다. 임꺽정의 첫 체포가 실패한 지 3년 후다. 임꺽정의 체포과정은 『국조보감』과 『기재잡기』에 실려 있다.

남치근은 군사와 말을 대대적으로 모아서 구월산 아래에 진을 구축했다. 군사들은 산 밑으로 좁혀 들어가서 숲과 늪을 수색해 올라갔으나 임꺽정은 골짜기를 넘어서 민가로 들어갔다. 산채를 수색한 것은 임꺽정의 핵심 참모, 서임이 배반해서 알려주었기 때문이다.

토벌군은 황해도 황주에서 해주까지 모든 장정을 동원하고 성을 쌓고, 집마다 수색했다. 임꺽정은 촌가에 숨어 있었다. 포위망이 좁혀오자, 임꺽정은 노파에게 급히 뛰어나가서 도적이 있다고 외치라고 했다. 노파가 문밖으로 뛰어나가서 외치자, 임꺽정은 군인 차림으로 칼을 빼고 노파를 쫓아가면서 다른 병사에게 "노석은 달아났다"라고 거짓 정보를 흘렸다.

병사들은 임꺽정을 알아차리지 못하고 노파를 뒤쫓아 갔다. 그러한 북새통에 임꺽정은 한 병사의 말을 빼앗아 타고 병사들 사이로 들어갔다.

임꺽정은 "갑자기 아프니 누워서 치료해야겠다"라고 짐짓 아픈 척을 하고 무리를 빠져나와서 산으로 향하려고 했다. 그러자 다른 병사가 "어찌 한 걸음이라도 진을 떠난단 말인가? 이놈이 의심스럽다"라고 외치자 5, 6명이 말을 타고 임꺽정을 추격했다. 임꺽정은 말을 타고 도망갔으나, 화살에 맞았다. 상처가 심했고 결국 체포됐다.

그의 부하였던 서임이 임꺽정이라고 확인해 주었다. 임꺽정은 "내가 이렇게 된 것은 모두 서임 때문이다. 서임아, 서임아, 끝내 투항할 수가 있느냐?"라고 회한의 말을 남겼다.

조정은 그동안 임꺽정을 체포하기 위해서 도포관→순검사→토포사로 체포 대장의 격을 높여주고 권한도 강화했다. 팔도의 감사와 병사, 그리고 개성유수에게 체포를 명했다.

한성에도 도적이 나타났기 때문에 도성 경비를 강화했다. 통행금지 시간도 늘렸다. 도성 안팎에 군대를 몇 겹으로 매복시켜서 대대적으로 수색했다. 병사들은 수색하면서 민가의 약탈도 자행했다. 놀라서 도망하는 백성도 도적으로 마구 잡아들여서 결박된 자들이 줄을 이었다. 노인과 처자들은 울부짖고, 거리에는 원성이 가득했다.

도적이 잠잠할 때까지 군역도 보류했다. 군역을 피해서 오히려 도적의 소굴로 갈 수 있기 때문이다. 황해도와 평안도는 전세와 부역을 모두 면제해 주었다. 군사들이 도적을 잡을 때 백성의 곡

왕PD의 토크멘터리 조선왕조실록 3

98

식을 빼앗아서 말을 먹이고 군량으로 삼았기 때문이다.

조정은 임꺽정을 체포하기 위해서 온갖 노력을 다했으나 3년 여 만에 체포했다. 이유가 있었다. 임꺽정은 훔친 재물을 백성들에게 나누어 주었다. 아전과 백성들은 관군의 체포 정보를 알려 주었다. 백성은 임꺽정이 도적이라기보다는 의적으로서 동병상련의 마음으로 대하고 체포되지 않기를 바랐다. 또한 도적들은 미투리를 거꾸로 신어서 산채로 들어간 것은 나간 것처럼 하고, 나간 것은 들어온 것처럼 해서 관군의 수색을 혼란스럽게 했다.

조정은 황해도의 백성들은 도적이 있는 줄만 알고 나라가 있는 것은 모른다고 한탄하고, 도적을 도운 백성을 탓했다. 그러나 명종 16년 10월 사관은 전혀 다른 시각으로 기록했다.

> 국가는 선정을 베풀지 않고, 재상과 수령의 횡포와 포학이 심해서 백성은 하소연할 곳도 없고 하루라도 살고 싶은 절박한 심정으로 도적이 됐다. 도적의 원인은 정치의 잘못이지 도적의 죄가 아니다. 백성이 모이면 도적이 되고, 흩어지면 백성이 된다.

: 백성과 도둑은 한 끗 차이 :

명종은 백성이 편안하게 생업에 종사하지 못하고 흩어져 도적이 되게 한 끗은 밝은 징치를 펼치지 못한 자신의 탓으로 돌리고, 도적으로 내몰린 백성은 불쌍하고 도적이 많은 현실이 부끄럽다고 자책했다. 결국 백성이 도적이 된 것은 생존의 문제였다.

백성은 곤궁해서 먹을 것이 떨어지면 모여서 도적이 된다. 도적이 흩어져서 생업으로 돌아가면 백성이 된다. 백성과 도적은 한 끗 차이였다.

임격정이 동에 번쩍, 서에 번쩍, 여러 해 동안 잡히지 않은 것은 백성의 삶과 마음을 대변했기 때문이다. 명종 재위 기간, 백성의 삶은 너무나 팍팍했다.

3장

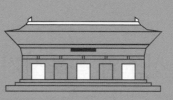

선조, 풍전등화의 나라,
이순신과 민초가 일어서다

선조의 홀로서기

제14대 선조는 16세의 나이로 왕위에 올랐다. 제12대 인종과 제13대 명종이 후사 없이 승하하자, 제11대 중종의 핏줄까지 거슬러 올라갔다. 중종의 두 왕비에서 난 아들 두 명인종과 명종은 왕위에 올라서 승하했다.

이제 후궁에서 태어난 혈통에서 찾아야 했다. 그중 창빈 안씨는 2남 1녀를 두었는데, 둘째 아들이 덕흥대원군이다. 덕흥대원군은 세 아들을 두었고, 막내 하성군이 명종의 후사로 낙점됐다. 하성군은 중종의 손자이자 처음으로 후궁의 소생으로서 왕이 된다. 바로 선조이다.

선조는 세자를 거치지 않았고, 조선이 원칙으로 내세운 적장자가 아닌 방계 혈통이다. 경복궁 근정문에서 즉위식을 했으나 처음에는 어좌에 오르려고 하지 않았다. 경복궁으로 갑자기 와서 어좌에 오르려니 어색했을 것이다.

왕이 준비되지 않았다고 해서 국가의 일도 쉬는 것은 아니다. 나라에는 처리해야 할 일이 산적했고, 왕조 국가의 모든 일은 왕의 최종 결재를 받아야 했다.

우선 명종의 비 인순왕후가 수렴청정해서 최종 결정권자가 되었다. 그러나 인순왕후는 몇 개월 후 수렴청정을 거둔다. 그녀는 부인은 음식을 주관할 뿐이고 정사에 관여할 수 없다고 했다. 조정은 그 의견을 미덕으로 여기고 받아들였다. 선조는 대신의 도움을 받아서 홀로서기를 해야 했다.

: 역사 바로 세우기를 하다 :

선조 초기는 다행히도 대학자로서 신망받는 관리가 있었다. 퇴계 이황이다. 예조판서로 임명해서 명종의 상제를 주관하고 임금의 경연까지 맡았다. 이황이 곁에서 잘 보좌하면 선조는 훌륭한 자질의 왕이 될 것이다. 그러나 이황은 병을 핑계 대고 고향으로 돌아갔다. 선조는 이황을 곁에 두고 가르침을 받고자 했으나 고향에 내려간 후 여러 차례 부름에도 올라오지 않았다. 이황은 67세였다.

명종의 능 조성이 끝나지 않은 상태에서 이황이 고향으로 돌아가자, 기대승은 서신으로 그 이유를 물었고 이황은 답서를 보냈다.

"몸을 바쳐야 할 곳에 의義가 실현될 수 없을 경우는 물러나야만 그 의에 위배되지 않을 것이다."

이황과 기대승은 직접 만나지 않았으나 이전부터 서신으로 학문을 논했다. 이황은 기대승보다 26세 위였으나 그의 학문을 높이 평가해서 학문적 동료로 여겼다. 이황은 선조를 떠나면서 기대승을 추천했고, 기대승은 선조의 경연관이 되어서 임금의 자문에 응했다. 기대승40세처럼 젊은 사림들에게 임금을 만날 기회가 자주 주어졌다.

선조가 우선 처리해야 할 일은 지난 시절 기묘사화와 을사사화, 양재역 벽서 사건 등으로 참화를 입은 선비들의 신원을 회복하고, 간신으로 여기는 무리의 죄를 묻는 것이다. 역사 바로 세우기다. 선조 즉위년 10월, 수렴청정한 명종의 비 인순왕후가 먼저 말을 꺼냈다.

"만약 어진 선비로서 죄가 없는데도 죄를 당한 자가 있으면 모조리 풀어주고 서용하라."

신하들이 먼저 말을 꺼냈다면 신구세력 간 한참 논란이 벌어졌을 것이지만 왕대비의 전교로 매듭이 쉽게 풀렸다. 기대승처럼 사림의 신진학자들이 포진된 것도 응원군이었다. 을사사화로 무고하게 벌 받은 사람들의 명단을 작성해서 유배를 풀어주거나 복직시켰다.

반면 광평군 김명윤은 관작을 삭탈했다. 그는 봉성군 이완과 계림군 이유가 반란 혐의가 있다고 무고해서 많은 선비를 죽음으로 몰고 갔다. 그가 죽었을 때 국가에서 장례를 치르는 예장도 하지 못하게 했다. 김명윤은 살아서 관작을 누렸으나 그의 죽음은 쓸쓸했다.

기대승은 임금의 경연관으로서 기묘사화 등으로 참화를 입은 조광조, 이언적 등의 신원회복에도 노력을 기울였다. 선조 1년 4월 임금은 할아버지 중종이 죄준 조광조의 신원회복은 선뜻 응하지 않았다.

"임금께서 조광조에 대해서 잘 알면서도 머뭇거리시는 것은 자세히 살피자는 뜻으로 이해하고 있습니다. 신하의 바람대로 흔쾌히 따라주십시오."

사간원에서 다시 조광조의 관직 복구를 청하자, 선조는 결국 받아들인다. 조광조를 영의정으로 추증한다. 조광조가 기묘사화로 사사된 지 49년 만이었다. 후일 시호도 문정文正으로 내린다. 사림에게는 큰 힘이 되었다. 기대승은 조광조가 어른도 반드시 배워야 한다고 강조했던 『소학』을 선조에게 강했다.

또한 기묘사화의 도화선이 된 '주초위왕'의 설이 『중종실록』에 빠진 것을 알고, 남곤의 죄상을 밝히기 위해서 『선조실록』에 기록한다. 『선조실록』 1년 9월 21일에 기록됐다. 역사의 잘못된 부분을 바로잡고자 한 조선시대의 기록 정신을 엿볼 수 있다. 선조는 사림의 분개하는 마음을 씻어주도록 남곤의 관작도 모두 삭탈했다.

그러나 조광조를 다르게 보는 시각은 여전히 존재하고 있었다. 훈구세력인 김개는 경연에서 조광조를 비난하고 남곤의 관작을 삭탈할 수 없다고 주장했다. 기대승은 조광조의 일은 이미 시비가 가려진 일이라고 하면서 김개가 망발한다고 아뢰었다.

　김개는 이 일로 관작을 삭탈당하고 문외송출, 즉 도성 밖에 나가서 살았다. 이황을 유학의 종주로 삼아서 조정을 맑게 하려는 젊은 사림이 대세를 이루었지만 김개처럼 기득권도 잠복하고 있었다. 조광조의 복관을 두고 자칫 잘못하면 두 편으로 나누어질 수 있는 조짐을 선조가 잘 정리한 것은 다행이었다.

: 공신의 기득권을 무너뜨리지 못한 선조 :

역사 바로 세우기는 억울한 유배나 죽음으로 명예를 회복하는 것도 중요하지만, 잘못된 공훈을 삭제하는 것도 빼놓을 수 없다.

　명종 때 을사사화로 많은 선비가 억울하게 죽었다. 반면 그 죽음으로 공신이 된 자도 있다. 을사 위사공신으로 이기, 정순붕, 임백령 등 28명이고, 위사공신을 도운 원종공신이 1,400여 명이다. 원종공신은 서리 등 품계가 없는 하급관리다.

　공신에게는 어마어마한 혜택이 주어지기 때문에, 공신이 늘어나는 만큼 국가의 부담도 가중되고, 그 꿀은 모두 백성에게서 나온다. 터무니없는 공신을 삭제하는 것은 백성의 부담을 줄인다.

　홍문관에 갓 들어간 율곡 이이가 을사 위사공신은 거짓이라고 강력하게 주장을 펼쳤다. 위사공신을 삭제하는 상소를 41차례 올렸는데 모두 이이가 기초했다. 율곡은 이 상소로 훈구세력의 미움을 받았다.

　선조는 공신 삭제는 거절했다. 그 이면에는 1천 명이 넘는 원종공신들이 명종의 비 인순왕후에게 위사공신을 없애는 것은 명종을 저버리는 것이라고 읍소했기 때문이다. 선조는 독단할 수 없었다. 위사공신을 삭탈하는 데는 저항세력을 이기지 못했다.

공신을 책정해서 국가의 재산이 개인의 호주머니로 들어가기는 쉬웠으나, 그것을 원상회복하는 데는 예나 지금이나 기득권의 저항으로 어려웠다.

선조가 기묘사화와 을사사화 등으로 참화를 입은 선비들의 신원을 회복한 것은 잘했다고 평가할 수 있다. 반면 공신의 기득권을 무너뜨리지 못한 것은 한계였다. 선조의 역사 바로 세우기는 절반의 성공이었다.

경계의 말을 남기고 떠난 이황

퇴계 이황은 중종 때 과거에 합격해서 예문관 검열, 사관으로 관직에 나가려고 했으나 취소된다. 장인의 형, 권전의 반역 혐의 때문이다. 권전은 단종의 어머니 현덕왕후의 부친으로, 세조는 그를 죽이고 반역 혐의를 덮씌웠다. 이황과 권전은 친인척도 아닌 남이다. 심지어 110여 년 전에 죽었다. 사관은 친인척뿐만 아니라 주변에 작은 흠결이 있으면 역사를 객관적으로 기술할 수 없다고 보았다. 사관이 되는 조건은 까다로웠다.

이황은 그 대신 사헌부·홍문관·사간원 등 청요직에 들어갔다. 아주 평판이 좋았고 암행어사로 충청도에 파견됐다. 세자 인종의 스승이었고, 인종, 명종 때도 중용되었다.

그러나 이황은 조정을 자주 떠난다. 명종 초기 형이 무고로 유배 도중 죽은 것이 계기였다. 이황 자신도 조광조의 신원회복에 관여했다는 이유로 삭탈관직을 명받았으나 동료의 구원으로 살아남은 예가 있었다.

선조 초기 이황은 예조판서로서 명종의 상제를 주관하고, 임금의 경연관을 맡았으나 상제가 끝나지 않았는데도 고향으로 내려갔다. 선조 1년 1월, 임금은 그의 직을 높여주고 간절한 내용의 편지를 보냈다.

"나는 어릴 때부터 엄한 스승의 가르침도 받지 못하고 자라서 갑자기 왕업을 이어받았다. 경은 조정의 누구보다도 덕망이 높은 북두성이다. 설령 병중이라도 조정에 머물면서 가르침을 달라."

이황은 임금의 부름을 외면하지 못하고 다시 올라와서 임금의 치도에 필요한 『무진육조소』와 『성학십도』를 올렸다.

무진육조소는

첫째, 계통을 중하게 해서 인과 효를 온전하게 하는 것입니다.

둘째, 참소를 막아서 양궁兩宮 인종의 비와 명종의 비의 사이를 가깝게 하는 것입니다.

셋째, 학문을 부지런히 해서 나라를 다스리는 근본을 세우는 것입니다.

넷째, 도덕과 학술을 밝혀서 인심을 올바르게 하는 것입니다.

다섯째, 신회를 심복처럼 아끼고 (간인으로) 눈과 귀를 뜨게 하는 것입니다.

여섯째, 성심으로 몸을 닦고 살펴서 하늘의 사랑을 받도록 하는 것입니다.

선조는 「무진육조소」를 받고 천고의 격언으로서 당장 실천하고 가슴에 새기겠다고 했다. 선조는 심지어 대간의 말보다도 이황의 말을 더 따를 정도였다. 선조 초기 역사 바로 세우기에는 이황의 조언이 큰 역할을 했다.

: 이황, 『성학십도』를 올리다 :

『성학십도』는 선조가 성군이 되기를 바라는 뜻에서 임금의 다스림에 대한 학문의 핵심을 도식으로 설명한 것이다. 이황은 "제가 나라에 보답할 것은 『성학십도』뿐입니다"라고 할 정도로 심혈을 기울였다. 선조는 이는 학문을 하는 매우 간절한 것이고, 병풍으로 만들라고 명하고, 자신을 반성하는 거울로 삼고자 했다. 선조 이후의 왕들도 이를 병풍으로 만들어서 곁에 두었다.

『성학십도』는 1. 태극도 2. 서명도 3. 소학도 4. 대학도 5. 백록동규도 6. 심통성정도 7. 인설도 8. 심학도 9. 경재잠도 10. 숙흥야매잠도이다. 상세 내용은 퇴계집에 실려 있고 병풍은 국립민속박물관에 보관되어 있다.

이황은 한성에 올라왔으나 오래 머물 의도는 없었다. 그는 다시 낙향하고자 했다. 선조 2년 3월, 마지막 만남이 이루어진다. 선조는 17세, 이황은 68세였다.

선조: 경은 지금 고향으로 돌아가고자 하는데, 무슨 말을 하고
싶은가?

이황: 임금은 독단의 슬기로 세상을 이끌어가려 하므로, 이를
염려합니다. 임금이 스스로 뛰어난 체하면 어진 신하들이 마음
을 같이할 수 없어서 돕지 못합니다. 높은 자리에 오른 용이 후
회하는 것과 같습니다. 『성학십도』에서 가장 중요한 두 낱말은
사思와 학學입니다. 두 글자를 깊이 생각하시면 깨달음이 있을
것입니다.

이황은 충심을 다해서 선조의 물음에 답을 올렸다. 임금으로
서 너무 자신을 내세우지 말고 어진 신하의 마음을 잘 이끌어 내
라고 했다. 그리고 생각의 중요성을 음미해서 배우는 것이 중요
하다고 했다. 선조는 다시 한번 하고 싶은 말을 물었고, 이황은 답
했다.

연산군 때의 무오사화와 갑자사화, 중종의 기묘사화 등으로 현
명한 선비들이 참화를 입었습니다. 이후로 선비들은 서로가 옳
고 그르다며 편을 나누고 간사한 무리가 득세했습니다. 명종 때
의 을사사화도 마찬가지였습니다. 지난 역사를 경계 삼으십시오.

이황은 선조가 정권 초기는 **맑은 정치를 하려는 결심으로** 간
언을 잘 받아들여서 문제가 없지만, 차츰 간언에 싫증을 낸다고
했다. 이럴 때 소인이 아양을 부려서 임금의 뜻에 맞추어 못하는

짓이 없게 된다고 했다. 임금은 처음부터 끝까지 군자의 마음을 갖고 소인배가 모함하지 못하도록 경계해야 한다고 덧붙였다.

이황은 조정 신하들이 나뉘지 않고, 소인배에게 귀 기울이지 않도록 경계의 말을 남겼다. 이황은 형의 죽음과 마찬가지로 현명한 인재가 참소로 죽은 사화를 경계하고, 역사를 잊지 말라고 당부했다. 이황이 선조에게 남긴 마지막 말이다.

이황이 한성을 마지막으로 떠날 때 선비들의 배웅으로 도성이 텅 빌 정도라고 했다. 이황이 학자로서 관리로서 어떠한 처신을 했는지 보여준다.

이황은 이로부터 약 1년 9개월 후인 70세에 졸했다. 선조는 태산북두 같은 학자를 잃었으나 『성학십도』가 곁에 있었다.

선조와 이이의 줄다리기

이황이 떠난 빈자리를 채운 것이 율곡 이이다. 이이는 중종 때 태어나 명종 때 장원급제해서 호조좌랑정6품으로 관직에 첫발을 뗐다. 문무과 전시에서 장원급제하면 정6품을 준다. 출발부터 여섯 계단을 뛰어올랐다.

이이는 아홉 번 장원급제를 해서 '구도 장원' 혹은 천재라고 한다. 그의 천재성은 어릴 때 지은 글이나 관직에 진출해서 올린 상소 등을 통해서 알 수 있다. 그는 강릉에서 태어나 말문이 트일 즈음 글자를 익혔고 6세 때 한성으로 온다.

: '구도 장원' 이이, 『동호문답』을 올리다 :

율곡은 8세에 시를 짓고, 여러 고전을 섭렵해서 성현의 학문에 전심했고 13세에 진사 초시에 합격했다. 16세에 어머니_{신사임당}의 상을 당해서 3년 동안 여묘살이를 할 정도로 효심도 깊었다. 그는 여묘살이를 마친 후, 생과 사에 관심을 두고 불교 교리에 심취해서 도를 구하고자 금강산에 들어가서 수행했다. 그러나 불교를 떠나 유학으로 다시 돌아와서 경敬과 의義를 통한 실천을 중시했다. 유학자들은 그의 불교 탐구를 비판했다.

23세에 도산서원에 찾아가서 퇴계 이황을 뵙고 학문을 논하고 서신으로 교류했다. 이이가 관리로 진출해서 두각을 나타낼 때, 이황은 낙향하고 졸했기 때문에 관리로서 만남은 오래 이루어지지 않았다.

선조 초기, 이이는 사간원, 홍문관 등 청요직에 임명되고, 선조의 뇌리에 박히는 글을 올린다.

선조 2년 이이는 홍문관 교리로서 사가독서를 했다. 사가독서는 세종 때부터 실시한 제도로 장래가 촉망되는 신진관리들에게 휴가를 주어서 학문에 보다 더 정진하게 한다. 이이가 공부한 것을 과제물로 제출한 것이『동호문답』이다.

『동호문답』은 그의 나이 33세에 작성한 것으로 주인과 손님의 문답형식으로 기술하고 있다. 내용은 옛날이나 현재의 군신관계, 임금의 학문자세, 국가를 다스리는 도에 대해서 논의하고, 경제정책에 이르기까지 조목별로 상세하게 논했다.

『동호문답』 원본은 수만 자에 달하고 한글로 번역된 내용은 200자 원고지 220매에 이른다. 이이는 사가독서를 마치고 선조에게 『동호문답』을 강했다. 일부분을 보자.

논군도, 임금의 길을 논하다.

임금의 능력이 출중해서 보통 사람보다 호걸을 잘 부리거나 비록 능력이 부족하더라도 어진 이에게 맡기면 잘하는 정치이다. 반면 임금이 자신의 총명을 믿고 신하를 믿지 않거나, 간신을 믿어서 귀와 눈이 가리어지면 문란한 정치가 된다.

논신도, 신하의 길을 논하다.

신하는 도덕이 몸에 배서 임금을 섬기거나 자신의 몸가짐을 올바르게 해서 임금을 요·순처럼 해야 한다. 항상 나라만 생각하고 자신을 돌보지 않고 진심으로 임금을 섬기고 백성을 보호해야 한다. 지위에 있을 때는 직분을 지키고, 임무를 맡을 때는 능력 발휘만을 생각해야 한다.

논아조 고도불복, 조선은 옛날의 도를 회복하지 못하고 있다.

조선의 정치는 세종 때에 융성했다. 세종은 전례 없는 성인으로 조선의 기틀을 잡고 우리에게 만년의 복을 누리게 했다. 그러나 조광조를 죽인 기묘사화, 명종의 을사사화로 이진 이를 해지고 충신은 입을 다물게 했다.

지금 우리나라의 형세는 마치 기절한 사람이 겨우 소생은 하였으나 모든 맥이 안정되지 못하고 원기가 회복되지 못한 것과 같다. 그런데 모두가 팔짱만 끼고 있다. 나라의 녹을 받는 신하들은 하루빨리 나라를 구출할 생각을 해야 한다.

논무실위 수기지요, 실천하는 것이 자신을 수양하는 요체다. 임금은 뜻을 먼저 세우고 실천에 힘써야 한다. 임금에게 경연과 상소를 통해서 좋은 말과 계책을 논하지만 하나의 폐단도 개혁해서 실시하지 못하는 것은 실천에 힘쓰지 않기 때문이다. 임금께서 옛 도를 회복하고자 한다면 실천에 힘쓰고 겉치레에 힘쓰지 말아야 할 것이다.

이이는 『동호문답』을 통해서 임금과 신하의 자세, 국가를 다스리는 올바른 길과 더불어서 나라를 구제할 구체적 방법까지 조목조목 밝혔다. 경세의 지혜와 책략을 담았다. 선조는 이를 깊이 성찰하면서 읽었다.

선조 2년 9월, 이이는 이런 말을 올렸다.

"신이 누차 전하를 뵙고 말씀을 올렸으나 대답이 없습니다. 부부나 부자도 말해야 정이 통합니다. 명성과 지위가 현격히 차이가 나는 군신간에 이래서야 되겠습니까? 200년의 종사가 위태로워지고 있는데 전하는 어찌 다시 일으켜 세울 생각을 하지 않습니까?"

그러나 임금은 좀처럼 속내를 드러내지 않았다.

"학문이 쌓이고 덕행이 몸에 배야 사업을 일으킬 수 있다. 덕행이 없는 몸이 어떻게 사업을 일으킬 수 있겠는가? 점진적으로 시행해야 한다."

선조는 신하들의 말에 귀를 기울여서 "유념하겠다", "깊이 새기겠다" 등 대답은 잘했다. 그러나 자신의 생각은 좀처럼 드러내지 않았다. 궁궐 밖에서 자라 세자를 거치지도 않고 갑자기 어린 나이16세로 어좌에 앉았으니, 자신의 세력 구축이나 조정의 분위기를 파악하는 데 시간이 필요할 것이다. 또한 아직은 사물 전체를 보는 눈이 부족할 것이다.

선조는 이황의 학문을 배우고 이이가 제시한 지혜와 책략을 잘 습득하면 좋은 정치를 펼칠 수 있을 것이다. 이이가 『동호문답』을 통해서 특히 강조한 것은 실천이다.

선조가 배우면서 겪어나갈 경험과 실천의 과제가 남았다.

: 참화를 막기 위한 상소 :

선조 초기, 개혁정치의 하나로서 을사사화의 공신을 삭제하는 문제가 대두되었다. 신진 사림들은 을사사화로 많은 선비들이 무고하게 죽었고, 그 선비를 죽인 대가로 을사 위사공신에 오른 것은 터무니없다고 삭훈을 주장했다. 그러나 기득권의 저항도 만만하지 않았다.

이이는 위사공신 삭제의 상소문을 쓰는 등 앞장섰다. 반면 영의정 이준경은 반대했다. 이준경은 명종 때 을사사화의 공신 중에도 억울하게 죽은 자가 있다고 아뢰었다. 이이와 전혀 다른 주장이다. 선조 2년 9월, 이이는 이렇게 말했다.

"대신의 말이 어찌 그리 모호하고 분명하지 못합니까. 을사사화의 공신은 거짓 공신이고 그때 죽임을 당한 자들이 착한 선비들입니다."

이이는 홍문관 교리정5품로 영의정정1품과는 품계 차가 크다. 그런데도 이이는 임금 앞에서 영의정에게 둘러대지 않았다. 임금 앞에 무안을 당한 이준경은 이이가 어질고 재주가 있다고 추천한 백인걸에게 불쾌함을 드러냈다.

"그대가 칭찬한 이이는 어찌 말이 그렇게 가벼운가?"

이로부터 3년 후 영의정 이준경은 졸하고 임금에게 유서를 남겼다. 이준경은 자신의 의견과 다르면 배척하고 용서하지 않는 사사로운 붕당의 조짐이 있다고 밝혔다. 조정은 얼마 전까지 기묘사화와 을사사화로 많은 선비가 참화를 당해서 위축돼 있었다. 이것이 사실이라면 또 큰 참화를 불러올 수 있다.

이이는 향리에 물러나 있었는데, 선조 5년 7월 장문의 상소를 올렸다. 선비들이 다시 억울하게 죽는 것을 막아야 했다. 또한 신하들이 올바른 말을 해도 붕당으로서 공론의 주장이 아니라 자신의 세력을 옹호하는 변명이라고 임금이 의심한다면 정사가 제대로 펼쳐지지 않는다.

"붕당은 어느 시대에도 있었습니다. 이준경의 취지는 군자의 당인지 소인의 당인지 잘 분별하라는 것입니다."

이이는 상소에서 붕당에 대한 대책도 올렸다. 이이는 옛 신하에게 경험만으로 권력을 주는 것도 옳지 않고, 또한 옛 신하를 무능하다고 등용하지 않는 것도 옳지 않다고 했다. 그 재능에 맞는 직책을 주어서 자신의 역할을 하는 것이 중요하다고 했다. 붕당의 나쁜 면은 자리를 차지하려는 권력 투쟁이라고 지적했다. 이이는 신·구 신하의 화합을 강조했다.

이이의 주장은 홍문관·사헌부·사간원 등 신진세력의 호응을 얻었다. 선조는 더 이상 붕당 논의를 확대하지 않았다. 이이의 상소로 이준경의 붕당설은 일단락되었다. 자칫 잘못하면 4대 사화처럼 많은 선비를 죽음으로 몰고 갈 수 있는 불씨를 잠재운 것은 다행이었다. 이이는 후일 동인·서인으로 나누어져 양쪽의 주장이 격화되자 줄곧 화합하도록 노력했다.

: 경장을 부르짖다 :

이이는 영의정에게도 자신의 주장을 펼쳤듯이 올곧았고 바른말을 거침없이 쏟아냈다. 이것은 임금에게도 마찬가지였다.

선조는 이이에 대해 이중적 태도를 보였다. 학문과 재능을 높이 평가해 관직을 주고 계속 곁에서 가르침을 받고자 했지만, 입바른 소리는 꺼렸다. 특히 경장更張 고쳐서 새롭게 함을 주장하면 세상 물정을 잘 모르는 오활한 자라고 멀리하기도 했다.

이이도 마찬가지였다. 선조가 신하의 말을 잘 듣는 것은 좋지만 그것을 행동으로 옮기지 않는 것은 단점으로 지적했다. 선조가 자신의 말을 실천하지 않자 바로 사직했다. 이이의 사직과 임금의 부름이 퇴계 이황처럼 반복됐다.

이이의 직급을 올려서 홍문관 직제학3품으로 임명할 때도 마찬가지였다. 선조 6년 9월의 기록을 보자.

"경은 무슨 이유로 고향으로 물러가서 오지 않는가?"

"신은 병이 깊고 재주가 부족해서 나라의 녹을 축낼 수 없습니다."

"지나치게 겸손하지 말라. 그대는 물러 있을 때 여러 번 상소를 올린 것을 보면 국사를 잊지 못하고 있음을 알 수 있다."

이이는 병과 재주가 부족하다고 내세웠지만, 실은 자신의 말이 채택되지 않자 고향으로 물러나 임명을 받아들이지 않았다. 선조가 여러 차례 요청하자 결국 승낙한다. 이후에도 승진해서 승지로 임명된다. 승지는 왕명 출납으로 임금을 자주 뵙고 말할 기회가 주어지기 때문에 상소를 올리지 않는 것이 관례였지만, 이이는 우부승지로서 이 관례를 깨고 선조 7년 1월 「만언소」를 올린다. 이것은 『동호문답』과 거의 맞먹는 수준의 장문이다.

"임금께서는 한단학보°를 우려해서 경장할 뜻이 적으시고, 신하들은 개혁을 주장한 조광조처럼 사화를 입을까 두려워해서 경장을 주장하지 못하고 있습니다."

이이는 조선이 200여 년 동안 지나오면서 시대와 해야 할 일이 바뀌어서 폐단을 고쳐야 한다고 주장했다. 이 시점에 경장해야 나라가 다시 우뚝 설 수 있다고 보고, 문제점과 대책을 제시했다. 백성을 편안하게 하는 방안도 내놓았다. 특히 강조한 것은 백성의 부담이 과중한 군정의 개혁이었다. 후일 군정을 개혁해서 10

● 한단학보: 남의 것을 모방하려다가 도리어 자기 것도 잃는다는 뜻.

만 양병의 필요성을 제시했다.

　이이는 「만언소」를 통해서 자신이 알고 있는 모든 학문을 쏟아냈다. 선조는 대답은 잘했다. 이이가 제시한 논의는 너무나 훌륭해서 옛사람도 이보다 더 뛰어난 논의를 할 수 없을 것이라고 극찬했고, 심지어 이이 같은 신하가 있으므로 나라를 다스리는 데 걱정이 없을 정도라고 했다. 그런데 사족을 달았다.

　"다만 일이 경장에 관계된 것이 많아서 전부 고칠 수 없다."

　선조는 이이의 상소에 대해서 최고로 칭찬하고 한 발 뺐다. 개혁보다는 점진적으로 하겠다는 뜻으로, 당장 행동으로 옮길 의사가 없었다.

　이이가 『성학집요』를 바칠 때도 마찬가지였다. 『성학집요』는 고금의 경전, 역사서를 널리 모아서 3년간 심혈을 기울여서 「통설」 「수기」 「정가」 「위정」 「성현도통」으로 구성하고 임금이 나라를 다스리고 학문하는 방법 등을 정리했다.

　선조는 『성학집요』는 홍문관 부제학 이이의 말이 아니라 성현의 말씀이라고 역시 극찬했으나, 여기서도 자신은 어리석고 둔해서 행하지 못할 듯 싶다고 사족을 달았다.

　이이는 200년 평화롭게 지속된 나라가 다시 발돋움하기 위해서는 경장의 필요성을 부르짖었으나 선조는 행동으로 옮길 의지가 부족했다.

　이이의 경장과 선조의 실천의지 부족, 맞장구가 삐걱댔다.

이이가 「만언소」를 올린 까닭

선조 7년 1월, 이이는 우부승지로서 「만언소」를 올린다. 1만 자의 문자로 구성된 상소다. 이이는 승지로서 「만언소」를 올리는 이유를 밝혔다.

> 임금께서는 총명하시고 선비를 좋아하고 백성을 사랑합니다. 음악과 주색을 즐기시지 않는 등 마음과 덕을 해치는 일을 하지 않습니다. 경험 있는 신하를 믿고 의지하며, 명망이 있고 어진 자를 등용해서 벼슬길도 밝아지고 있습니다. 그런데도 기강이 사를 취하고 공을 버리고, 백관은 직무를 태만하고, 백성의 생산은 늘지 않고, 폐단은 예전 그대로입니다.

이이는 이러한 폐단을 찾아내서 대책을 올린다고 설명했다. 일곱 가지 폐단을 밝혔다.

> 첫째, 위아래가 믿지 않는다.
> 둘째, 신하는 일을 책임지려는 자세가 없다.
> 셋째, 경연에서 성취되는 실상이 없다.
> 넷째, 현명한 사람을 거두어 쓰지 않는다.
> 다섯째, 재변이 일어났을 때 하늘의 뜻에 부응하지 않는다.

여섯째, 백성을 구제하는 여러 정책이 없다.

일곱째, 인심이 선을 지향하지 않는다.

이이는 임금이 신하를 믿지 않고 현명한 인재를 등용하지 않는다고 직격하고, 현재 실시되는 제도를 통해서 그 폐단의 구체적인 예를 들었다. 역사와 고전을 통해서 폐단의 장·단점을 분석하고, 이러한 폐단을 고쳐야 나라를 보전하고, 백성을 편안하게 하는 다섯 가지 방안도 내놓았다.

첫째, 임금은 진정으로 마음을 열어서 신하들의 신임을 얻어야한다.

둘째, 공안을 개혁해서 지나치게 거두는 세금의 폐해를 없애야한다.

셋째, 검소함과 절약을 숭상해서 사치 풍조를 개혁해야 한다.

넷째, 지역의 노비를 뽑아서 한성의 관아로 보내는 제도를 바꾸어공노비의 고통을 덜어주어야 한다.

다섯째, 군정을 개혁해서 안팎의 방비를 굳건히 해야 한다.

이이는 이러한 방안을 실시해서 3년이 지나도록 나라가 여전히 부진하고, 백성이 편안하지 않고, 정예의 군대가 되지 않는다면 자신을 나라를 속인 죄로 다스리라고 했다. 이이의 자신감이 드러난 대책이었다.

그러나 선조는 개혁 의지가 부족했고 실천하는 데는 한계가 있었다. 이이의 「만언소」는 역사의 교훈으로 남았다.

붕당의 시작,
동인과 서인으로 나누어지다

붕당朋黨은 조선 중·후기의 정치를 구성하는 한 부분이고, 영·정조 시대는 붕당을 없애는 탕평책이 정책목표 중의 하나였다. 한때 역사 교과서는 붕당을 '사색 당파'라고 해서 조선은 서로 찢어져서 싸움만 하는 나쁜 인상을 주었다.

붕당은 『조선왕조실록』에 나오는 단어로 조선 초기부터 있었다. 붕당의 첫 등장은 정종 때다. 정종 1년 8월, 임금은 분경奔競 벼슬을 얻기 위해서 권세 있는 집을 분주하게 쫓아다니는 일을 금지하는 하교를 내리면서 붕당을 언급했다.

"고려 말에 기강이 해이해서 서로 붕당을 만들고, 참소를 좋아하여 군신을 이간하고, 골육상잔해서 멸망하는 데까지 이르렀다."

정종은 붕당으로 상대편을 이간하는 참소로 서로 죽이기까지 한다고 붕당의 폐해를 지적했다. 이 외에도 성종 때 임사홍은 붕당을 맺어서 조정을 위험에 빠뜨리려 했다는 것이고, 중종 때 조광조를 죽일 때도 조광조가 붕당을 맺었다는 구실을 내세웠다. 왕조 국가에서 붕당은 대체로 조정을 어지럽히는 행위로 간주하고 경계했다.

: 조선의 학맥, 붕당 :

이와 반대로 조선 중·후기로 넘어가면서 자연스럽게 학맥이 생겼다. 대표적 사례는 김종직이다.

제9대 성종 때 홍문관이 설치되면서 지역의 사림들은 한성으로 모여들었다. 김종직도 한성으로 올라왔고, 그에게 학문을 배우고자 하는 젊은 인재들이 늘어났고 관직에도 진출했다.

그러나 무오사화로 김종직과 그의 제자들은 죽임을 당하였고, 이후 기묘사화, 을사사화로 수많은 선비가 타격을 입어서 다시 향리로 돌아갔다. 심지어 자식이 과거시험을 보지 못하게 하는 풍조도 생겼다. 과거로 조정에 진출해서 사화의 참화를 입을 수 있기 때문이다. 사림은 지역에서 서원을 세워 인재를 길렀다.

퇴계 이황, 남명 조식 등의 대학자들에게 젊은 인재들이 모였다. 율곡 이이도 빼놓을 수 없다. 스승을 중심으로 학문을 교류하면서 자연적으로 서로 알게 되고 친밀감이 생겨서 학맥이 형성됐다. 이런 인재들을 중심으로 연구와 토론, 비판으로 학문의 수준을 끌어올렸다. 붕당은 학문적 연결고리로 발전한 좋은 측면이다.

: 동인과 서인, 붕당의 실마리 :

그러나 이와 다르게 심의겸과 김효원은 하나의 오해에서 빚어낸 상황으로 서로를 비난해서 결국 서인과 동인으로 나누어지고, 이것은 나쁜 의미의 붕당으로 이어지는 실마리를 제공했다. 어떤 오해였을까?

명종의 외척인 심의겸은 공무로 윤원형의 집을 방문했다. 그 집에 김효원의 침구가 있다는 것을 알게 됐다. 심의겸은 김효원이 윤원형의 집을 출입하는 문객으로 보고, 이 사실을 동료들에게 알리면서 매우 추하게 여겼다. 윤원형은 권력을 전횡해서 선비들 사이에는 평판이 좋지 않았다. 김효원은 과거공부를 위해서 우연히 그곳에 자게 되었으나 선비로서 명예를 더럽히는 행동은 하지 않았다. 그러나 이 오해는 동인·서인으로 나누어지는 결정적 계기가 된다.

김효원은 장원급제했으나 청요직에 등용되지 못했다. 심의겸이 이조참의로서 김효원을 윤원형의 문객으로 여겨서 반대했기 때문이다.

김효원은 심의겸의 오해와 달리 지조 있는 선비로서 평판이 좋았다. 김효원은 이황과 조식에게 배우기 위해서 경상도까지 내려갔고 영남의 선비들과 교류했다. 김효원은 이조전랑이 된다. 전랑은 사람을 가려 뽑는 사람이라는 뜻으로 정랑정5품과 좌랑정6품을 합친 말이다. 인사 추천권을 가진다. 조선은 낮은 직급에게 때 묻지 않은 안목으로 맑은 인물을 추천하라고 했다. 이조전랑은 자신의 후임도 천거할 수 있는 자리로서 막강한 인사권한을 행사한다.

그는 이조전랑으로 퇴계 이황에게 배운 인재를 많이 천거했다. 김효원을 중심으로 젊은 선비들이 모였고, 그의 집이 경복궁 동쪽에 있어서 '동인'이라고 했다.

심의겸의 동생 심충겸도 과거로 진출해서 이조전랑의 물망에 올랐으나, 김효원의 반대로 무산됐다. 외척을 중요한 자리에 앉힐 수 없다는 것이 명분이었다. 그러나 그의 청요직 진출을 막은 심의겸에 대한 감정도 묻어 있었다. 심의겸의 집은 경복궁 서쪽에 있어서 서인이라 했고, 그 주변에는 기존의 관리들이 많았다. 선조 8년 7월, 동인과 서인은 이조전랑 자리를 두고 각자의 주장을 펼쳤다.

"심충겸은 이조전랑에 합당한 인물이다. 김효원이 심의겸과 틀어진 사이를 빌미로 심충겸을 반대하는 것은 잘못됐다."

"김효원이 심충겸을 반대하는 것은 외척의 진출을 막는 것이다. 앞일을 경계해서 뒷일을 삼가는 것으로 국가를 위한 일이다."

동인과 서인의 주장은 팽팽했고 서로 사이가 벌어지는 붕당의 조짐이 생겼다. 결국 자기편 사람이 이조전랑을 맡아서 한정된 관직을 차지하려는 줄다리기였다. 학문적 논쟁보다 자리다툼으로 번졌다. 붕당의 장점이 단점으로 바뀌었다.

: 이이의 중재와 선조의 침묵 :

율곡 이이는 이들을 화합하도록 고군분투하고 중재안을 냈다. 둘다 조정에 필요한 인물이므로 잠시 외직으로 내보내서 시끄러움을 잠재우고자 했다. 선조는 그 안을 받아들여서 심의겸은 개성유수, 김효원은 부령부사로 삼았다. 그런데 문제가 생겼다. 개성은 한성과 가깝고, 부령은 함경도의 벽지다. 더군다나 김효원은 병이 있었는데 함경도까지 가야 한다. 동인의 불만이 컸다. 이이가 다시 임금께 건의해서 김효원을 삼척부사로 임명토록 했다.

이이의 중재 노력은 양쪽으로부터 비난을 받았다. 서인은 자기편으로 여긴 이이가 동인 김효원을 편든다고, 동인은 이이가 김효원을 멀리 내보낸 것을 탓했다. 동인과 서인은 한 치의 양보도 없이 서로 자신에게 불리한 것만 지적했다. 이이의 중재 노력은 실패했다.

선조는 동인과 서인이 서로 다른 주장을 할 때 침묵했다. 적극적 중재 노력을 하지 않았다. 왕이 침묵하고 방치하는 사이 동인과 서인은 서로가 보고 싶은 것만 보고, 상대의 단점만 지적해서 손가락질했다. 두 무리는 점점 틈이 벌어지고 가위처럼 확대됐다.

동인과 서인의 수장이 된 김효원과 심의겸은 모두 임진왜란이 일어나기 전 졸하였다. 그들은 죽었으나 동인과 서인은 이미 돌아올 수 없는 다리가 되었다. 그 폐해가 극명하게 드러난 것이 바로 임진왜란이다.

동인의 영수 김효원,
후회하고 화해하다

율곡 이이의 중재로 동인 김효원은 삼척부사로 외직을 받았고 이후 안악군수로 자리를 옮겼다. 김효원은 한직에 있으면서 자신을 반성하고 낮은 벼슬을 하찮게 여기지 않았고 일을 정결하고 신속하게 처리했다.

『선조실록』 18년 4월의 기록에 따르면 "김효원은 청렴하고 성실하게 공무를 수행하고 있습니다. 아전은 군수를 두려워하고 백성은 사모해서 진심으로 받들고 있습니다. 평안도 최고의 관리라고 할 수 있습니다"라고 했다.

평안도 암행어사 홍종록은 김효원을 아주 높이 평가해서 임금에게 보고했다. 선조는 보고받고 김효원의 품계를 올려주고 내직으로 불러들인다.

김효원은 외직에 근무할 때나, 친구에게 보내는 서찰에도 조정의 정치에 대해서는 조금도 언급하지 않았다. 그리고 선조 23년, 김효원은 정작 과거를 되돌아보고 후회했다.

"인사 천거 때의 발언은 나라를 위한 것이었지만 어찌 이토록 분란의 불씨가 되었을까. 나의 책임을 면할 수 없다."

김효원은 부친을 뵙기 위해서 개성을 지나가야 했다. 개성유수 심의겸은 그 소식을 듣고 김효원을 다정스럽게 영접해 주었다. 김효원도 개성에 하루 이틀 머물면서 친구처럼 대했다. 두 사람은 외직에 부임해서 서로를 용서하고 끌어안은 것이다. 동인·서인으로 나뉘어 조정에서 으르렁거리는 것과는 딴판이었다.

김효원은 안악군수일 때 심의겸의 부고를 듣는다. 김효원은 "나의 친구를 잃었다"라고 하면서 이틀간 소식을 했다. 깊은 애도를 표한 것이다.

동인과 서인의 수장으로 불린 김효원과 심의겸, 세월이 흘러서 둘은 화해했지만, 그를 둘러싼 동인과 서인은 점점 가위처럼 벌어졌다. 그들의 수장처럼 화해의 기미는 조금도 없었다. 다음은 『선조수정실록』 23년, 김효원의 졸기에 실린 마지막 문장이다.

"동인·서인으로 나누어진 것은 이조전랑의 인사추천으로 시작되었으나 대신들이 서로 논박을 벌여서 선동한 것이다. 김효원과 심의겸이 각각 당파를 만들어서 불화를 일으킨 것은 아니다."

김효원은 의도하지 않았으나 결과적으로 동인·서인으로 나누어졌고, 그 이후 남인과 북인으로 여러 갈래로 벌어진다. 김효원은 뒤늦게 후회하고 화해했으나 뿌린 불씨를 끌 수 없었다. 역사의 아이러니다.

선조와 동인 김성일,
일본을 오판하다

조선의 외교는 사대교린으로 명나라는 사대, 일본과 유구국오키나 와의 옛 이름 등은 교린으로 설정했다. 명나라는 섬기고 일본 등과는 이웃으로 친하게 지내는 것이다. 일본은 왜라고 했고, 대마도는 대마도 혹은 왜의 범주 안에 넣었다.

: 조선 초기, 일본에 통신사 파견 :

일본은 조선 초기부터 교류가 있었다. 태조 1년 일본 축주 태수가 사신을 보내서 사로잡아 간 우리 백성을 돌려보내고 수호하기를 청한다. 이에 대한 처리 기록은 없으나 태조 3년 일본 회례사 김 거원이 일본으로 가서 사로잡혔던 조선인 569명을 데리고 왔다.

조선 초기에는 일본이 우리 백성을 납치하고 약탈하는 기록이 많다.

반면, 일본과 유구국의 사신이 조선의 조회에도 참석했다. 그들은 토산물을 바치고 우리에게는『대장경』등 불경을 간절히 원했고 조선은 내려주었다. 특히 대마도는 우리와 교역이 중요한 생계수단이었다. 조선은 그들에게 벼슬을 내리기도 했다.

조선은 태종부터 성종까지 여섯 차례 통신사를 일본에 파견했고 대마도는 가교역할을 했다. 세종 때 신숙주는 통신사 서장관으로 따라가서『해동제국기』를 남겼다. 일본의 도로, 풍토, 씨족, 접대에 관해서 그림과 글로 기록한 중요한 자료다. 일본에서도 답방이 왔다. 일본 사신을 접대하는 동평관을 지어서 머무르게 했다.

조선 전기까지는 일본과 비교적 원활한 통신관계를 유지했으나 중종 때 발생한 삼포왜란 이후 선조까지 거의 100년간 교류를 중단했다.

일본은 도요토미 히데요시가 전국시대를 통일하면서 대륙으로 진출하고자 하는 꿈을 갖고 있었다. 선조 13년, 스님 현소와 평조신이 조선에 와서 조선을 통해서 명과 조공을 하고 싶다는 의사를 전달했다. 조선은 그들의 말이 불손하다는 이유로 거절했다. 일본과 거의 100년간 통신이 중단됐으니 일본 내부 변화를 정확히 알 수 없었다. 임진왜란이 일어나기 약 10년 전이다.

일본은 계속 통신사를 요구했고, 조선은 납치해 간 우리 백성의 쇄환을 조건으로 허락했다. 다시 통신사를 파견한다. 정사는 황윤길, 부사는 김성일이다. 선조 24년 3월, 임진왜란이 발발하기 약 2년 전, 통신사는 일본으로 가서 도요토미 히데요시를 만나고 답서를 받아 돌아왔다.

"일본국 관백이 조선 국왕 합하에게 바칩니다. 보내신 글은 향불을 피우고 재삼 되풀이해서 읽었습니다. 나는 일본의 60여 주를 토벌해서 장악했습니다. 사람의 한평생은 100년을 넘지 못하는데 어찌 여기에만 머물러 있겠습니까. 곧바로 대명국에 들어가서 400여 주에 일본의 풍속으로 바꾸어 놓고 싶습니다. 조선이 선도해서 일본이 명나라에 들어간다면 먼 앞일까지 헤아려서 가까운 근심을 없애는 것이 아니겠습니까."

: 동인과 서인의 판단이 달라 :

도요토미 히데요시는 우리나라를 통해서 명에 쳐들어가겠다는 의사를 분명히 밝혔다.

그러나 두 통신사의 의견은 달랐다. 황윤길은 반드시 전쟁과 같은 참화가 있을 것이라고 했고, 김성일은 그러한 정황을 발견하지 못했다고 반박했다. 일본을 똑같이 보았으나 서로의 생각이 달랐다. 도요토미 히데요시의 외모에 대한 평가도 같지 않았다.

"눈빛이 반짝반짝해서 담과 지략이 있는 사람으로 보였습니다."

"그의 눈은 쥐와 같으니 족히 두려워할 위인이 못 됩니다."

서인 황윤길은 도요토미 히데요시를 위험인물로 평가했으나,

동인 김성일은 평가절하했다. 두 사람은 서인과 동인으로 나누어져 일본의 침략 위험성이나 외모도 전혀 다르게 보고했다. 유성룡은 김성일에게 물었다.

"그대는 황윤길과 고의로 다르게 말하는데, 만일 전쟁의 참화가 있게 되면 어떻게 하려고 그러시오?"

"나도 어찌 왜적이 쳐들어오지 않을 것이라고 단정하겠습니까. 다만 온 나라가 놀라고 의혹될까 두려워서 그것을 풀어주려 그런 것입니다."

: 전쟁을 감지하였으나 :

동인 김성일은 침략의 위험성을 감지하고 있었다. 그러나 황윤길의 보고에 동조할 수 없어서 다르게 보고했다. 당시 동인이 정권을 잡고 있었다. 김성일은 나라의 혼란을 구실로 서인이 세력을 펼칠 것을 우려한 것이다. 나라와 백성의 안위보다 자기편이 정권을 잃지 않을까? 서인이 정권을 잡지 않을까? 그것이 판단의 기준이었다.

조선의 통신사를 줄곧 수행한 대마도주의 아들 평의지는 김성일에 대해서 다음과 같이 평가했다.

"김성일은 엄격한 태도로 현지 사정을 제대로 들을 수 없었다. 김성일은 (선비의) 절의만 고집해서 문제를 일으켰다."

김성일은 통신사로 파견돼 조선의 선비로서 기개를 중시하고 위엄을 지키고자 했다. 평의지는 그런 김성일을 쉽게 가까이할 수 없었다. 김성일은 평의지 등 현지의 관리들과 편안하게 대화하지 않았다. 김성일은 조선 선비의 꼿꼿한 기개는 지켰으나 일본의 정확한 정보를 얻지 못했고, 일본을 낮게 평가했다.

: 임진왜란 1년 전 :

선조는 더욱더 문제가 있었다. 도요토미 히데요시는 답서를 통해서 조선을 지나가겠다는 의도를 분명히 밝혔고, 정사 황윤길도 침략의도가 있다고 보고했다. 이뿐만이 아니었다. 통신사의 출발에서 귀국까지 함께했던 스님 현소는 관리들을 통해서 일본의 침략에 대한 경고음을 울렸다.

홍문관 전한 오억령은 선위사로서 현소를 접대하고 "앞으로 1년 후 길을 빌린다는 명목으로 조선을 침범할 것이다"라는 현소의 정세분석을 듣고 임금에게 보고했다. 그는 동인도 서인도 아니었고 모난 행동을 하지 않아 평판이 좋은 관리였다. 그는 이 보고로 바로 파직당한다. 조정을 놀라게 했다는 것이 이유였다. 선조의 어이없는 결정이다. 선조는 후일 피란처에서 오억령만 정확하게 보고했다고 후회했다.

선조는 일본이 침략할 것이라는 보고를 여러 곳에서 받았음에도 당시 정권을 잡은 동인의 판단에만 의존해서 국가와 백성의 안위를 소홀히 했다. 임진왜란이 일어나기 1년 전이다.

: 임진왜란 한 달 전 :

김성일은 자신의 주장을 계속 밀고 나간다. 임진왜란 전, 영남에서는 왜란에 대비해 성을 수축하고 병사를 모았다. 그러나 김성일은 시폐 십조를 올려서 일본의 침입은 없을 것이라고 못하게 했다. 그의 주장에 대부분은 방관하는 태도였으나 유성룡은 편지를 보내서 격려했다. 유성룡은 동인은 아니었지만 김성일을 편들었다.

또한 비변사에서 이순신을 장수로 선발했으나 김성일은 이것도 잘못된 인사라고 비판했다. 김성일의 주장을 받아들이지 않은 것은 천만다행이었다.

김성일은 경상도 우병사가 되었다. 비변사는 김성일이 문인이므로 변방의 장수에 적합하지 않다고 반대했으나 임금이 특지로 임명했다. 그는 평소의 주장대로 영남에서 성을 쌓는 일과 군사훈련을 중지시켰다. 임진왜란이 일어나기 약 한 달 전이다.

그는 왜적이 침입하지 않을 것이며, 설사 침입해 오더라도 걱정 없다고 주장했다. 선조는 그런 문인을 왜적이 침략할 수 있는 길목, 경상도의 장수로 임명해서 국가의 안위를 맡겼다. 그를 통신사 부사로 파견해서 현지사정을 오판하게 한 선조와 경상도 우병사로서 성 쌓기와 군사훈련을 중지시킨 김성일은 결과적으로 나라와 백성에게 커다란 참화를 불러일으켰다. 김성일의 죄는 너무나 컸다.

임진왜란이 발발하자 선조는 김성일을 붙잡아서 국문하도록 했다. 김성일의 보고가 잘못됐음을 뒤늦게 알아차렸다. 그러나 이마저도 유성룡이 김성일의 충절을 믿을 수 있다고 해서 선조는 노여움을 풀고 오히려 경상도 초유사로 삼았다. 소 잃은 당사자를 외양간 고치는 책임자로 임명한 것이다. 유성룡은 김성일을 계속 두둔했다.

동인 김성일은 초유사로서 관군과 의병이 화합하도록 노력했으나 임진왜란 1년 후 전염병으로 졸했다. 그의 오판에 대한 책임은 묻지 않았다. 임진왜란 초기는 동인이 정권을 잡고 있었다.

선조와 김성일, 그리고 동인의 오판으로 일본의 침략에 소홀히 대비했고, 큰 참화를 불러일으켰다.

임진년, 왜군이 쳐들어오다

선조 25년 임진년1592년 4월 13일, 부산 앞바다는 왜선으로 뒤덮였다. 왜군 20만여 명이 새벽안개를 틈타서 쳐들어왔다. 그러나 우리의 척후는 왜군의 규모를 400척에 1만여 명으로 보고했다. 조정에서도 왜군의 규모를 제대로 파악하지 못했다.

: 반나절 만에 함락된 동래성 :

부산첨사 정발은 절영도에 사냥하러 갔다가 급히 성으로 돌아왔으나 이미 왜군이 성을 에워싸고 포를 비 오듯 쏘아댔다. 아군은 칼과 화살로 대응했으나 왜군은 총을 쏘아댔고 수도 월등히 많았다. 정발이 탄환에 맞아서 전사하자 아군은 순식간에 무너졌다.

동래부사 송상현도 동래 주민과 군사, 이웃 고을의 군사까지 모아서 성을 지켰다. 병사 이각이 달려왔으나 그는 외부에서 협공한다는 핑계를 대고 달아났다.

송상현은 성의 남문에 올라가서 전투를 독려했으나 중과부적이었다. 송상현은 성이 함락될 즈음 갑옷 위에 관복을 입고 의자에 앉아서 움직이지 않았다.

왜군 평성관은 일찍이 동래를 오가면서 송상현에게 후한 대접을 받았다. 송상현을 알아보고 옷을 끌면서 숨으라고 했으나 따르지 않았다. 왜군에 항거하다가 마침내 전사했다.

왜장 평조신은 그의 시체를 관에 넣어서 성 밖에 묻어주고 푯말을 세웠다. 동래성은 반나절 만에 함락되었다. 이어서 경주, 양산, 밀양, 함양, 김해 등에서도 패전했다.

경상도 바다를 지키는 좌수사 박홍은 군영을 버리고 달아났다. 왜군은 서생포와 다대포를 함락했다. 경상도의 육지와 바다가 순식간에 무너졌다.

: 현지 사정에 어두운 지휘자 :

조정은 왜군의 침입에 대한 보고를 받고 이일을 순변사, 성응길을 좌방어사, 조경을 우방어사로 삼아서 내려보냈다. 이일은 군사 없이 군관민 대동했다. 현지로 내려가면서 군사를 모아서 지휘할 계획이다.

이일은 남쪽으로 내려가면서 건장한 기병과 군관 60여 명을 대동하고 4천여 명의 군사를 수습해서 조령을 넘어 문경에 도착했다. 현지 군사들은 지휘관이 없는 상태에서 이미 흩어졌고, 밤새워 수색해서 쌀을 나누어 주고 모집한 수백 명을 더해서 6천 명 정도의 군사가 모였다. 사전 군사훈련을 하지 않고 급히 모은 군대였다.

이일은 무과에 급제해서 전라수사를 거친 후 주로 북방지역에서 여진족의 방어임무를 맡았다. 경상도 지세는 문외한이다. 전투에서는 장수의 지략과 군사의 용맹뿐만 아니라 현지의 지세와 정보가 매우 중요하다.

이일은 척후를 내세우지 않았다. 현지의 백성이 와서 왜군이 가까이 왔음을 알렸으나 군사를 동요시킨다는 이유로 참했다. 백성을 참한다고 해서 왜군이 오지 않는 것은 아니다. 상주목사 김해는 순변사를 맞이한다는 이유를 대고 이미 산으로 숨었다. 백성이 전해준 정보는 무시했고, 현지 목사는 숨어서 이일은 왜군의 정보를 모르는 상태다.

이일이 상주 북쪽의 냇가에 진을 치자 마을 성안에서 불길이 치솟았다. 성을 탐지하기 위해서 군관을 보냈으나 숲속에 잠복한 왜군이 총을 쏘아서 죽였다. 왜군은 이일의 군사 움직임을 파악하고는 기습해서 일제히 포탄을 쏘았다. 이일의 군사는 활을 제대로 당겨보지 못하고 지리멸렬했다. 이일은 군사를 지휘하지도 못한 채 군관과 종 한 명을 데리고 도망했다. 아군이 거의 전멸한 완패였다. 이일은 패전을 조정에 알리고 신립의 군대로 갔다.

: 신립의 오판 :

한편 조정은 여러 도의 군사를 징집해서 지원병을 구성하고, 신립을 도순변사로 삼아서 이일을 지원하도록 했다.

"이일 이하 명령을 따르지 않는 자는 모두 참하라."

선조는 신립에게 보검 한 자루를 내려서 지휘권을 위임했다. 신립은 급하게 모집한 군사 8천 명과 함께 떠났다. 재능과 용맹이 뛰어난 김여물을 데리고 갔다. 유성룡도 김여물은 무용과 재략이 남보다 뛰어남을 파악하고 막사에 두어서 신립을 자문하도록 했다.

신립은 충주까지 내려갔고 조령에 달려가서 형세를 살펴보았다. 도망온 이일은 무릎을 꿇고 죽기를 청했다. 신립은 손을 잡고 물었다.

"적의 형세가 어떠하였소."

"훈련도 받지 못한 백성으로 적을 대항할 수 없었습니다."

이일은 패전의 책임을 자신의 무능한 지휘보다 백성의 탓으로 돌렸다. 김여물은 신립이 쓸쓸한 표정으로 의기가 꺾이는 것을 보고 계책을 올렸다.

"왜군은 수가 많아서 직접 맞부딪칠 수 없습니다. 이곳조령의 험준한 요새를 이용해서 방어하는 것이 적합합니다."

"이곳은 기마병을 활용할 수 없으니, 들판에서 한마당 싸우는 것이 적합하다."

김여물은 문경새재의 험준한 지세를 이용한 기습 공격을 조언했다. 그러나 신립은 북방의 여진족을 상대하면서 기마 전투에 익숙했다. 과거 자신이 승리한 좋은 기억만 뇌리에 남아 있었다. 이제 상황이 바뀌었고 현지의 지세도 달랐다. 왜군은 여진족보다 수가 월등히 많았고 총을 갖고 있었다. 상황에 맞는 작전을 세워야 했고, 김여물의 조언을 검토해야 했으나 듣지 않았다.

신립은 왜군이 벌써 조령을 넘었다고 군관이 몰래 보고하자, 이 또한 망령된 말이라고 해서 군관을 참했다. 이일과 신립은 똑같이 왜군에 관한 소중한 정보를 허공에 날렸다.

신립은 평소 왜군은 근심할 것이 못 된다고 가볍게 보고 있었다. 신립은 적의 실체를 모르는 채 요새인 조령을 피하고 탄금대로 옮겨서 배수진을 쳤다. 그러나 탄금대의 강 앞쪽은 논이 많은 습지여서 말을 달리기에는 불편했다. 말이 잘 달리지 못해서 화살을 제대로 쏠 수 없는 군대와 조총으로 무장한 군대의 승패는 이미 정해져 있었다.

왜군이 사면을 포위하고 일시에 조총으로 공격해서 아군은 크게 패하였다. 아군의 시체가 강물을 뒤덮었다. 신립과 김여물은 말을 타고 활을 쏘아서 왜군 수십 명을 죽인 후 모두 강물에 뛰어들어서 죽었다. 배수의 진을 쳤기 때문에 물러날 곳이 강뿐이었다.

신립은 전사했고, 잘못된 지휘로 수천 명의 군사도 잃었다. 특히 신립의 대군을 믿고 피란을 가지 않은 충주의 아전과 백성들의 피해는 어느 고을보다 심했다.

왜군은 조령의 험준한 산세를 보고 매복이 있으리라 예측하고 두세 번 정찰했다. 그러나 매복이 없음을 확인하고 군대를 진출시켰다. 후일 명나라 도독 이여송은 조령을 지나면서 "신립은 이와 같은 형세를 이용할 줄 몰랐으니, 지모가 없다"라고 평가했다.

김여물은 전쟁터에 나가기 전에 승패를 예견하고 아들에게 편지를 보냈다.

"남아가 나라를 위해서 죽는 것은 당연한 일이다. 그러나 나라의 수치를 씻지 못하고 가슴에 품은 뜻이 재가 되니 탄식할 뿐이다."

김여물이 이순신 장군의 휘하에 있었다면 나라를 위해서 더 많은 공을 세웠을지도 모른다. 조야에서 모두가 그를 대장의 재목으로 추천했기 때문이다. 오판한 장수 아래서 그의 무용과 지략을 제대로 발휘하지 못한 것은 국가적 손실이었다. 인생에서 좋은 상사를 만나는 것은 복이고 그 반대는 불운이다.

이일은 탄금대 전투에서도 또 도망쳤고, 신립의 패배 사실을 조정에 알렸다. 신립도 전사하기 전에 "적의 기세가 매우 드세니 도성으로 후퇴하여 지키도록 하소서"라고 비밀리에 장계를 보냈다.

이일과 신립의 패배 소식은 선조에게 충격과 혼란 그 자체였다. 왜군은 순식간에 경상도와 충청도 충주를 점령하고 북상하고 있었다.

궁궐을 몰래 빠져나가다

선조는 이일의 패전 소식이 들어오자, 왜군이 요청한 강화회담을 위해서 동지중추부사 이덕형을 왜군에게 사신으로 보냈다. 왜군의 진격을 지연시키려는 의도였으나 효과는 없었다. 오히려 "왜가 이덕형을 강제로 옹립해서 왕을 삼으려고 한다"라는 유언비어만 떠돌았다. 민심이 차츰 조정을 떠났다.

조정은 도성의 수비를 논하는 한편, 왕비를 미리 피신시키려고 했다. 영의정 이산해만 이 사실을 알고 있었다. 조정에서 미투리와 백금을 사들이자 임금도 도성을 떠난다는 소문이 돌았다.

"내가 도성을 버리고 어디로 가겠는가. 날조된 말이다. 의심하지 마라."

선조는 도성을 떠난다는 것을 강력하게 부인했다. 도성의 사대문을 닫고 몰래 빠져나가는 자는 참하고, 백성의 피란은 금지했다.

선조는 의인왕후와 혼인해서 23년이 지났으나 자식이 없었다. 그런데도 아직 왕비의 나이37세가 있어서 후사를 기대하고 세자를 정하지 않았다. 나라에 전쟁의 위급한 상황이 닥치자 시간적 여유가 없었다. 서둘러 세자를 정하고자 했고 후궁의 자식에서 선택했다. 공빈 김씨의 둘째 아들 혼琿 광해군을 세자로 삼았다. 형 임해군보다 행동을 조심하고 학문을 부지런히 한다는 평판이었다. 광해군은 어수선한 상황에서 예를 갖추지 못한 채 세자에 올랐다.

조정은 육지로 거침없이 올라오는 왜군의 공격에 당황했다. 하삼도충청·경상·전라도 수군을 없애고 육지로 올라와서 방어하도록 명을 내렸다. 도성과 떨어진 바다보다 임금과 가까이 있는 육지 방어가 시급하다고 판단했다. 전라수사 이순신은 급히 장계를 올렸다.

"바다와 육지의 전투와 수비 중 어느 하나도 없애면 안 됩니다."

이순신 장군의 장계가 받아들여져서 전라도 수군을 그대로 둔 것은 그나마 다행이었다. 조정은 임금의 피란을 논의하고, 파천을 건의했다.

"어가를 평양으로 옮겨서 명나라에 군사를 청하고 회복을 도모해야 합니다."

그러나 영중추부사 김귀영, 우승지 신잡, 사헌부 장령 권회는 한성을 지켜야 한다고 주장했다. 이에 유성룡은 "권회의 말이 충성스럽기는 하지만 일의 형편이 어쩔 수 없습니다"라고 다시 파천을 권유했다. 영의정 이산해가 그저 울기만 하다가 나와서 승지 신잡에게 옛날에도 피란한 사례가 있다고 말하자, 모두가 웅성거렸다. 이산해는 선조의 마음을 읽고 파천의 총대를 멨다. 그는 후일 파천의 주범으로 몰려서 탄핵받고 영의정에서 물러난다.

: 선조의 야반도주 :

파천 소문에 가장 먼저 움직인 것은 궁궐을 지키는 호위군사와 하급관리였다. 궁궐 문의 자물쇠는 승정원이 관리해서 내시들이 여닫는다. 궁궐 문의 자물쇠도 채우지 않고 빠져나갔다. 시간을 알리는 금루원은 40명이 4교대 근무했으나 시각을 알리지 않았다. 그들도 이미 탈출했다. 궁궐 내외의 근무자부터 제 살길을 찾아서 흩어졌다. 궁궐의 기강이 매우 해이했고, 선조에 대한 하급관리의 충성도를 가늠할 수 있다.

선조는 융복戎服 옛 군복으로 갈아입고 말을 탔다. 왕비에 대해서는 두 가지 기록이 있다.

"왕비는 걸어서 창덕궁 인화문을 빠져나갔다."『선조수정실록』25년 4월 14일

"중전은 뚜껑 있는 교자를 타고 나갔다."『선조실록』25년 4월 30일

칠흑 같은 새벽의 어둠이었고 비가 내려서 바로 앞을 분간할 수 없는 날씨였다. 백성에게 금지한 피란을 임금은 몰래 하는 것

이다. 궁인들, 종친과 호종하는 문무관은 100명이 되지 않았다. 궁궐을 지키는 호위군사도 이미 흩어졌다.

: 역사를 불태운 선조 :

임금의 피란 소식은 삽시간에 퍼져나갔고 백성들은 밧줄을 타고 닫힌 도성의 사대문 담을 넘어 성을 빠져나가다가 가족이 흩어지기도 했다. 백성들의 울부짖는 소리가 길가에 가득했다.

왕이 도성을 몰래 빠져나가자, 민심은 폭발했다. 왕이 떠난 궁궐로 들어가서 내탕고의 보물을 훔쳐갔다. 궁궐의 다른 창고도 노략질하고 불을 질러서 흔적을 없앴다. 평소에 많은 재물을 모았다고 알려진 임해군과 병조판서 홍여순의 집도 불탔다.

형조와 장례원도 불태웠다. 이곳은 공·사노비의 문적을 보관하고 있기 때문이다. 경복궁, 창덕궁, 창경궁의 세 궁궐도 한꺼번에 불탔다. 이후 경복궁은 273년 동안 방치되다가 고종 때 중건된다.

도성을 지키는 유도대장경비대장이 몇 사람을 참했으나 화난 군중을 통제할 수 없었다. 백성과 국토를 지키지 못하고 도성을 몰래 떠난 임금에 대한 분노였다.

선조는 궁궐을 몰래 빠져나가면서 아무런 뒷정리도 하지 않았다. 그 결과 수백 년, 수십 년의 기록이 유실됐다. 문무루와 홍문관에 보관해 둔 서적, 춘추관의 실록, 고려시대의 사초, 승정원일기 등 중요한 역사적 사료도 불탔다. 역사가 허공으로 사라졌다.

임진강 방어 실패, 탁상공론의 결과이다

선조는 창덕궁을 나와서 돈의문을 거쳐 모래재를 넘고 있었다. 비가 쏟아져서 경기감사 권징이 뒤따라와서 우의를 받쳤다. 벽제역에서 잠시 쉬었다가 다시 출발하려는데, 수행하는 관원들 일부는 가족을 데리러 간다는 핑계로 사라졌다. 신하조차 제 가족을 살리기 위해서 임금을 버렸다.

관원 몇몇이 어가를 따르고 있었고, 궁인들이 탄 말은 진흙에 빠져서 뒤처지기도 했고 여기저기서 우는 소리가 들렸다. 임진강까지 올라갔다. 선조는 윤두수를 불렀다. 1년 전 세자 책봉 문제로 쫓아냈으나 다시 불러들여서 어영대장을 맡겼다.

"경의 형제는 나를 떠나지 마라."

임금의 곁을 떠나가는 신하들을 향한 절규에 가까웠다. 이러한 상황을 초래한 것은 선조 자신이었다.

선조가 임진강에 도착했을 때는 어두웠다. 비까지 내려서 지척을 분간할 수 없었다. 임진강 남쪽 언덕의 정자에 쌓아둔 목재를 태워 불을 밝혀서 겨우 강을 건넜다. 동파역에 도착했을 때 파주목사와 장단부사가 수라를 준비했으나 호위하는 하인들이 난입해서 음식을 모두 빼앗아 먹어서 임금이 먹을 것이 없었다. 장단부사는 이런 난장판이 두려워서 도망갔다.

선조는 궁궐에서 팔도 진미를 맛보는 호사스러움을 누렸는데, 이제는 끼니를 굶어야 하는 신세가 되었다. 선조는 피란길의 비참함을 절감했을까?

: 종묘를 불태운 왜군 :

선조는 하루 만에 개성에 도착했다. 선조는 개성의 남문루에 올라가서 백성들을 위무하고 의견을 들었다. 백성들은 정철을 불러야 한다고 건의했다. 전쟁으로 나라가 위급하므로 동인·서인 구별 없이 인재를 등용하라는 뜻이다. 정철은 서인으로서 윤두수와 같은 죄로 축출당했다. 임진왜란 전에는 동인이 정권을 잡고 있었다.

"정철의 충효를 알고 있으니 속히 행재소임금의 임시 거처로 오라."

이로써 서인으로서 처벌받은 사람들이 석방되어 돌아오게 되었다.

선조는 한성을 떠나면서 김명원을 도원수로 임명하고 방어를 맡겼다. 그러나 군사는 1천여 명에 불과했다. 김명원은 제천정현 서울시 용산구 한남동에 주둔했으나 왜군이 쏜 포탄이 정자 위로 떨어지자 맞대응하지 못하고 달아났다.

한성 방어는 쉽게 무너졌다. 왜군은 성안에 복병이 있을까 의심해서 정탐했으나 텅텅 빈 것을 알게 되었다. 남산에 올라 봉화를 올린 후 흥인문을 통해 성안으로 들어왔다. 왜군은 부산에 상륙해서 보름 만에 한성을 점령했다.

왜군은 종묘에 머물렀다. 경복궁 등 궁궐은 모두 불타버렸다. 왜군이 종묘에 머무는데, 밤중에 이상한 일이 일어났다. 병사가 갑자기 죽기도 했다. 어떤 사람이 "조선의 종묘로서 신령이 있는 곳이다"라고 하자 적장은 종묘를 불태워 버리고 남별궁으로 이동했다. 역대 왕의 신위를 모셔 신성시했던 곳도 단번에 잿더미로 변했다.

: 전쟁 중에도 삼시 세끼를 :

선조는 한성이 점령당하자, 개성도 불안해서 다시 북으로 올라간다. 하루에 140리 길을 갈 만큼 어가를 재촉해서 나흘 만에 평양에 도착했다. 온갖 고생을 했고 굶기도 했으며 거칠고 변변찮은 음식도 먹어야 했다.

그러나 선조는 평양에 들어가서 왜군의 말발굽 아래 있는 백성을 잊은 듯했다. 자신과 후궁, 시녀들에게 먹거리를 풍족하게 주

왕PD의 토크멘터리 조선왕조실록 3

도록 했다. 후궁과 왕자는 세 끼, 시녀와 나인에게는 두 끼를 지급했다.

신하들도 별반 다르지 않았다. 임금 곁에서 정보를 수집하고 군사와 군량을 확보해서 역량을 모으고 왜군을 칠 전략을 세우기보다 부모의 행방을 알 수 없다고 하면서 사직을 청하는 자가 늘어났다. 성리학에서 공부한 '충'은 사라지고 나라보다 자신의 안위가 우선이었다. 신하들이 선조와 나라를 어떻게 보고 있는지 짐작할 만하다. 사람은 위급할 때 그 참모습이 드러난다.

선조는 명나라에 주청사로 가서 돌아온 한응인을 제도순찰사로 삼아서 임진강을 지키도록 했다. 그는 안색이 순백색이어서 백구재상으로 불렸고 군사 지휘 경험이 없었다. 때마침 평안도 병사 1천여 명이 왔다. 모두 여진족을 상대한 정예병이었으므로 데리고 갔다. 한응인에게 도원수 김명원의 명령에 따르지 않아도 된다고 했다. 선조의 이 명은 치명적인 패전을 초래한다.

: 탁상공론으로 임진강에서 패하다 :

도원수 김명원은 한강 방어 실패 후 임진강으로 올라와서 방어선을 다시 구축했다. 신할, 유극량, 이빈, 이천, 변기 등을 분산 배치해서 임진강의 모든 여울을 지키고 있었다. 방어선을 잘 갖추어서 왜군도 함부로 접근하지 못했고 8~9일 동안 대치상황이 계속됐다.

그런데 한응인이 임진강으로 와서는 김명원을 만나지도 않고 왜군과 싸울 것을 재촉했다. 선조, 김명원, 한응인 사이에 충분한 정보교환이 없었다. 군사들은 무기를 점검하고, 적의 정세를 살핀 후 공격하자고 건의했으나 한응인은 작전을 지연시키는 행위라고 말하며 몇 사람을 참하였다.

왜군은 자신들의 막사를 불태우고 후퇴했다. 유인작전이었다. 김명원은 신중하자고 했으나 한응인은 서둘러 공격을 개시했다. 한응인이 최종권한을 갖고 있었다. 아군은 적의 유인작전에 빠졌다. 매복한 적이 한꺼번에 공격해 오니 우리의 군사는 쉽게 무너졌다. 김명원이 구축한 방어선을 오히려 한응인이 망가뜨린 꼴이었다. 왜군은 대치상황을 끝내고 임진강을 건넜다. 임진강의 패배는 다시 평양을 술렁거리게 했다.

선조는 임진강과 멀리 떨어진 평양성에서 도원수의 현지 판단을 믿지 못하고, 전투 경험이 전혀 없는 한응인을 옥상옥으로 임명해서 패전을 초래했다.

임진강의 방어 실패는 평양에서 정확한 정보와 신뢰 없이 판단한 탁상공론의 결과였다.

다시 북으로, 북으로

"이모야 유모야! 일이 이 지경까지 되었다. 내가 어디로 가야 하겠는가? 거리낌 없이 마음속의 말을 털어놓아라."

임진왜란 발발 한 달여 후 선조가 영의정 이산해와 좌의정 유성룡을 불러서 가슴을 치고 괴로운 모습으로 물었다. 그리고 도승지 이항복을 돌아보며 같은 내용으로 다시 물었다. 이항복이 대답했다.

"어가는 의주에 머물 수 있습니다. 만약 팔도가 함락된다면 명나라에 들어가서 호소할 수 있습니다."

이항복이 건이에 유성룡은 어가가 국경 밖으로 한 걸음만 떠나면 조선은 우리 땅이 되지 않는다고 반대했다. 유성룡이 반대하자 이항복은 바로 압록강을 건너자는 것이 아니라 극단의 경우를

3장 선조, 붕당정치의 나라, 이순신과 민초가 일어서다

153

두고 한 말이라고 한발 물러섰다.

그러나 선조는 명나라에 들어가는 것이 자신의 뜻이라고 했다. 유성룡은 밖으로 나와서 이항복을 책망했다.

"어떻게 나라를 버리자는 의논을 내는가. 이 말이 퍼지면 인심은 떠날 것이고 누가 수습할 수 있겠는가."

이항복은 사과했다.

왜군은 어가를 따라 계속 올라오고 있었다. 육지 전투는 패배 소식뿐이다. 선조가 도성을 버리고 궁궐을 떠나서 의지할 곳 없는 참담한 모습이다.

임진강의 패배로 평양의 백성은 동요했고 이미 떠난 자들도 있었다. 임금이 평양을 떠난다는 소문이 돌았기 때문이다. 선조는 이번에도 평양을 떠나지 않겠다고 백성들에게 약속했다. 백성은 그 약속을 믿고 떠난 가족들을 다시 돌아오게 했다.

: 평양성마저 버리고 :

그러나 왜군이 평양의 강가로 접근해 오자 선조는 약속을 어기고 종묘사직의 위패와 중전을 먼저 내보냈다. 백성은 평양성을 떠나는 궁인의 모습을 지켜봤다.

평양 백성들은 "이미 성을 버리려고 했으면서 무엇 때문에 우리를 속여 성에 들어오도록 해서 우리만 왜군의 손에 어육이 되게 하는가?"라고 몽둥이를 들고 궁인의 말을 공격했다. 호조판서 홍여순도 봉변당해서 성으로 들어갔다.

평양 백성들은 칼과 창을 들고 신하와 궁인들을 위협했고 함성도 질렀다. 임금의 어가가 평양성을 빠져나가지 못하게 했다. 결국 군사가 백성 두 명을 참수하고 나서야 성을 빠져나갈 수 있었다. 조정의 칼이 왜군이 아니라 백성의 목숨을 빼앗고 있다.

왜군의 일부는 오른쪽으로 북상해서 함경도를 점령했다. 이에 선조는 놀라서 세자 광해군에게 분조를 명했다. 분조는 조정을 임금과 세자로 나눈다는 뜻이다. 세자에게 사실상 정치를 맡기겠다는 것이다. 그리고 자신은 명나라로 들어가겠다고 했다. 자신을 따라서 요동으로 들어갈 자를 물었다.

"신은 부모가 돌아가셨고 아직 젊고 병이 없으니 죽기를 각오하고 따르겠습니다."

36세의 병조판서 이항복은 따르겠다고 대답했으나 나머지는 아무도 대답하지 않았다. 선조는 이항복에게 요동으로 들어갈 사람을 모으라 했다. 승지 홍진, 이조참의 이괵, 무인 한신 등 겨우 세 명이 지원했다. 심지어 사관 네 명은 자신들이 기록한 사초를 불태우고 밤에 몰래 도망갔다. 모두 명문가 출신으로서 장차 국가의 기둥이 될 인재들이다. 선조는 이 사실을 알고 얼굴이 사색이 되었다. 신뢰를 잃은 왕을 탓해야 할지? 위기에서 꽁무니를 빼는 사관을 탓해야 할지? 피란길에 오른 선조와 신하의 참담한 모습이다.

선소는 나시 북으로, 요동으로 가고자 했다. 징칠 등 겨우 20여 명이 따랐다. 북으로 가는 길에 비가 내렸고, 촛불도 없이 어둠 속을 더듬어야 했다. 그 어려움과 고통은 말할 수 없었겠지만, 전쟁의 참화를 몸소 겪는 백성의 고통보다 더하지는 않았을 것이다. 선조는 백성에게 도성을 지키겠다고 약속하고 궁궐을 몰래 빠져나왔고, 다시 평양성을 굳건하게 지키겠다고 약속했지만, 또 공수표를 날렸다.

선조가 평양을 떠난 후 평양성은 함락되었다. 선조는 정철, 유성룡 등에게 대책을 물었으나 아뢸 계책이 없었다.

: 텅 빈 의주성에서 :

선조는 의주에 도착했다. 왜군이 부산에 쳐들어온 지 2개월 9일째였다. 의주목사의 관사를 행궁으로 삼았다. 평양성 포위 소식과 명나라 병사들의 약탈 때문에 의주 백성들은 산골짜기로 피했고, 의주성은 텅텅 비었다. 의주는 꼴과 땔나무를 제대로 조달하지 못할 정도였다.

선조는 의주에서 무슨 생각을 했을까? 비록 16세의 어린 나이로 어좌에 올랐으나 25년간 나라를 다스려서 40대로 접어들었다. 궁궐에서 신하와 백성을 굽어보다가 이제 그 신하와 백성들에게조차 외면당할 처지에 놓였다.

명나라의 파병,
또 다른 굴욕을 견뎌야 했다

왜군의 침입으로 국토가 순식간에 유린당하였다. 상주, 탄금대, 한성, 임진강의 방어가 무너졌다. 왜군은 북상하고 있다. 신하들은 뚜렷한 대책을 세우지 못하고 전전긍긍했다.

"제갈공명은 손권에게 지원을 요청해서 적벽대전에서 승리했습니다. 명나라에 구원병을 요청하는 것이 최상입니다."

"명나라는 구원하지 않을 것이며, 구원하더라도 횡포를 부릴 것입니다. 사리에 맞지 않습니다."

이항복은 명나라의 군사지원을 제안했다. 그러나 대체로 반대가 많았다. 이때 이덕형이 이항복과 같은 의견을 냈다. 신조는 이항복의 제안을 받아들이고 외교문서를 보내기로 했다.

: 선조의 속내 :

이즈음 명나라에서는 잘못된 정보가 돌고 있었다.

"조선과 일본이 서로 짜고 침략당했다고 거짓말을 한다. 가짜 왕을 내세우고 실제로는 일본을 위해서 길 안내를 한다."

명나라에는 이러한 유언비어가 돌았고, 왜군의 침략을 반신반 의했다. 명나라 병부상서 석성이 몰래 요동에 명을 내려서 최세 신과 임세록을 조선에 파견한다. 왜군의 실태를 파악하는 명목이 지만 조선의 국왕을 만나서 사실 여부를 확인하려는 의도였다.

유성룡이 임세록을 상대했다. 평양의 연광정에 올라서 남쪽에 서 접근하는 왜군을 봤다.

"왜군의 수가 저렇게 적습니까?"

"왜군은 많은 군사를 뒤에 두고 먼저 적은 수로 정찰합니다. 이 정찰병으로 그들의 수가 적다고 소홀히 여기면 술책에 빠집 니다."

유성룡은 전쟁상황을 잘 설명했고, 임세록은 자신들이 의심한 실상을 파악하고 돌아갔다.

선조는 명나라에 군사지원을 요청하는 한편, 자신도 요동으로 피란하겠다고 했다. 선조는 함경도로 피란 간 왕비를 모셔오도록 했다. 함께 요동으로 넘어갈 생각이었다.

명나라에 군사지원을 요청하기 위해서 파견된 청원사 이덕형 이 요동에서 돌아왔다. 그는 왕의 피란에 대해서도 타진했다. 요 동 포정사는 군사지원과 임금의 피란에 대해서 모두 긍정적 반응을 보였으나, 명나라 조정의 결정을 기다려야 한다고 했다. 또한 조선 팔도의 군사가 강한데 순식간에 무너진 것은 이해할 수 없다고 여전히 의심했다.

이덕형은 선조에게 조선의 한 고을도 남아 있지 않을 때 요동으로 넘어갈 수 있다고 했다. 또한 요동은 도로가 불편하고 사람도 적어서 오랫동안 잠잘 곳이 없고, 물은 진흙물이고 샘은 있으나 좋지 않다고 보고했다. 요동으로 가지 말라는 간접적인 표현이다.

요동 도사가 외교문서를 보내왔다. 만일 요동으로 넘어오겠다면 그동안의 정리상 막기는 어렵지만 인원은 100명을 넘지 않아야 한다는 것이다. 선조가 요동으로 피란 오면 어쩔 수 없이 받아주겠다는 뜻이지만, 외교적 수사이다. 신하들은 한번 압록강을 건너서 요동으로 들어가면 국토회복은 영원히 어려울 것이라고 계속 반대했다.

선조는 요동으로 피신하고자 간절하게 원했으나 명나라의 소극적 태도, 신하들의 적극적 반대로 이루어지지는 않았다. 선조의 머릿속은 한성→개성→평양→요동으로 피란 계획만 맴도는 듯했다. 선조는 지도자로서 전선의 선두에 서서 왜군을 물리치겠다는 결연한 모습을 보여주지 않았다.

명나라에 군사지원을 요청했다. 조선은 명나라에 200년간 사대외교를 펼쳤으나 전쟁이 빌빌하자 명나라는 자국의 정치적 상황과 국익이 우선이었다. 국제 사회에서 자국의 국익을 우선하는 것은 당연하다.

명나라는 선뜻 지원 결정을 하지 않고 여러 가지 질문을 했다.

- 전국 팔도에서 대의를 주장하면서 용감하게 싸운 사람이 없는가?
- 누가 절의를 지키면서 죽었고 누가 적에게 붙었는가?
- 적의 규모는 얼마인가?
- 왜 적장자 원칙을 버리고 둘째를 세자로 삼았는가? 등등

: 조선의 굴욕 :

조선은 답변에서 자세를 낮췄고 선조는 명나라 장수에게 온갖 정성을 다했다.

명나라는 결국 군사를 파견했고, 조선과 협력해서 평양성을 회복했다. 그 결과 일본의 북진을 막을 수 있었다. 선조는 의주에서 다시 국경 너머 요동으로 가지 않아도 됐다.

그러나 임진왜란·정유재란의 7년 동안 명나라 장수와 군사가 우리에게 끼친 폐해는 이루 말할 수 없다. 조선의 국력이 약해서 명나라 군사의 지원을 받은 것은 또 다른 측면에서 굴욕을 견뎌야 했다.

용인전투, 대반격을 준비하다

이일의 상주전투, 신립의 탄금대전투, 김명원의 한강 및 임진강 방어가 모두 무너졌다.

선조는 남쪽의 군사를 근왕병으로 징발해서 자신을 구원하기를 바랐으나 오지 않았다. 전라도 관찰사 이광은 병사들을 이끌고 공주까지 올라가다가 한성이 함락되고 임금은 피란 갔다는 소식을 듣고 다시 내려갔다. 충청도 관찰사 윤선각도 나타나지 않았다.

선조는 피란했으나 왕을 지키는 군사는 없었다. 곁에는 문인뿐이다. 선조는 두 관찰사가 올라오지 않은 것을 개탄했으나 그것이 현실이었다. 선조 25년 5월, 세자시강원 소속 보덕종3품 심대는 임금의 심정을 파악하고 남쪽으로 내려가서 임금의 명을 전달하겠다고 청했다.

"남쪽으로 내려가서 군사를 불러온다면 국가를 경과 함께하겠다."

선조는 심대를 바로 당상관으로 올려주었다. 선조가 얼마나 남쪽의 구원병을 기다리고 있는지 알 수 있다. 심대는 한강 하류를 거쳐 바다를 통해 남으로 내려가서 이광과 윤선각에게 임금의 명을 전했다. 사실상 질책했다.

: 무모한 공격으로 연달아 패하다 :

이광과 윤선각은 임금의 명을 받고 다시 움직여 북상했다. 경상도 관찰사 김수도 합류했다. 김수는 왜군이 쳐들어오자 바로 꽁무니를 빼고 도망해서 올라오다가 합류했다. 그가 거느린 군사는 없었다. 삼도의 병사 6만여 명과 경기도 병사가 합류해서 8~10만여 명이 모였다.

전라도 관찰사 이광이 총대장이 돼서 용인에 주둔한 왜군을 공격하기로 의논했다. 조선은 전쟁이 발발한 후 육지 전투에서 계속 패배했으나 대대적인 반격을 준비했다. 경기도 광주목사 권율은 이광의 휘하 장수로 들어갔다.

권율은 왜군이 험한 곳에 진을 치고 있어서 공격하기 어렵기 때문에 신중하게 공격할 것을 건의했다. 한강 하류를 건너서 임진강에 방어선을 구축하고자 했다. 또 다른 장수는 수원의 독산성으로 유인해서 유리한 위치에서 싸우자고 했다.

이광은 초조했다. 그는 이미 임금에게 질책 받았기 때문에 빨리 공을 세우고 싶었다. 그런데도 이광은 우선은 권율의 계책에 따라 조정에 장계를 보내서 지휘를 기다렸다. 조정은 이광을 신뢰하지 못하고 우물쭈물했다.

이러는 사이 이광은 조정의 명을 기다리지 않고 공격명령을 내렸다. 권율은 적을 가볍게 보지 말고 우리 군사가 모두 합류할 때까지 기다려서 싸우자고 말렸으나 소용이 없었다. 선봉장 이지시, 곽영, 백광언에게 군사 3천 명을 주어서 먼저 출발시켰다.

왜군은 소규모 군사를 이끌고 와서는 패하여 도주했다. 그러나 이것은 유인작전이었다. 숲속에 숨은 왜군이 일시에 나와서 조총을 쏘고 칼을 휘둘렀다. 선봉대장 이지시와 백광언은 왜군의 총에 맞아서 전사했다. 두 장수의 죽음은 바로 우리 군사의 사기를 떨어뜨렸다.

다음 날 아침, 밥을 짓는 사이 적이 공격해서 아군의 군사가 맥없이 무너졌다. 경계를 소홀히 했기 때문이다. 아군의 병기와 갑옷, 마초와 양식을 버린 것이 산더미처럼 쌓였다. 용인에서 대반격을 시도했으나 패배로 끝났다. 10만여 명의 군사가 제대로 싸우지도 않고 이틀 만에 무너졌다. 총대장 이광은 홀로 남쪽으로 도망했다.

이일의 상주전투, 신립의 탄금대전투, 이광의 용인전투 패배는 공동점이 있다. 모두가 척후를 내보내지 않고, 적의 정확한 정보를 파악하지 않은 채, 적을 가볍게 보고 무모하게 공격했다. 육지 전투는 연전연패했다. 선조는 다시 절망에 빠졌다.

육지의 첫 승리자, 신각을 참하다

신각은 무과 급제자로 무인으로 잔뼈가 굵었다. 경상 좌수사, 경상우도 병사, 경상도 방어사를 지냈다. 그는 임진왜란 때 도성을 수비하는 도원수 김명원의 아래 부원수가 되어서 한강을 지켰다. 그러나 군사는 1천여 명에 불과했고 적의 포탄 공격에 쉽게 무너졌다.

신각은 한강 방어선이 무너지자 도원수 김명원과 헤어졌다. 그는 경성 도검찰사 이양원을 따라서 양주로 가서 흩어진 군사들을 수습했다. 그리고 함경병사 이혼과 합류해 양주의 게재蟹嶺에서 왜군 70급을 베었다. 임진왜란 이후, 육지에서 첫 승리였다. 양주 백성들은 게재 승리를 듣고 춤추며 기뻐했다.

신각, 무고로 원통하게 죽다

그러나 도저히 이해할 수 없는 일이 벌어졌다. 도원수 김명원은 부원수 신각이 그를 따르지 않고 도망했다는, 확인되지 않은 내용의 장계를 올려서 신각의 처벌을 요구했다. 한강 방어의 실패를 신각에게 돌렸다.

우의정 유홍은 김명원의 보고를 믿고 선조에게 건의하고 선전관을 보내서 참하게 한다. 선전관이 떠난 후, 신각의 승리 소식이 조정에 보고됐다. 선조는 다른 선전관을 보내서 사형을 중지시켰다.

이럴 때 TV 드라마나 영화에서는 망나니가 술을 마시고 칼에 술을 뿌리면서, 마지막으로 칼에 힘을 주고 죄인을 내리치려는 순간 '어명이오'라고 하면서 사형을 중지시킨다. 그러나 현실은 달랐다. 두 번째 선전관이 도착했을 때 이미 신각을 참한 뒤였다.

신각은 육지에서 최초로 승리했으나 자신의 죄를 덮어씌우려는 도원수 김명원의 거짓 보고와 선조의 성급한 판단으로 원통하게 죽었다.

왜란을 예측하다

신각은 청렴하고 부지런했으며 왜란을 대비했다. 전 교수 조헌의 조언을 받아들여서 신각은 연안부사로서 연안성에 물을 끌어들여 큰 연못을 만들고, 군사 장비를 수리했다.

임진왜란이 일어났을 때 왜군 3천 명이 연안성을 침범했고, 초토사 이정암은 의병 500명으로 성을 지켰다. 왜군이 밤낮으로 조총을 쏘았으나 아군은 움직이지 않았다. 왜군이 마침내 성곽에 오르자, 그때 문짝을 뜯어서 방패로 삼고 여러 개의 가마솥에 물을 끓여서 퍼붓도록 했다. 나흘 밤낮을 싸워서 이겼다. 신각이 파둔 연못이 큰 역할을 했다. 왜군은 여섯 배가 많은 수적 우세에도 불구하고 패배해서 물러갔다.

백성들은 연안성의 승리가 신각이 미리 성을 정비하고 연못을 판 공로라고 했다. 선조와 조정은 신각의 능력과 충성심을 몰랐으나 백성은 현장의 경험을 통해서 신각의 인물 됨됨이를 알았다.

비석을 세워 신각을 추모한 백성들

백성들은 신각의 공을 인정해서 스스로 비석을 세우고 추모했다. 연안의 현충사에 배향되었다. 연안은 오늘날의 황해도다.

참고로, 도요토미 히데요시가 조선을 침략하면서 세 가지를 몰랐다는 우스개가 있다. 임금이 궁궐을 버리고 피란 가는 것, 육지는 의병, 바다에는 이순신 장군이 있음을 몰랐다는 것이다. 선조의 피란은 앞서 설명했다. 이제 의병과 이순신 장군의 활약을 보자.

관군은 약했으나 민초는 강했다 1
_ 곽재우

육지의 관군이 계속 맥없이 무너졌다. 믿었던 이일과 신립도 패했고, 충청감사나 경기도 수사가 무너졌거나 도망했다는 소식이 들려왔다. 한강과 임진강의 방어선도 뚫렸다. 왜군의 점령으로 길이 막혀서 군량 보급도 할 수 없었고, 현지 사정도 제대로 파악할 수 없었다. 체계적으로 대항할 수 있는 체제를 갖추지 못했다.

임금과 여러 신하가 모였으나 뾰족한 해답을 찾지 못하고 있었다. 삼도영남·호남·충청의 군사 책임자들은 이미 신망을 잃었다. 가장 큰 잘못은 25년간 나라를 다스린 선조에게 있었다.

이런 절망적인 상황에서 승지 유근이 의병을 모으는 제안을 했다. 부모와 형제들이 왜군에게 사로잡혔으므로 군사를 모집하면 사력을 다해서 싸울 것이고 자신도 경상도나 강원도로 내려가

서 의병을 모으겠다고 했다. 홍문관 부제학 심충겸과 전 예조판
서 이덕형도 의병을 얻어야 성공할 수 있다고 찬성했다.

: 팔도에서 의병이 일어나다 :

선조는 전쟁의 책임을 자신에게 돌리는 교서죄기서를 내려서 팔도
에 의병을 모으게 했다. 그러나 백성들은 이미 임금의 죄기서가
아니더라도 전국 곳곳에서 스스로 일어섰다.

　지역의 유력자들이 깃발을 들자, 백성들은 그 기치 아래 모
였다. 의령의 곽재우와 합천의 정인홍과 김준민, 고령의 김면, 현
풍의 곽율, 박성, 권양, 삼가의 윤탁과 노흠, 초계의 정언충, 고성
의 조응도와 정유경, 호남의 고경명과 김천일, 최경회, 전주의 황
박, 호서의 조헌 등이 앞장서서 일어났다.

　그 외 유정과 사명 대사 등 승병과 작은 규모의 의병이 숱하게
팔을 걷어서 나라를 구하고자 했다. 의병은 의병장의 지휘 아래
관군과 따로 활동했다. 대표적인 의병활동을 보자.

: 최초의 의병장 곽재우 :

곽재우는 사헌부 장령과 의주목사를 거친 곽월의 아들이다. 그
는 무재와 용맹함을 갖추었고 어릴 때부터 말타기와 활쏘기를 즐
겼다. 임진왜란이 발발하자 재산을 내놓아 무사들을 모으기 시작
했는데 1천 명에 이르렀고 2천 명까지 늘어났다.

그는 부친이 명나라 사신으로 갔을 때 황제에게 받은 붉은 철릭을 입고 지휘를 했고, 스스로 천강홍의장군하늘에서 내려와 붉은 옷을 입은 장군이라고 했다. 그는 경남 의령과 낙동강을 누비면서 수많은 왜군을 격파했다. 그러면서도 왜군의 수급적의 머리을 그대로 강물에 버릴 정도로 자신의 공을 내세우지 않았다.

왜군 사이에서도 "이 지역에는 홍의장군이 있으므로 조심해서 피해야 한다"라고 경계할 정도였다. 그는 몇몇 고을을 회복시켜서 백성들이 피란을 가지 않고 농사를 짓도록 보호했다. 의령의 정암진에 방어선을 구축해서 왜군의 호남 진출도 막았다.

왜군과 싸우면서도 한편으로는 백성을 위해서 없애야 할 사람이 있었다. 바로 김수였다. 김수는 경상도 감사를 두 번이나 하면서 호랑이보다 더 가혹하게 해서 민심을 떠나게 했고, 왜군이 쳐들어오자 싸우지도 않고 도망갔다. 곽재우는 김수의 죄를 열 가지로 나열해서 격문을 돌렸다.

"신하의 의리를 안다면 스스로 자결하라. 만일 그렇지 않으면 내가 너의 머리를 베어서 신과 백성의 분노를 씻겠다."

곽재우는 강개했고, 불의를 보고 타협하지 않았다. 김수를 죽이겠다는 것은 그 당시 백성의 마음을 대변한 것으로 관군의 사리사욕과 무능함을 징벌하겠다는 것이다.

또한 그는 경상도 현풍과 창녕까지 올라가서 왜군을 물리쳤고, 왜군을 주둔지에서 철수시켰나. 이깃은 경상 우도에서 왜군의 연락체계를 끊은 커다란 성과였다.

선조는 곽재우의 공을 치하해서 유곡찰방종6품으로 임명하고 표창했다. 그러나 이 교서는 길이 막혀서 몇 개월 후에 도착했다. 선조가 부산첨사 정발과 동래부사 송상현의 전사를 안 것도 4개월이 지나서였다. 임진왜란 초기, 관군의 대처가 형편없다는 것을 적나라하게 보여준다.

곽재우의 공이 계속 전해지자, 선조는 당상관으로 올려주고 통정대부정3품로 품계를 올렸다. 조선에서 당상관이 되는 것은 과거에 합격해서 20여 년이 걸리는 것이 일반적이다. 곽재우의 공이 매우 컸음을 알 수 있다. 선조도 곽재우에게 관심을 표명했다.

"곽재우는 지모가 있는가?"

"그를 만나지 못했지만, 보통 인물이 아닙니다. 그는 어려서 무예를 닦고 문자를 터득해서 정시庭試 나라에 경사가 있을 때 치르는 과거에 장원을 했습니다. 제일 먼저 의병을 일으켰고 의령과 삼가 등이 보전된 것은 그의 공입니다."

선조에게 대답을 한 사람은 김수다. 그는 곽재우에게 살해 위협을 당하자, 곽재우가 반역을 일으켰다고 처음에는 거짓 보고를 했다. 후에 그는 곽재우의 활약에 공을 솔직하게 인정했다.

: 의병에서 관군 지휘관으로 :

선조는 곽재우를 성주목사로 제수했고, 이어서 보다 넓은 지역을 지휘하도록 경상도 조방장으로 임명했다. 그가 의병을 일으킨 의령과 삼가뿐만 아니라 단성, 고령 및 낙동강 일대까지 관장하게 했다. 곽재우는 의병으로 일어섰으나 이제 관군의 지휘관으로서 육지 전투에서 빼놓을 수 없는 인물이 되었다.

곽재우가 지휘관으로서 뛰어났음을 알 수 있는 사례가 있다.

첫째, 제2차 진주성 전투 때다. 곽재우는 진주성에 들어가서 김천일을 돕도록 명을 받았으나 들어가지 않았다. 적의 10분의 1도 안 되는 군사로 성안에 들어가서 고립된 채 방어하는 것은 불가능하다고 봤기 때문이다.

"군율을 어기려고 하는가?"

"이 몸이 죽는 것은 아까울 것이 없지만, 전투 경험이 많고, 노련한 군사를 어떻게 차마 버릴 수 있습니까?"

경상도 좌순찰사 김늑이 곽재우를 꾸짖자, 답변한 내용이다. 곽재우는 전쟁이 끝나지 않은 상태에서 노련한 군사가 의미 없이 죽어서는 안 된다고 생각했다. 곽재우는 성 밖에서 지원했고 그의 부대는 보전할 수 있었다.

둘째, 도원수 권율의 명으로 육지의 곽재우와 김덕령, 바다의 이순신과 원균이 합동작전으로 거제도의 성에 웅거하는 왜군을 치는 것이었다.

이 작전은 문제가 있었다. 수군은 섬 안의 성에서 바다로 나오지 않는 왜군을 칠 수 없었다. 바다에서 총통을 쏘았으나 성까지 도달하지 않았다. 육군은 바다를 건너가는 것이 익숙하지 않았다. 곽재우는 김덕령을 설득했다.

"장군은 성난 바다를 건너서 적을 섬멸할 수 있겠소?"

"이것은 나의 계책이 아니오. 섬의 성안에 웅크리는 적을 무슨 수로 제압하겠소."

곽재우는 김덕령의 동의를 받아서 도원수 권율에게 현지 사정을 설명하고 철수한다. 권율의 무모한 작전이었고, 곽재우는 용기를 내서 상관을 설득했다. 그의 부하는 보전할 수 있었다.

곽재우는 이순신과 마찬가지로 병사들을 무모하게 적의 칼날에 내버려 두지 않았고 이기는 전투를 했다.

특히 의병장의 장점을 살려서 지역의 지세를 잘 이용했고, 기습 작전을 펼쳐서 승리했다. 그는 무모하게 공격하지 않고 자신의 장점을 최대한 활용했다.

: 의병장만 쏙 빼고 :

선조 28년, 임진왜란이 발발한 지 3년째 전쟁은 소강상태로 접어들었다. 명과 왜는 강화협상을 했고, 곽재우는 강화협상에 반대해서 낙향했다. 병조판서 이덕형은 전란의 위기에 대비해서 장수의 재목을 선발하고자 했고, 곽재우를 추천했다. 그에 대한 칭찬이 자자했기 때문이다.

"곽재우는 한 지역의 목사를 뛰어넘는 인재입니다. 남쪽 백성들은 곽재우를 든든히 믿고 있습니다. 곽재우는 장수의 자질을 가지고 있고 지세를 잘 이용합니다."

이덕형이 곽재우를 추천하자 선조의 반응은 의외였다.

"나는 곽재우를 전혀 알지 못한다. 비변사에서 의논하라. 우리나라에 장수의 재목이 이처럼 없는 것은 무슨 까닭인가?"

선조는 곽재우가 의병장으로서 여러 곳에서 승리하자, 당상관으로 올려서 통정대부의 자급을 주었고, 진주목사로서 경상도 조방장까지 겸하게 했다. 특히 곽재우가 비상한 작전으로 왜군을 많이 죽였음에도 스스로 공적을 내세우지 않는 것이 매우 기특하고, 그의 공적을 늦게 안 것이 한스러울 뿐이라고까지 했었다. 선조는 그런 곽재우를 모른다고 했다. 이순신을 대하는 태도와 같았다.

선조는 임진왜란·정유재란이 끝난 후 곽재우를 경상병사로 임명했다. 그러나 곽재우는 현 시국에 관한 자신의 견해를 밝히고 사직상소를 올렸다.

조정은 동서남북으로 갈려서 붕당으로 다투고 있고, 어진 재상과 사직신으로서 나라를 지키는 이원익을 체직한 것은 너무나 안타깝다고 했다. 이런 상황에서 자신은 할 일이 없으므로 물러나고자 했다.

곽재우는 전쟁 중에는 화친을 반대하고 고향으로 내려갔으나, 선조 33년 2월, 전쟁이 끝난 후 나라를 보전하는 방법으로 화친을 강조했다.

"화친을 믿고서 방비를 소홀히 하는 자는 망하는 것이고 화친을 말하면서 마음을 다해서 노력하는 자는 나라를 보존합니다. 적국을 통제하는 것, 상대의 분함과 화를 늦추고 완화하는 것, 전쟁을 중지하고 백성을 쉬게 하는 것은 화친보다 나은 것이 없습니다."

일본은 전쟁을 일으킨 도요토미 히데요시가 죽고, 새롭게 정권을 잡은 도쿠가와 이에야스가 조선과 화친을 원했고 사신을 파견했다. 조정은 강경론이 주류를 이루어서 일본 사신을 가두었다. 또한 일본과 강화교섭을 한 유성룡을 주화오국主和誤國 화해를 주장해서 나라를 그르쳤다이라고 비난했다. 이런 상황에서 곽재우는 화친을 주장했다.

곽재우는 전쟁이 발발하자 스스로 일어나서 자신의 모든 것을 바쳐서 싸웠다. 그러나 전쟁이 끝난 후는 강·온의 다양한 방법으로 나라를 보전하고자 했다. 그는 남에게 낮출 줄 아는 것이 진정한 용맹이라고 했다.

그는 사직상소를 올리면서 왕명을 받지 않고 고향으로 내려갔다. 그 죄로 2년간 유배에 처했다. 의금부는 장 100대와 충군군역에 복무하게 함의 가벼운 처벌을 주장했으나 선조가 이보다 더 무거워야 한다고 했기 때문이다. 비변사는 유배한 곽재우를 다시 등용하자고 했으나 선조는 받아들이지 않았다.

선조는 인재를 적재적소에 활용하는 것보다 자신의 감정이 우선이었다. 선조는 이후 도쿠가와 이에야스 막부와 화친하고 통신사를 파견한다. 곽재우는 선견지명이 있었다.

전쟁이 끝난 후 공신작업을 했다. 곽재우는 당연히 공이 많고 자격이 충분했기 때문에 신하들은 공신으로 올리고자 했다. 그러나 선조 36년 2월, 임금의 대답은 의외였다.

"우리나라 군사들이 왜군을 막은 것은 양몰이를 하다가 호랑이와 싸우는 것과 같았다. 이순신과 원균은 바다에서 으뜸의 공을 세웠고, 육지에서는 권율의 행주싸움과 권응수의 영천 수복을 평가할 수 있다. 나머지는 (공을 세웠다고) 듣지 못하였다. 그 가운

데 잘하였다고 하는 자도 겨우 성 하나를 지킨 것에 불과하다. 참작해서 시행하라."

선조의 피란길에 함께한 신하 86명에게 호성공신을 주었다. 이 중에는 임금의 말고삐를 잡는 등의 역할을 한 내시 26명도 포함되었다. 반면, 전쟁터를 누빈 장수들은 선무공신이라고 해서 겨우 18명에 그쳤다. 여기에는 패배를 거듭한 원균도 이순신과 나란히 일등에 포함돼 있다.

그러나 곽재우를 비롯한 정인홍, 김천일, 고경명, 조헌 등 나라를 위해 피를 흘린 의병장은 단 한 명에게도 공신을 주지 않았다. 의병장을 내시보다 낮게 평가했다. 선조의 심보를 도저히 이해할 수 없다. 선조는 전란의 위기를 극복하는 지도자로서 자격이 너무나 부족했다. 지도자로서 앞장설 줄도 몰랐고, 객관적 잣대도 없기 때문이다.

: 선조는 왜 곽재우를 모른다고 했을까? :

선조는 왜 곽재우를 모른다고 하고 공신으로 인정하지 않았을까? 그 속내를 알 수 없지만 『선조실록』과 『선조수정실록』을 종합해서 추론해 보자.

선조는 대부분이 이순신을 칭찬하자, 이순신만이 공을 세운 것이 아니라고 원균을 끌어올렸다. 이순신이 돋보이는 것을 원하지 않았다. 곽재우를 칭찬하자 모른다고 시치미를 뗐다. 이 역시 곽재우가 돋보이는 것을 원하지 않았을 것이다. 선조는 신하와 백성들이 칭찬하고 주목하는 자를 인정하지 않거나 모른 척했다.

선조의 이러한 행동은 지나친 열등감과 자격지심으로 자신보다 나은 상대를 있는 그대로 받아들이지 못한 것이 아닐까 하는 생각을 한다.

: 광해군은 곽재우를 예우하고 :

광해군은 부왕과 달리 곽재우를 높이 평가해서 다시 임명하고자 금군禁軍을 보냈다. 곽재우는 외딴 산골에 두어 칸의 여막을 짓고 두 아들과 함께 살고 있었다. 부인은 전쟁 중에 사망했다. 생계가 쓸쓸했다. 금군이 임금의 전지를 전할 때 곽재우는 병들어서 누워 있었다. 광해군 즉위년 9월, 곽재우의 아들이 전지를 대신 받고 금군에게 답했다.

"아버지가 임금의 명을 받고 한성으로 올라가고자 하지만 말과 수행자도 없습니다. 옷도 하나뿐이고 해어져서 날씨가 추우면 길에 오르기 어렵습니다."

곽재우는 임진왜란 전, 군사 1천여 명을 먹일 수 있는 넉넉한 재산을 갖고 있었으나 임진왜란 후 자신이 먹을 것조차 겨우겨우 마련했다. 광해군은 한성에 올라올 수 있도록 옷을 준비해 주었다.

이후 경상 우수사, 함경감사, 한성부 좌윤으로 임명했으나 곽재우는 벼슬에 뜻이 없었다. 후한 녹봉으로 몸은 영광스러운 자리에 앉았으나 자신의 말을 받아들이지 않자 차마 죽어도 못하겠다고 했다. 그는 영창대군의 처벌도 반대했다. 그가 살고자 한 삶의 자세를 엿볼 수 있다.

곽재우는 가야산의 해인사에 은거해서 곡식을 끊고 솔잎만 먹고, 도에 관심을 기울였다. 만일 나라에 환란이 일어나면 다시 나오겠다고 하면서 광해군의 여러 차례 부름에도 응하지 않았다. 자신이 지은 초가집을 '창랑滄浪'이라고 하고, 호를 '망우忘憂'라고 했다. 국가의 공적 임무를 훌륭히 마치고 넓고 큰 푸른 바다의 물결을 바라보면서 근심을 잊는 도인의 풍모가 느껴진다.

광해군 9년, 곽재우는 향년 65세로 졸했다. 그의 졸기에 기록된 마지막 문장을 보자.

"어느 날 홀연히 바람과 우레가 그의 방을 감싸더니 갑자기 죽었다. 이에 사람들이 정렬精烈에 감응된 것이라고 하였다."

광해군은 부음을 듣고 예조좌랑 유약을 보내서 임금의 제물과 제문으로 제를 올렸다. 광해군은 곽재우를 최대한 예우했다.

곽재우는 최초의 의병장으로서 용감하고 지혜롭게 싸워서 곳곳에서 승리했다. 그 능력과 공으로 벼슬까지 했으나 공을 내세우지 않았고, 한 줌의 재산도 축적하지 않았다.

천강홍의장군 곽재우, 선조에게는 있는 그대로 평가받지 못했으나 이제 역사가 그를 재평가하고 공을 기려야 할 것이다.

관군은 약했으나 민초는 강했다 2
_ 김천일

김천일은 천거로 관직에 오른다. 이항의 문인으로 학문에 힘썼으며 품행이 순수하고 효행도 뛰어나다는 평판이었다. 군기주부 종6품를 시작으로 용안현감, 임실현감을 거쳐서 수원부사까지 올랐다. 그는 율곡 이이를 존경해서 서인으로 분류되어 자리에서 밀려났다. 임진왜란이 일어났을 때는 관직이 없었다.

: 수천 의병이 김천일을 따르고 :

김천일은 선조가 북으로 피란 간다는 소식을 나주에서 들었다. 그는 벼슬을 한 신하로서 그냥 앉아서 울기만 하거나 새처럼 도망해서 목숨만 보전할 수는 없다고 각오하고 고경명, 박광옥, 최경회 등에 편지를 보내서 의병활동을 제안했다. 그의 격문에 의로운 선비와 군사 수백 명이 모였다.

그는 군사를 거느리고 임금을 호위하기 위해서 북상했다. 올라오는 도중에 삼도의 군사 수만 명이 용인에서 패했다는 소식을 들었다. 그 소식에 군중을 향해서 고향으로 돌아가도 좋다고 했으나 의병들은 오히려 분발했다. 수원의 독산고성으로 진격해서 자리를 잡았다. 왜군을 습격하고 왜군과 협력하는 백성을 찾아내서 목을 베니 의병이 수천 명까지 늘었다.

김천일은 수원에서 강화도로 진을 옮겨서 관군과 합류했다. 강화도는 바닷길을 통해서 남과 북을 연결하는 주요한 요충지다. 행조行朝 임시 조정와 연락체계를 확보했다.

김천일은 휘하 장수 양산숙과 곽현을 바닷길을 통해서 임금이 머문 평양성으로 보내서 고경명과 더불어 의병을 일으켰다는 사실을 알렸다. 선조는 이들로부터 현지 사정을 듣고 자책했다.

"성은 높게 쌓을수록 국가의 형세는 낮아지고, 못은 깊게 팔수록 백성의 원망이 더욱 깊어지는 것을 헤아리지 못하였다. 궁중 생활을 위해서 백성의 작은 이익까지 거두어들였고 형벌은 공정하지 못했다. 백성들이 나를 원망하는 것은 당연하다. 무슨 변명을 하겠는가."

선조는 전쟁의 참화에 처하자, 비로소 백성의 삶이 눈에 들어온 듯이 보였다. 그러나 이때뿐이었다. 선조는 피란길에서 맛있게 먹은 생선을 궁궐에서 다시 먹자 예전의 맛이 아니라고 버렸다는 '도루묵'의 일화처럼, 임진왜란이 끝난 후 백성을 향한 마음이 지속되지 않았다. 다음은 비변사가 김천일의 보고를 검토한 후 선조에게 아뢴 내용이다.

"군사 책임자와 수령들은 움츠려서 방관만 하고 있습니다. 오직 믿을 것은 의병뿐입니다."

비변사는 김천일 외에 전국적으로 또 다른 의병이 일어날 것으로 보았다. 의병에게 군량을 지급하고 부역을 면제해 주는 통문을 보내거나 방을 걸도록 했다. 김천일의 보고로 의병의 실상을 최소한 파악해서 후속 조치를 했다.

김천일을 장례원 판결사로 임명하고 동시에 창의사 칭호도 부여했다. 선조는 이제 관군보다 의병에 의지하는 처지가 되었다. 무엇보다도 강화도로 많은 피란민이 몰려들었다. 백성들도 의병에 의지했다. 김천일은 성을 수리하고 백성을 보호하는 데 최선을 다했다.

김천일은 행주대첩도 지원했다.

"김천일이 군사 300명을 거느리고 온 것을 사람들이 모두 귀하게 여기고 있습니다."

행주대첩을 지휘한 권율이 고산현감 신경희를 임금에게 보내서 아뢴 승첩의 일부다. 행주산성 건너편에 있음에도 구하러 오지 않는 아군이 있었기 때문에 김천일의 지원은 사기를 더욱 높였다.

김천일은 백성의 실상도 낱낱이 보고했다. 백성들은 먹을 것이 없어 굶어 죽고 시체는 방치되었다. 젊은이들조차 도적이 되고, 마치 수레바퀴 자국에 고여 있는 물의 물고기와 다름없는 처지

라고 했다. 비변사는 김천일의 보고를 받고 최소한의 구휼대책을
마련해야 했다.

: 제2차 진주성 전투에서 전사하다 :

임진왜란이 일어난 이듬해, 왜군은 후퇴하고 있었다. 선조는 김천
일에게 군사를 거느리고 남쪽으로 내려가서 적을 추격하라고 명
을 내렸다. 김천일은 병으로 누워 있었으나 명을 받고 벌떡 일어
나서 내가 죽을 곳을 얻었다고 했다.

"호남은 우리나라의 밑뿌리고, 진주는 호남의 병풍이자 울타
리이다."『명신록』

김천일 외에 경상병사 최경회, 충청병사 황진, 의병장 고종후,
이계련, 변사정, 민여운 등도 달려왔다. 거제현령 김준민, 김해부
사 이종인도 먼저 와서 진주목사 서예원과 방어책을 논의하고 있
었다. 김천일은 도절제사가 되어서 의병을 통솔했다.

제2차 진주성 전투는 중과부적이었다. 왜군은 30만 명이라고
일컬었고, 아군은 몇천 명에 불과했다. 왜군이 진주성을 세 겹으
로 에워싸고 있었기 때문에 원군이 들어갈 수도 없어서 고립무원
으로 싸워야 했다. 9일째 순성장 황진이 왜군의 총탄에 맞아서 전
사하자 급격히 무너졌다.

김천일, 최경회, 고종후 등은 촉석루에 나란히 앉아서 "이곳을
죽을 장소로 합시다"라고 결의했다. 김천일은 북쪽으로 두 번 절
하고 아들 김상건과 함께 남강으로 목숨을 던졌다. 최경회, 고종

후, 김천일의 부장 양산숙도 뒤따랐다. 김해부사 이종인은 치열한 전투 끝에 왜군 두 명을 양팔에 끼고 같이 뛰어내렸다. 진사 문홍헌, 정자 오차, 참봉 고경형도 행동을 같이했다.

진주성 안의 사녀士女 선비의 부인들도 앞다투어 강에 뛰어내려서 시체가 강을 메웠다. 『선조수정실록』은 제2차 진주성 전투에서 죽은 자가 대략 6, 7만이 되었다고 기록하고 있다.

김천일은 천성적으로 허약하고 병이 많았다. 갑옷의 무게를 견디지 못할 정도였다. 그러나 정신은 강직하고 청렴했고, 뜻이 바르고 꿋꿋했다. 수많은 의병이 김천일을 따랐던 이유가 있었다. 김천일은 사후 의정부 좌찬성종1품 겸 판의금부사로 추증되었다. 다음은 『선조실록』 27년 3월 20일에 실린 그의 죽음에 대한 추도문이다.

"살아서는 의로운 장수가 되었고 죽어서는 충신이 되었으니 무슨 유감이 있으랴."

인간의 충의로운 마음을 시종일관 지켜나갔다.

진주 남강의 촉석루에서 왜장을 끌어안고 의로운 죽음을 한 논개와 더불어서 김천일과 그의 아들 김상건, 최경회, 황진, 고종후, 양산숙, 이종인, 문홍헌, 오차, 고경형, 진주 사녀들의 영혼도 위로해야 할 것이다.

김천일은 관군이 무너질 때 민초의 힘, 의병으로 나라의 저력을 보여주었다.

관군은 약했으나 민초는 강했다 3
_조헌

왜군은 경상도 성주를 거쳐서 금산에 진을 치고 있다가 충청도 옥천과 영동을 거쳐서 청주로 들어갔다. 청주성은 성종 때 평지에 쌓은 성으로 높이가 13척약 4m이고, 둘레가 5,443척약 16km이다. 왜군은 청주성을 점령하고 민가를 방화하고 노략질을 했다. 관군이 달아난 성에서 애먼 백성들만 고통당하고 있었다.

충청도 감사 윤국형과 병사 이옥은 청주성을 버리고 금강에서 방어하고 감히 진격하지 못했다. 이에 조헌은 윤국형에게 편지를 보내 적을 치지 않는 것을 책망했으나 듣지 않았다.

조헌은 관군을 신뢰할 수 없었다. 그는 스스로 일어나고자 했고 의병을 모집했다. 그의 문집 『중봉선생문집』 13권에 실려 있는 고유문 일부이다.

"왜적은 백성들을 살육함에 남녀노소를 가리지 않는다. 물건을 함부로 대하고 가옥과 식량을 불태운다. 길에서 부녀자 한 명을 만나면 10명이 달려들어서 음행을 저지른다. 이것은 오랑캐들도, 짐승도 하지 않는 짓이다. 천지산천의 모든 귀신은 왜적을 벌주어야 한다."

처음에는 유생 수십 명과 뜻을 모아서 출발했으나 차츰 불어났다. 그러자 충청도 감사 윤국형은 관군에게 방해된다고 해서 의병 모집을 못 하게 했다. 그는 윤국형을 찾아가서 의병의 필요성을 강력하게 이야기하고 설득했다. 그의 기치 아래 1,600명의 의병이 모였다.

그는 승병장 영규와 합류해서 청주성으로 진군했다. 왜군이 점령한 청주성 서문을 공격했다. 조헌은 화살과 총탄이 퍼붓는 가운데에도 독려했다. 의병들은 죽을힘을 다해서 하루 종일 싸웠다. 왜군은 크게 패하여 성안으로 들어갔다.

조헌은 의병들을 지휘해서 성으로 올라갔다. 승세를 몰아서 더욱더 진군하고자 했으나 그때 갑자기 서북쪽에서 소나기가 퍼붓고 천지가 캄캄해졌다. 7월임에도 갑자기 추워져서 의병들도 견디기 힘들었다. 조헌은 "성공과 실패는 하늘에 달린 것인가?"라고 탄식하고 맞은편 산봉우리로 퇴각해서 성을 굽어보았다.

왜군은 밤에 화톳불을 피워서 깃발을 세우고 군사가 있는 것처럼 위장하여 몰래 성의 북문으로 달아났다. 왜군은 관군과 달리 의병의 기세가 더 무서웠음을 실감했다.

『기재잡기』에는 왜군들끼리 주고받은 말이 기록되어 있다.

"조헌의 의병들은 순찰사나 방어사의 군사에 비할 바가 아니다. 죽음을 무릅쓰고 달려드는 기세를 당해낼 수 없다."

똑같은 조선의 군사였으나 겁을 먹은 관군과 죽을 각오로 싸우는 의병의 차이점이었다. 조헌은 관군이 버린 청주성을 회복했다. 관군이 왜군에게 빼앗긴 성을 의병이 도로 찾은 첫 사례였다.

그런데 도저히 이해할 수 없는 일이 벌어진다. 조헌이 회복한 성에 충청병사 이옥이 들어왔다. 창고에는 곡식이 남아 있었다. 그는 곡식을 보고, 왜군이 곡식을 약탈하러 올 수 있다고 하면서 태워버렸다. 의병은 먹을 양식이 없었다. 의병에게 곡식을 나누어 주어야 했다. 이옥은 의병의 승리로 자신의 죄가 드러날 것을 두려워해서 곡식을 불태웠다고 추정한다.

조헌은 의병들에게 각각 흩어져서 먹을 것을 구하고, 의복과 장비를 갖춰서 다시 모이게 했다. 충청도 감사 윤국형과 병사 이옥은 조헌과 의병의 방해꾼이었다.

: 의병의 뒤통수를 친 관군 :

조헌은 청주성을 회복한 후 전열을 정비하고 상소를 올렸다. 그는 국가가 위험에 처했을 때 꽁무니를 빼고 용감하게 싸우지 않는 자들에게 벌을 내려야 한다고 했다. 『선조수정실록』 25년 8월에 실린 그의 상소문 일부이다.

"경상병사 김수는 영남에서 잔학한 행동을 하다가 왜군이 쳐들어오자 겁을 먹고 물러났으며, 전라병사 이광은 호남의 군사를 거느리고 공주에 이르렀다가 먼저 퇴각했습니다. 이들은 군사를 패배시킨 큰 죄를 짓고도 아직 목숨을 보전하고 있습니다. 나라의 기업을 회복시키기 위해서는 상벌을 분명히 해야 합니다."

그는 지역의 군사 책임자들이 백성의 안위를 생각하지 않고 제 목숨 살리겠다고 도망하는 사태를 질타했다. 그 인물로 경상 병사와 전라병사를 지목했다. 충청도 감사 윤국형과 충청도 병사 이옥도 두 군사 책임자처럼 똑같은 행동을 했으나 거론하지 않았다. 조헌은 인간적 정리로서 그들의 죄를 감추려고 했는지 모른다.

그런데 이번에는 충청도 감사 윤국형이 조헌의 뒤통수를 친다.

조헌은 청주성을 회복한 후 임금을 호위하기 위해서 온양까지 올라갔다. 그때 충청도 감사 윤국형의 휘하 장수 장덕익이 찾아왔다. 조헌에게 북으로 가지 말고 금산에 머무는 왜군을 먼저 쳐서 호서와 호남을 보전해야 한다고 설득했다. 관군도 힘을 합치겠다고 맹세했다. 조헌은 작전을 변경해서 공주로 되돌아갔다.

이것은 윤국형의 속임수였다. 조헌이 임금에게 가서 자신의 잘못을 알릴까 두려워 북으로 올라가지 말도록 발목을 잡은 것이다. 또한, 윤국형은 의병의 부모와 처자를 잡아 가두고 협박해서 의병들이 조헌을 떠나게 했다.

윤국형은 충청도 책임자로서 왜군을 상대로 전투를 벌이는 것이 아니라 의병장 조헌을 끌어내리는 데 몰두했다. 나라의 안위를 걱정하지 않는 믿을 수 없는 행동이었다. 윤국형은 용인전투의 패배로 결국 파직당한다.

: 칠백 의병과 함께 잠들다 :

조헌은 윤국형의 방해에도 자신의 곁을 떠나지 않는 의병 700명, 승병장 영규와 함께 금산으로 진격했다. 전라감사 권율과 새롭게 임명된 충청감사 허욱은 때를 기다려서 힘을 합쳐 왜군을 공격하고자 했다.

선조 25년 8월, 조헌은 권율과 허욱이 움직이지 않자 홀로 진격하고자 했다. 승병장 영규가 관군과 힘을 합쳐서 공격하자고 간곡하게 만류했으나 조헌은 눈물을 흘리면서 심정을 토로했다.

"군주가 치욕을 당하면 신하는 목숨을 버려야 한다. 지금이 바로 그때다. 전쟁의 승패와 이해관계를 어떻게 돌아볼 수 있겠는가."

곽재우가 냉정한 승부사라면 조헌은 의열이 넘친 선비였다. 그는 권율의 만류에도 불구하고 혼자 금산성으로 북을 치면서 진격했다. 승병장 영규는 조헌을 혼자 죽게 내버려 둘 수 없다고 하면서 수백 명의 승병을 데리고 뒤따랐다. 조헌은 관군에게 후방지원을 요청하는 문서를 보냈다.

조헌은 금산성 밖 십 리 지점에 진을 치고 관군을 기다렸으나 관군은 오지 않았다. 왜군은 척후를 내보내 후속부대가 없는 것을 알고 잠복해서 후면을 끊은 후 총공격했다. 조헌은 의義에 부끄러움이 없도록 싸우라고 명을 내렸다. 의병과 승병들은 죽을 각오로 싸웠다. 세 번 모두 이겼다.

그러나 문제가 생겼다. 화살이 다 떨어졌다. 관군의 지원이 없어 화살을 구할 수도 없었다. 일단 후퇴하자고 권했으나 조헌은 움직이지 않았다. 대장부로서 구차하게 목숨을 보전할 수 없다고 하면서 북을 치고 전투를 독려했다. 의병들은 부족한 장비와 맨주먹으로 육박전을 벌여야 했으나 조총을 이길 수는 없었다. 조헌은 의병 700명과 함께 전사했다. 승병장 영규도 전사했다.

왜군은 이겼으나 죽은 수는 아군보다 더 많았다. 왜군의 진지에서 우는 소리가 끊이지 않을 정도였다.

왜군이 퇴각한 후 조헌의 제자들이 가서 700명의 시체를 거두어 무덤 하나를 만들었다. '칠백의사총'이라고 표시했다. 충청의 백성들은 몇 개월 동안 소식해서 조헌과 칠백 의병들의 죽음을 기렸다.

선조는 금산전투의 소식을 듣고 조헌을 이조참판으로 추증한다. 승병장 영규도 지중추부사로 추증되었다. 조헌의 둘째 아들 조완도에게 벼슬을 주고 가족에게 월봉을 지급했다. 영조 때 조헌을 영의정으로 추증했다.

: 도끼를 옆에 두고 상소를 올리다 :

조헌은 가난한 농민의 자식이다. 부친은 김포현의 교생으로 양반이었으나 벼슬은 없었다. 조헌은 문자를 스스로 깨쳤다. 5세 때 다른 아이들과 정자에서 글을 읽고 있었는데, 높은 벼슬아치의 행차가 "물러서거라"고 외치면서 지나갔다.

모두가 그 행차를 보려고 일어났는데도 조헌은 그대로 글을 읽고 있었다. 벼슬아치는 그 모습에 감탄하고 손에 들었던 부채를 주었지만, 조헌은 사양했다. 벼슬아치는 "이 아이는 뛰어난 인재이다"라고 칭찬했다.

조헌은 과거에 합격했지만, 집안 배경이 없어서 좋은 자리는 가지 못했다. 그는 이이와 성혼을 존경하고 배워서 서인으로 분류됐고, 성격이 너무 직선적이었다. 임금에게 서슴없이 상소를 올렸다. 특히 지부상소가 유명하다. 지부상소는 도끼를 옆에 두고 자신의 목을 베도 좋다는 각오로 올리는 상소다. 이 때문에 주로 지방으로 맴돌았다. 임진왜란 전에는 등용되지 않았다. 동인이 정권을 잡았기 때문이다.

조헌은 오직 경서만을 읽었고 『주자대전』 본편 100권을 모두 암송할 정도였다. 나라에 큰 변란이 일어날 수 있음을 예측했다. 정사 황윤길의 보고, 왜의 사신들이 가져온 국서 등이 판단 근거였다. 주역에 조예가 깊어서 천문 예측도 뒷받침되었다.

그는 일본의 침입을 예측했기 때문에 오히려 우리가 먼저 정벌해야 한다고 주장했다. 그의 일본 정벌론은 과격하다고 해서 받아들이지 않았다. 그가 서인이었기 때문에 동인이 거절한 측면도 있다.

그의 주장을 받아들이지 않자 스스로 일본 침입에 대비한다. 우선 10여 명의 인재를 추천해서 서용하도록 청했다. 당시는 거의 이름이 알려지지 않은 자들이었으나 임진왜란이 일어나자 모두 기용되어서 활약했다. 김시민, 조웅 등이다.

조헌은 일부의 관리에게 참호를 파고 성을 수리해서 방어를 튼튼히 하도록 했고, 그의 가족에게는 무거운 짐을 지고 걷는 피란 연습을 시켰다. 또한 문인들에게도 30리를 걷는 연습을 시켰다. 만일 왜군이 침입한다면 명나라의 지원을 받아야 한다는 전략도 세웠지만 나라에서 받아들이지 않았다. 임진왜란의 발발로 그의 주장과 예측은 모두 사실임이 증명되었다.

임진왜란 전 동인·서인으로 나누어지지 않고 조헌의 주장과 예측이 받아들여져 실천되었다면 임진왜란과 정유재란의 참화를 덜 겪었을지도 모른다. 붕당의 폐해는 실로 컸다. 충남 금산군에는 조헌과 칠백 의병이 잠들어 있는 '금산칠백의총'이 있다. 역사 유적은 그 뜻과 의미를 알면 더욱더 빛날 것이다.

이처럼 임진왜란을 극복한 것은 곽재우, 김천일, 조헌 등의 의병장과 더불어 민초의 힘도 뒷받침되었다.

임진왜란과 이순신

: 이순신, 바다에서 첫 승리하다 :

임진왜란이 일어났을 때 남쪽 바다를 지키는 장수는 세 명이었다. 경상 우수사 원균, 전라 좌수사 이순신, 전라 우수사 이억기였다. 침입하는 왜군과 가장 가까운 곳을 지키는 장수는 경상 우수사 원균이다.

선조 25년 5월, 원균은 바다의 1차 방어선을 지켜야 했으나 왜군의 형세를 보고 대적할 수 없다고 지레짐작했다. 그는 전함과 전투 장비를 바다에 친몰시키고 수군 1만여 명을 해산하고 육지로 도망하려 했다. 옥포만호 이운룡이 거세게 반대했다.

"우수사께서는 나라의 중책을 맡았으니 관할 경내에서 죽어야 합니다. 이곳은 전라도와 충청도를 가는 길목입니다. 이곳을 잃으면 전라도와 충청도가 위태롭습니다. 흩어진 군사를 모으고 호남의 수군에 원군을 청하여야 합니다."

원균은 이운룡의 강력한 항의에 마음을 바꾸었다. 그는 율포만호 이영남을 이순신에게 보내서 지원을 요청했다. 이순신은 왜군 침입을 미리 전달받았다. 그는 여러 포구의 수군을 모아서 왜군이 오면 싸울 준비를 했다. 때마침 이영남의 지원요청이 오자 휘하 장수의 의견을 들었다.

전라 지역의 방어도 부족한데 다른 도에 지원 갈 수 없다는 의견이 다수였다. 그러나 녹도만호 정운과 군관 송희립은 "왜군을 토벌하는 데 우리 도와 남의 도가 따로 없다. 왜군의 예봉을 먼저 꺾으면 우리 도를 보전할 수 있다"라고 주장하면서 눈물로 호소했다.

이순신은 강력한 지도력으로 독단적 결정을 내리기도 했지만, 때로는 의견을 모으는 것을 중요하게 생각했다. 첫 전투였고 중지를 모아서 지원을 결정했다. 전라 좌수사로서 1년여 넘게 수군을 정비했고 이제 실전에서 그 힘을 발휘하고자 했다.

우선 『난중일기』를 보면 이순신의 이 결정을 이해할 수 있다. 『난중일기』는 정조 때 『충무공이순신전서』를 편찬하면서 임진왜란·정유재란 기간에 쓴 일기를 편찬자들이 '난중일기'로 이름을 붙였다. 이순신의 가족사와 개인 생각, 전라 좌수사로서 역할, 백의종군, 정유재란까지 기록돼 있고, 국보로 지정됐다.

임진왜란이 일어난 임진년 1월 1일부터 왜군이 쳐들어오는 4

월까지 무엇을 했을까? 『난중일기』*를 보자.

정월 설날, 아우 우신과 조카, 맏아들이 와서 이야기를 나누면서 멀리 떨어져 계신 어머니 생각을 간절하게 했다. 그리고 어머니에 대한 그리움이 자주 등장한다. 깊은 효심을 알 수 있다.

하급관리의 활쏘기를 시험하고, 병선을 수리하지 않는 병사는 곤장을 쳤다. 무예 성적이 우수한 자에게는 벼슬을 청하는 목록을 조정에 보냈다. 거북선 제작에 필요한 돛베를 받았고, 전선을 점검하고, 무기도 만들었다. 전쟁 준비에 소홀한 군관과 색리식량 등을 관리하는 하급관리들의 죄를 묻고, 한심하다고 여기는 장수는 교체했다.

유성룡이 보낸 『증손전수방략』을 읽었다. 이 책은 수전과 육전, 화공법에 관한 뛰어난 이론서다. 임진왜란 때 총통 등 화공으로 왜선을 격파하는 데 참고했을 것이다. 군기를 점검하고, 활, 갑옷, 투구, 화살통, 환도 등이 훼손된 책임을 물어서 아전과 궁장, 무기 검열자의 죄를 논했다.

무엇보다도 왜군이 쳐들어오기 하루 전, 거북선이 완성돼 바다로 나가서 지자포, 현자포를 시험발사했다. 약 보름 전 거북선에서 대포 시험발사를 했고, 두 번째 시험발사였다. 임진왜란 전 거북선이 건조되고, 포를 시험발사한 것은 이순신 장군의 야심작이었다.

: 옥포해전, 승리의 시작 :

이순신은 전라 좌수사로서 평상시에 전선과 거북선을 건조하고, 군사 장비를 만들고 점검하고, 병사의 훈련을 소홀히 하지 않았음을 알 수 있다. 바다를 지키기 위해서 철저하게 준비했다. 그 준비를 행동으로 옮길 기회를 맞았다. 이순신은 기꺼이 원균의 군사지원을 수락했다.

이순신은 거제 바다로 나아가서 원균과 합류했다. 육지는 추풍낙엽처럼 무너지고 도성이 점령된 후 5월 6일, 이순신의 첫 전투가 거제의 옥포에서 이루어졌다.

왜선은 사면에 휘장을 두르고 홍기와 백기를 현란하게 달았다. 왜선 30척 중 26척을 순식간에 대파시켰다. 남은 왜군은 육지로 도망갔다. 이순신은 왜군의 남은 배를 모두 불태웠다. 바다의 첫 승리였고, 임진왜란의 첫 승리였다. 철저하게 준비된 자가 누리는 승리였다. 선조는 이순신에게 가선대부종2품를 내렸다.

옥포해전의 승리는 시작에 불과했다.

: 거북선을 실전 배치하다 :

이순신은 이튿날도 바로 싸우고자 약속했으나 임금이 궁궐을 버리고 피란 간 소식이 전해졌다. 이러한 소식에 장수들은 도착하지 않았고 서로 통곡하면서 일단 본진으로 철수했다.

5월 29일 이순신과 원균은 두 번째 출진했다. 사천의 노량진에서 왜선 한 척을 발견해서 불태웠다. 적선 12척이 벼랑을 따라서 정박하고 있음을 발견했다. 이순신은 작전을 짰다.

"거짓 퇴각하면 우리를 추격할 것이다. 왜선을 바다 가운데로 유인해서 큰 군함으로 합동해서 공격하면 승리할 것이다."

이순신의 작전에 왜선이 따라왔다. 이순신은 넓은 바다로 유인해서 배를 돌렸고, 거북선이 적선을 향해서 돌진했다. 거북선이 실전에 처음으로 투입됐고 성공이었다. 이어서 함포로 공격해서 왜선을 전부 파괴했다.

전투가 끝난 후 이순신의 왼쪽 어깨에 탄환 맞은 것이 알려졌다. 이러한 상태에서 전투를 지휘한 것이다. 이순신은 사람을 시켜서 칼끝으로 탄환을 파내게 했다.

며칠 후 당포로 나아갔다. 왜선 20척이 강 연안에 정박해 있었고 그중에 큰 배가 있었다. 배는 층루를 설치해서 비단 휘장을 드리우고 있었다. 적장은 금관에 비단옷을 입고 금부채로 군사를 지휘했다. 화려한 모양새다.

중위장 권준이 배를 돌려서 힘차게 노를 젓고 그 배 밑으로 돌진해서 배를 부수자, 통전*으로 집중적으로 사격했다. 층루 위의 왜장은 화살에 맞아서 바다로 떨어졌다. 권준의 배가 돌진해서 나머지 왜선을 크게 격파했다. 아무리 화려하게 장식해도 지략과 용맹함을 이길 수 없다.

며칠 후 전라 우수사 이억기두 합류해서 사기가 올랐고 당항포에서 왜선 30척을 또 쳐부수었다. 선조는 다시 이순신을 자헌대

● 통전(筒箭): 대나무 통에 화살을 끼워서 연속으로 발사할 수 있음.

부정2품로 올려준다. 이순신의 바다 전투는 연전연승이었다.

이순신은 늦게 32세 무과에 합격했다. 한 번 말에서 떨어져 실패한 후다. 조선에서 무과 출신자는 고위직 진출이 어렵다. 임진왜란 때 공을 세워 도원수가 된 권율은 문과 출신이다. 이순신은 무관으로 평범하게 관직을 마칠 수 있었으나 전라 좌수사에 올랐다. 유성룡 등 네 명의 추천이 있었고, 부임하는 곳마다 근무 성적이 좋았기 때문이다.

이순신은 임진왜란이 일어나기 전, 진도군수에서 전라 좌수사가 된다. 전임자는 원균이다. 원균은 수령으로 있을 때 낮은 근무 성적이 알려져서 전라 좌수사에서 물러났다.

원균의 자리를 이순신으로 교체한다. 임진왜란이 일어나기 1년 2개월 전이었고, 이순신은 전라 좌수사로서 병사들을 훈련하고, 군사 장비를 갖추고 지자총통과 현자총통 등 무기 성능을 개선하고, 전함을 보완하고 거북선을 만들었다.

이순신이 임진왜란을 예측하고 대비한 것은 아니었다. 나라의 녹을 먹는 관리로서 나라에 충성하고 백성을 지켜야 하는 평소의 임무를 성실하게 수행했다. 거기에 더해서 사람을 부리고 작전을 수행했을 뿐이다.

: 학익진을 펼치다 :

이순신이 지키는 바다는 물샐틈없었다. 옥포해전 첫 승리 이후 크고 작은 전투에서 패배는 없었다. 거북선이 처음 출동한 사천의 노량진, 당포, 당항포, 율포에서도 승리했다.

임진왜란 발발 후 2개월이 지났다. 선조는 벌써 의주까지 올라 갔다. 왜군은 평양성을 점령했고, 함경도까지 장악했다. 선조가 머물 곳은 차츰 줄어들었다. 육지에서는 전투다운 전투가 없을 정도로 패배만 거듭했다. 육지의 군사 책임자들은 성을 버리고 도망했다.

다만 곽재우 등 의병의 활약으로 왜군에게 타격을 입히고 발목을 잡았으나 정보 소통이 원활하지 않았다. 선조는 제 목숨 살리자고 국경 너머 요동으로까지 피신하고자 했다.

7월 6일, 이순신과 이억기는 노량에서 만났다. 원균은 파선 7척을 수리하기 위해서 미리 와 정박하고 있었다. 세 명의 바다 책임자가 모두 모였다. 왜선 70여 척이 거제의 영등포에서 견내량으로 옮긴다는 정보를 얻었다.

이순신은 이틀을 보낸 후, 7월 8일 바다로 나갔다. 왜선 70여 척이 앞바다에 진을 치고 있었는데, 지세가 좁고 험악한 섬들도 있어서 아군의 배를 운행하기 어려웠다. 원균은 서둘러 공격하고자 했다. 그동안 아군의 승리로 자신감이 넘쳤기 때문이다. 이순신은 생각이 달랐다.

"이곳은 항구가 좁고 얕아서 작전할 수가 없습니다. 넓은 바다로 유인해서 무찔러야 합니다."

그런데도 원균은 이순신이 말을 듣지 않고 출진을 재촉했다. 이순신은 "공은 이처럼 병법을 모른다는 말이오"라고 퇴박했다. 이순신은 장수들에게 영을 내려 진격과 퇴각을 반복하면서 거짓으로 패하고 물러나게 했다. 왜군은 총출동해서 기세등등하게 쫓아왔다. 이순신은 싸우려고 마음먹은 넓은 바다까지 왜선을 끌어내는 데 성공했다.

이순신은 드디어 기를 올려서 명을 내렸다. 아군은 배를 돌리고 학익진을 만들어서 한꺼번에 진격했다. 아군의 총통은 왜군의 조총보다 사거리가 길다. 아군의 배에서 크고 작은 총통이 연거푸 불을 뿜어댔다. 왜군의 조총은 아군의 지자총통과 현자총통의 상대가 되지 않았다.

학익진은 아군의 사거리가 조총보다 긴 지자총통과 현자총통 등 대포를 마음껏 사용할 수 있는 작전이었다. 넓은 바다에서 보다 더 유리하게 활용할 수 있었다. 이순신은 우리의 장점을 최대한 끌어올리기 위해서 넓은 바다까지 유인했다.

아군의 포에서 내뿜는 연기가 바다를 뒤덮었고 왜군의 피비린내가 진동하였다. 왜선 70여 척을 남김없이 격파했다. 왜군 400여 명은 배를 버리고 육지로 도망했다.

한산도 앞바다에서 싸운 대승리로 한산도 대첩이다. 왜군 진영에서 "한산도 전투에서 죽은 왜병이 9천 명이다"라고 전해졌다.

> 한산섬 달 밝은 밤에 수루에 홀로 앉아
> 큰 칼 옆에 차고 깊은 시름 하는 차에
> 어디서 일성호가*는 나의 애를 끊나니

● 일성호가: 한 곡조의 피리 소리.

이순신의 시조다. 이순신이 한산섬에 홀로 앉아서 어디서 들려오는 피리 소리에 애를 끊는 듯 슬픔에 젖어 있다. 그 슬픔은 왜군을 물리치고 나라와 백성을 지키는 본연의 임무로 승화되었을 것이다.

한산도 대첩으로 전투가 끝난 것은 아니다. 이틀 후 안골포로 나아갔다. 왜선 40척이 나란히 정박하고 있었다. 이 배들은 왜군의 한산도 전투를 지원하는 임무였다. 배들은 물고기 비늘처럼 차례대로 진을 쳤다. 지역이 좁았다.

이순신은 넓은 지역으로 유인했으나 왜선이 이번에는 속지 않고 움직이지 않았다. 작전을 변경했다.

아군이 들락날락하면서 화공을 했다. 왜선은 모두 불에 탔다. 왜군의 머리를 벤 것이 250여 급이고, 물에 빠져 죽은 자는 다 기록할 수 없었다. 나머지 왜군은 밤을 이용해서 도망했다.

왜군은 이후 바다에서 싸우려고 하지 않았다. 이순신의 배를 보면 도망했다. 전라도 섬은 왜선이 거의 없었다.

이순신은 한 달 후 부산으로 갔다. 왜선이 부산과 동래로 모였기 때문이다.

이순신과 원균이 힘을 합쳐 수군을 총동원해서 진격했으나 왜군은 배를 버리고 산으로 올라갔다. 왜군은 육지에서 총을 쏘았다. 이순신은 수군이다. 육지는 장기가 아니다. 바다의 빈 배 400여 척을 불대우고, 철수했다.

이순신의 승리로 왜군의 바닷길을 막은 것은 값진 것이다. 일본은 수륙병진으로 한성을 함락하고자 했다. 바닷길은 군사와 군

3장 선조, 홍건적돌화의 나라, 이순신과 민중가 일어서다

량 등 물자수송이 용이하다. 이순신의 연전연승으로 일본은 바닷길을 이용할 수 없었고, 전략에 차질이 생겼다. 또한 우리는 곡창지대인 호남을 지켜내서 후방지원을 할 수 있었다.

왜군은 바닷길의 보급로가 차단되었고 차츰 패배의 길로 이어진다. 왜군은 평양성 패배와 철수→행주산성 패배→제1차 진주성 전투 패배로 이어졌다. 이순신이 바다에서 연전연승한 것은 그 자체의 승리뿐만 아니라 후광효과까지 있었다.

: 이순신과 원균, 앙금이 자라다 :

이순신과 원균의 겉모양새는 힘을 합친 듯 보였으나 그 이면에는 앙금이 자라고 있었다. 해전의 승리가 앙금을 키우고 있었다.

원균은 해전의 승리를 이순신과 연명으로 보고하자고 제안했다. 그렇게 하면 자신의 허물은 감추고 공은 드러난다. 이순신은 천천히 보고하자고 에둘러 거절하고 홀로 장계를 올렸다. 거기에는 원균의 지원요청과 왜군을 공격하는 데 공로가 없음을 포함했다. 원균은 이 사실을 알고 매우 유감스럽게 생각했다. 이순신은 불의와 타협하지 않는 성격이었다.

원균도 따로 보고했다. 자신의 공은 올리고 이순신은 깎아내렸다. 두 사람 사이의 앙금은 이렇게 시작됐다.

"전라 좌수사 이순신은 군량과 군기를 불태우고 성을 버렸습니다. 남쪽의 왜군은 우수사 원균이 여러 장수들을 거느리고 힘을 합해서 잡았습니다."

선조 25년 6월, 경상도 관찰사 김수와 경상도 초유사 김성일이 조정에 보고한 내용이다. 이순신과 원균에 대해서 정반대로 보고했다. 왜 그랬을까?

원균이 두 사람에게 위 내용을 제공한 것으로 추정한다. 김수와 김성일은 길이 막혀서 전라도까지 가서 확인하지 않았고, 두 사람이 보고한 내용도 같기 때문이다.

한산도 대첩도 따로따로 보고했다. 조정은 이순신의 보고를 더 신뢰했다. 한산도 대첩은 이순신의 공이 으뜸이므로 원균에게는 자급을 올려줄 필요가 없다고 했다. 반면 선조는 원균도 이순신과 같은 공을 세웠고 품계를 높여주라고 했다. 조정은 이순신의 보고에, 선조는 원균의 보고에 무게를 두었다.

현재는 여러 기록을 종합해서 이순신이 한산도 대첩은 학익진으로 승리했다고 알 수 있지만, 당시로서는 제한된 정보로 원균의 보고를 더 신뢰했을지도 모른다.

그러나 대세는 이순신이었다. 조정은 삼도경상·전라·충청도의 수사를 총괄할 필요가 있었다. 선조는 이순신을 전라 좌수사 겸 삼도 수군통제사로 임명했다. 원균은 이순신보다 앞서 무과에 합격했고 나이도 다섯 살 많다. 원균은 이순신의 지휘를 받아야 했고, 그것을 부끄럽게 여겼다.

조정도 두 사람의 틈이 벌어지고 있음을 알았다. 대체로 원균을 편드는 신하가 많다. 선조에게도 원균에 대해서는 왜곡된 좋은 정보가 들어가고 있었다. 원균은 조정의 권력자에게 이순신을 헐뜯었지만, 이순신은 성품이 곧고 굳세어서 청탁할 줄 몰랐다. 병조판서 김귀영은 그의 서녀를 이순신의 첩으로 삼으라고 했다. 이순신은 "내가 벼슬길에 나와서 어찌 권문세가의 딸에 의지해서 출세의 사다리를 타리오"라면서 거절했다.

비변사는 두 사람의 앙금을 해소하기 위한 대책을 올렸다. 일단 임금의 말씀으로 두 사람을 화합시키고, 그래도 화합이 안 되면 원균을 교체해서 분쟁을 그치게 해야 한다고 했다. 그러나 선조의 생각은 비변사와 달랐다. 선조 27년 11월, 임금은 이렇게 말했다.

"나는 이순신을 대장으로 잘못 임명한 것 같다. 두 사람 중에 한 사람은 교체해야 한다. 이순신을 교체할 경우는 원균을 통제사로 삼아야 한다. 원균을 교체할 경우는 그 자리에 다른 사람을 임명해야 한다. 참고해서 시행하라."

선조는 사실상 삼도 수군통제사 이순신을 원균으로 바꾸라고 했다. 그런데도 비변사는 원래의 생각대로 밀고 나갔다. 이순신은 그대로 두고 원균을 육군의 군사 지휘관인 충청도 절도사로 옮긴다. 원균은 수군통제사인 이순신의 명을 따르지 않아도 된다.

이순신은 『난중일기』에 원균에 대한 평가를 여러 차례 남겼다.

"원균의 그 흉악하고 음험함을 무어라 표현할 수 없었다."

"이영남과 이여염이 와서 원균의 비리*를 전하니 더욱더 한탄스러울 뿐이었다."

"원균이 거짓 내용으로 공문을 돌려서 대군을 동요하게 했다. 군중에서 속임이 이러하니, 그 흉포하고 패악함을 이루 말할 수

● 원균의 비리 : 백성의 머리를 베서 왜적의 머리로 보고한 일.

가 없다."

원균이 이순신에 대해서 평가한 기록은 찾지 못했다.

임진왜란이 발발한 지 4년이 지났다. 명과 일본의 강화협상은
실패했고 전쟁은 소강상태로 들어갔다. 선조는 이순신에 대해서
점차 의심했다. 이순신이 임진왜란 초기는 힘껏 싸웠으나 그 후
로는 군사를 일으켜서 적을 토벌하지 않았고, 세자 광해군이 남
으로 내려가서 불러도 오지 않았다고 했다.

선조의 말은 사실이었다. 왜군은 한산도 대첩 이후 이순신
의 군사를 보면 달아났다. 이순신은 싸우려고 해도 싸울 수가 없
었다.

그러나 이순신은 전투는 하지 않았지만, 태평스럽게 놀고 있지
않았다. 전라 좌수사의 군영을 한산도로 옮겼다. 한산도는 방어에
적합한 장소이고 왜군이 전라도로 가기 위해서는 반드시 지나가
야 했다. 전선과 장비를 만들고 수리하고, 군사훈련도 게을리하지
않았다. 섬에 둔전을 일구어서 군량을 자급자족했다. 둔전의 성과
는 다른 진영까지 퍼져나간 모범 사례였다. 조정의 감독으로 한
산도에서 무과를 치러서 인재도 확보했다.

무엇보다도 이순신의 존재만으로도 왜군이 바다를 넘보지 않
는 것은 보이지 않은 중요한 성과였다. 선조는 이러한 사실을 간
과하고 있었다.

우의정이사 사도 제찰사 이원익은 지역을 점검하고 궁궐로 돌
아와서 임금을 뵈었다. 선조 29년 10월, 임금은 지역의 민심과 군
사 사정을 들은 후, 이순신과 원균에 대한 평판을 물었다.

선조: 이순신은 힘써 종사하는가?

이원익: 한산도는 군량이 가득 쌓일 만큼 힘써 종사하고 있습니다.

선조: 이순신은 이제 게으르다고 한다. 됨됨이가 어떤가?

이원익: 장수 중에서 가장 쟁쟁한 자입니다. 이순신이 게으른 것은 듣지 못하였습니다.

선조: 지휘할 재능이 있는가?

이원익: 많은 장수 가운데 이순신이 가장 훌륭합니다.

이원익은 원균에 대해서도 평가했다.

"원균은 전투에 임할 때와 평상시가 다릅니다. 원균은 성격이 거세어서 상사와 다툽니다. 다만 전투할 때는 기용할 만하지만, 그 외는 결단코 기용해서 안 되는 인물입니다."

이원익은 원균이 돌격대장으로 적합하지만, 평상시 군사를 맡기면 원망하고 배반하는 군사들이 많을 것이라고 했다. 이원익은 지역을 둘러보고 자신의 눈과 귀로 확인한 내용을 있는 그대로 보고했다.

그러나 조정은 여전히 원균을 옹호하는 자들이 많았고, 선조는 심지어 원균이 청렴하다며 원균 같은 장수를 쉽게 얻을 수 없다고 했다. 이원익은 원균의 청렴에 대해서 반문하고 앞으로 어떻게 될지 지켜보자고 부정적인 의견을 냈다.

선조 30년 정유년 1월, 일본은 200척의 배를 이끌고 다시 침략했다. 선조는 이순신이 부산으로 나가서 싸우기를 바랐으나 이순신은 한산도 본영에 머물러 있었다. 선조는 수군을 강화하기 위해서 대신과 비변사를 만났다. 여기서도 다시 이순신과 원균의 불화가 도마 위에 올랐다.

> 지중추부사 정탁: (이순신이 한산도에서 움직이지 않는 것은) 참으로 죄가 있습니다. 그러나 위급할 때 장수를 바꿀 수는 없습니다.
>
> 영의정 유성룡: 이순신은 성품이 강직해서 남에게 굽힐 줄 모릅니다. 신의 천거로 임진년에 공을 세워서 정헌대부까지 올랐으니 분수에 넘칩니다. 무릇 장수는 뜻이 차고 기가 펴지면 반드시 교만하고 게을러집니다.
>
> 좌의정 김응남: 수군으로는 원균만 한 사람이 없습니다.
>
> 영의정 유성룡: (원균은) 나라를 위한 마음이 깊습니다.
>
> 이조참판 이정형: 한산도는 우리의 선박을 감출 수 있고, 적의 속내를 모릅니다. 이순신의 말이 합당한 듯합니다.

예전에 유성룡은 이순신을 천거하고 칭찬했다. 그러나 지금은 이순신은 교만하고 게으르다고 깎아내리고 원균은 나라를 위한 마음이 깊다고 추켜세웠다. 유성룡이 이순신에 대해서 생각을 바꾼 이유가 무엇일까? 그 속내가 궁금하다. 좌의정 김응남도 원균을 편들었다. 정탁과 이정형은 이순신을 옹호했으나 소용이 없었다.

이 자리에 이순신을 줄곧 옹호한 이원익이 없는 것은 불행이었다. 그는 체찰사로서 민심과 군무를 살피기 위해서 지역 순찰

중이었다.

선조는 이순신이 조정을 경멸한다고 여기고 용서할 수 없다고 하면서 중대 결정을 내린다. 선조의 이 결정은 조선의 수군이 바다에서 대패하는 치명적인 실수를 초래한다.

: 이순신을 제거하라 :

도요토미 히데요시는 정유년1597년에 다시 조선을 침략했다. 그러나 눈엣가시가 있었고 뽑아내야 했다. 바로 이순신이었다. 이순신이 있는 한 조선의 바닷길 확보는 어려웠다.

왜군은 이순신을 제거하기로 하고 그 임무는 고니시 유키나가와 요시라가 맡았다. 고니시 유키나가는 일본 선봉의 적장으로 주전파보다는 협상파에 가까웠다. 요시라는 일본 측 통역관으로서 실무를 맡았다.

요시라는 일본과 명이 화친을 못 하고 다시 조선을 침략하는 것은 가토 기요마사의 강경한 주장 때문이라고 했다. 그를 없애면 일본은 화친하고 돌아간다는 것이다. 그를 없애는 것이 전쟁하지 않는 해결책이라고 했다.

요시라는 가토 기요마사가 부산의 한 섬에 있다고 했다. 그가 잠자는 장소와 시간을 알려줄 터이니 몰래 가서 죽이라고 구체적 정보를 넘겼다. 일본의 속임수였으나 조정은 그 정보를 믿고 이순신에게 명을 내렸다.

그러나 선조 30년 2월, 이순신은 복병의 위험을 내세워서 섣불리 움직이지 않았다.

"바닷길이 험난하고 왜군이 반드시 복병을 두어서 기다릴 것입니다. 우리의 전함이 많이 출동하면 적이 알게 될 것입니다. 우리의 전함이 적게 출동하면 도리어 습격을 받을 것입니다."

이순신의 본영은 한산도이고, 가토 기요마사가 숨어 있는 장소는 부산이다. 이순신은 한산도에서 부산까지 이동하는 동안의 위험과 적의 복병을 우려했다.

당시 명과 일본이 일본에서 강화협상을 했는데, 이곳에 참여한 황신이 바로 귀국했다. 그는 일본의 최신 정보를 가장 잘 안다. 선조 29년 12월, 그는 요시라가 보낸 정보에 대해서 선조에게 직접 의견을 올렸다.

"예로부터 심원하고 비밀스러운 꾀와 계획이 적에게서 나온 것은 없습니다. 가토 기요마사와 고니시 유키나가는 다른 점이 없습니다. 그 말은 믿을 수 없습니다."

황신은 고니시 유키나가가 요시라를 통해서 보낸 정보를 믿을 수 없다고 했으나 선조는 받아들이지 않았다. 선조는 오히려 황신에게 요시라가 전해준 가짜 정보를 이순신에게 전하게 했다. 황신은 어쩔 수 없이 자신과 다른 판단의 내용을 이순신에게 전달했다. 황신은 매우 곤혹스러웠을 것이다.

가토 기요마사는 요시라가 전해준 날짜에 실제로 부산의 다대포 앞바다에 왔다가 서생포로 이동했다. 우리의 군사를 유인하기 위한 작전이었다. 이순신이 그 날짜에 맞춰서 서생포로 가지 않은 것은 다행이었고, 왜군의 함정에 빠지지 않았다.

3장 선조, 홍건통회와 나라, 이순신과 의병들의 반격

207

그러나 선조는 자신의 명을 거역한 이순신에게 분노했고 체포해서 하옥시켰다. 선조가 임진왜란과 정유재란에서 내린 최악의 실수였다. 이순신의 자리에 원균을 임명한다. 원균이 그동안 이순신에 대해서 부정적으로 보고한 앙금도 한몫했을 것이다. 원균은 삼도 수군통제사로 임명돼서 쾌재를 불렀을지 모르지만, 진짜 쾌재를 부른 것은 왜군이었다.

왜군은 이순신을 유인해서 죽이지는 못했지만, 선조의 손을 빌려서 감옥에 넣고 손발을 묶었다. 이순신이라는 눈엣가시를 제거한 것이다.

당시 이순신은 함선 40여 척을 건조하여 전란에 대비하고 있었다. 그리고 선조의 명을 받고 한산도를 나와서 부산으로 이동했다. 이순신이 선조의 명을 어긴 것은 아니었다.* 이순신 없는 바다, 원균은 바다를 잘 지킬까?

: 백의종군하다 :

선조 30년 3월, 임금은 선전관왕명을 전달하는 무관에게 표신과 밀부를 주어서 이순신을 체포하도록 했다. 우부승지 김홍미에게는 이순신의 벌을 어떻게 할 것인가를 대신들이 논하라고 하면서 자신의 생각을 먼저 밝혔다. 이대로 하라는 답을 주었다.

---

* 삼도 수군통제사로 새로 임명된 원균의 장계에 의하면, 이순신은 왕의 명에 따라서 부산으로 갔다. 이순신은 적진 가까이 갔으나 조수로 물이 얕아지면서 배 밑창이 땅에 닿는 위기에 처했다. 안골포 만호 우수가 노를 빨리 저어서 이순신을 구출했다. 이순신은 부산의 가덕도에서 왜선과 싸웠고, 그 내용은 이순신이 처벌받은 후에 보고됐다. 이순신이 선조의 명을 완전히 어긴 것은 아니었다.

"이순신이 조정을 속인 것은 임금을 무시한 죄이고, 적을 치지 않은 것은 나라를 저버린 죄이며, 남의 공을 가로채서 무함한 것은 꺼림이 없는 죄이다."

선조는 이러한 죄는 죽이고 용서하지 않는 것이라고 했다. 이순신의 설명을 듣지도 않은 자의적 판단이었다. 선조는 분노했지만, 백성은 달랐다.

이순신의 체포에 남쪽의 남녀노소가 모두 길을 막고 목 놓아 울부짖었다. 백성들은 나라보다 이순신에게 의지해서 생활의 터전을 일구고 있었다. 이순신이 바다를 지킬 때 전라도는 침범당하지 않았다. 백성들은 안전하게 생업에 종사할 수 있었다.

이순신은 의금부 옥에 갇혀서 모진 고문을 받았다. 임금의 분노로 계속 형신을 받으면 죽음에 이를 수 있었다. 변명하거나 용서를 비는 성격도 아니었다. 목숨은 경각에 달렸다. 절체절명의 순간, 구원자로 나선 것은 전前 우의정이자 지중추부사 정탁이었다. 그는 당시 20일 동안 지독한 감기에 걸렸다. 그는 조정에 나갈 형편이 못 되어 임금에게 장문의 글을 올렸다.

그는 우선 의금부 형신의 특성을 이야기했다. 그도 의금부 위관으로서 형신을 가하면 한두 차례로 죽는 경우가 많음을 봤다고 하면서, 임금께서 사람 살리기를 좋아하는 호생지덕을 발휘해 달라고 호소했다. 그리고 이순신에 관한 생각을 밝혔다. 그 내용은 『약포집』에 기록되어 있다.

이순신은 적을 방어하는 방법을 환하게 알고 있습니다. 그의 용감한 군사들은 즐거운 마음으로 전투에 임했습니다. 이순신은 군사를 잃지 않았습니다. 그의 위엄과 명성은 예나 지금이나 다름이 없습니다. 왜적은 조선의 수군을 가장 두려워했습니다.

최근 왜적들이 다시 쳐들어왔을 때 이순신이 출진하지 않은 것은 그사이에 정세나 논할 만한 사정이 있었을 것입니다. 도체찰사 이원익이 수군의 교대 근무를 나누는 부득이한 사정을 이미 장계에서 밝혔습니다. 이순신에게 모든 책임을 지워서는 안 될 것 같습니다.

이순신은 진실로 장수의 재질을 지녔고, 재능도 육군과 수군을 겸비해서 불가능이 없었습니다. 이와 같은 장수는 쉽게 얻지 못합니다. 백성들은 이순신을 의지하고 왜군은 이순신을 두려워합니다.

바라옵건대, 은혜로운 하명으로 특별히 형신을 감하여 주시고 이순신이 공을 세워 은혜에 보답하도록 하소서.

정탁의 간절한 상소는 통하였다. 선조는 이순신을 바로 풀어주고 백의종군을 명한다.

정탁은 20일 동안의 지독한 감기에도 불구하고 71세에 잡은 붓은 다시 한번 조선을 살렸다. 이순신을 살려서 조선의 운명이 바뀌기 때문이다. 정탁은 이로부터 8년을 더 살아서 좌의정에 올랐다. 그는 명량해전과 노량해전의 승리를 흐뭇하게 지켜봤을 것이다. 그는 두 해전을 지켜본 후 79세에 졸했다.

이순신은 정유년 4월 1일 감옥을 나왔다. 남대문 밖 윤간의 종의 집으로 갔다. 조카와 아들들과 한방에 앉아서 오래도록 이야기했다. 그동안 중단되었던 『난중일기』를 다시 쓴다.

그의 부하로서 전장을 누비고 이름이 같은 이순신李純信이 술병을 가지고 와서 함께 취했고, 그를 지지했던 정탁, 이정형, 우의정 김명원 등도 사람을 보내서 위로했다. 유성룡도 사람을 보내서 문안했다. 이날은 술에 취하고 땀이 몸을 적실 정도였다.

이순신은 한성을 떠나서 아산의 선산에 들렀고, 어머님을 마중하러 바닷길로 나갔으나 어머니의 부고를 듣는다. 주변의 도움으로 관을 마련하고 상여에 싣고 집에 빈소를 차렸다. 어머니의 삼년상을 치러야 했으나 죄인의 몸이었다. 이순신은 죽기를 바라는 심정으로 빈소에 머무르려고 했으나 의금부 도사가 갈 길을 재촉했다.

이순신은 도원수 권율의 휘하로 들어갔다. 권율은 이순신을 따뜻하게 맞이해 주었다. 그러나 이순신에게는 절망적인 소식이 계속 전해졌다. 원균의 횡포와 흉악함이었다. 원균이 한성으로 실어 보내는 뇌물이 잇달았고, 이순신을 헐뜯는 것이 날로 심하다고 했다.

분통을 터뜨릴 소식을 듣는다. 수군의 패전이었다. 옛 부하들이 달려와서 패전 소식을 전해주었다. 이순신은 백의종군으로 직책이 없는 졸병이지만 가만히 있을 수 없었다. 도원수 권율에게 직접 해안지방으로 가서 방책을 정하겠다고 청을 올렸다. 권율은 흔쾌히 허락했다.

이순신은 송대립, 유황 등 10여 명과 함께 삼가현현 경남 합천군 삼가면에 도착했다. 새로 부임한 수령이 기다리고 있었다. 단성, 진주를 거쳐서 노량에 도착하니 거제현령 안위와 영등포만호 조계종이 와서 통곡했다. 군사와 백성들도 울부짖으면서 곡하지 않는 이가 없었다. 이유를 물었다.

"대장 원균은 왜군을 보고 먼저 뭍으로 달아나고, 여러 장수도 그를 따라서 뭍으로 올라가서 이 지경에 이르렀습니다."

원균은 수군 대장으로서 배를 버리고 뭍으로 도망갔고, 부하들은 대장의 살점이라도 뜯어먹고 싶을 정도라고 했다.

이순신은 이날 밤 수군의 대패 소식에 잠을 이룰 수 없었다. 안위와 거제의 배 위에서 새벽 2시까지 이야기를 나누었다. 눈병이 났을 정도였다.

이순신은 전라좌도 수군통제사 겸 삼도통제사로 임명되는 교지를 받는다. 원균이 칠천량에서 대패한 17일 후였다.

이순신의 백의종군*은 끝났다. 그러나 왜군은 눈엣가시, 이순신을 제거하고 남쪽 바다를 장악했고, 그 바닷길을 통해서 전라도로 쳐들어갔다. 남원을 거쳐서 전주까지 올라가서 분탕질했다. 이순신이 바다를 지킬 때 왜군이 감히 밟을 수 없었던 땅이었다.

이제 왜군은 기세등등하게 바다를 장악했고, 우리는 패전의 그림자가 드리워졌다. 이순신은 그 패전의 바다를 향해서 떠났다. 아무리 이순신이지만 무엇을 할 수 있을까? 무에서 유를 창조할 수 있을까?

● 백의종군은 『쉽게 보는 난중일기』(노승석 옮김, 여해출판사)를 참고했다.

: 원균의 패배, 대혼란에 빠지다 :

선조 30년1597, 정유년 7월 22일, 임금이 보낸 선전관 김식이 수군의 본영이 있는 한산도의 상황을 돌아보고 원균의 패전 소식을 보고했다.

왜군이 지난 15일 밤에 칠천량을 기습해서 우리의 배를 서너 겹으로 에워싸고 불을 질렀다는 것이다. 우리도 반격했으나 도저히 대적할 수 없어서 모든 함선이 불타고, 장군들과 군사들도 불에 타거나 물에 빠져 죽었다고 했다.

원균은 도망하면서 군량 1만여 석을 불태웠다고 했다. 이순신과 군사들이 힘을 합쳐 둔전을 일구어서 확보한 식량이었다. 이순신이 쌓은 공을 원균이 한순간에 와르르 무너뜨렸다. 원균도 죽었을 것이라고 보고했다.

: 칠천량에서 대패하다 :

"신은 통제사 원균과 함께 육지로 간신히 탈출했습니다. 원균은 늙어서 행보하지 못해서 맨몸으로 칼을 잡고 소나무 밑에 앉아 있었습니다. 신이 달아나면서 돌아보니 왜노 6~7명이 이미 칼을 휘두르며 원균에게 달려들었는데 그 뒤로 원균의 생사를 자세히 알 수 없었습니다."

원균의 수군은 칠천량에서 대패했다. 제대로 된 전투도 하지 못하고 몰락했다. 이순신과 함께 바다를 호령했던 기백과 전략은 사라졌다. 원균은 전쟁을 지휘하는 배 위에서가 아니라 배를 버리고 육지로 도망해서 초라하게 죽은 것으로 보인다. 그가 위기에 처했을 때 도와준 부하는 곁에 없었다. 그의 지휘가 어떠했는지를 여실히 보여준다.

이순신이 병사를 기르고 전함을 건조하고 무기를 만들고 군량을 확보하는 데는 많은 시간과 공을 들였으나 원균이 그것을 무너뜨리는 것은 순식간이었다. 조선 수군은 하룻밤 사이에 어이없이 참패했다.

선조는 비변사 당상을 소집했다. 모두 꿀 먹은 벙어리였다. 할 말이 없었다. 약 4개월 전, 선조를 포함해서 신하 대부분은 조선 수군의 문제는 이순신에게 있고, 원균으로 교체하면 그 문제가 해결될 것이라고 여겼다. 이순신 교체를 신중히 해야 한다는 지중추부사 정탁과 이조참판 이정형의 목소리는 소수로 묻혔다. 선조는 언성을 높였다.

"대신들은 어째서 대답이 없는가? 이대로 아무런 방책을 세우지 않을 것인가? 대신들이 대답하지 않는다고 왜적이 물러나고 우리의 군사는 무사할 것인가?"

"너무도 답답하고 난처한 나머지 계책을 생각하지 못해서 미처 대답을 올리지 못하고 있습니다."

선조의 질책에 영의정 유성룡이 답했다. 유성룡도 약 4개월 전 이순신을 깎아내리고 원균을 편들었다. 선조는 원균이 척후병을 세우지 않고 한산도로 후퇴해서 바다를 지키지 못한 것을 한탄했으나 소용이 없었다. 과거는 이미 지나갔다. 앞으로의 대책이 시급했다.

병조판서 이항복이 겨우 입을 열고 "통제사와 수사를 새롭게 임명해서 방어해야 할 것입니다"라고 대책을 제시했다. 원균을 대신할 새로운 지휘관을 임명하고 그 아래 장수를 뽑으라고 한 것이다.

경림군 김명원과 병조판서 이항복은 다시 건의했다.

"현재의 대책으로는 이순신을 다시 통제사로 삼아야 합니다."

선조는 약 4개월 전 이순신을 잡아와서 형신을 가하고 죽이려고 했으나 지금은 달리 뾰족한 방법이 없었다. 이날 바로 이순신을 전라좌도 수군절도사 겸 삼도 통제사로 임명했다. 원균에게 맡긴 남쪽 바다가 초토화된 이후의 깨달음이었다. 이순신은 제자리로 돌아왔으나 조선은 너무나 혹독한 대가를 치렀다.

백의종군을 벗어난 이순신이 바다로 가는 길은 처참했다. 마을은 온통 비어 있었고, 패전한 군사들이 줄지어서 돌아가고 있었다. 순천 성의 안팎은 인적이 없고 적막했다. 오직 승려 혜희가 인사하러 와서 이순신은 그에게 의병장 직첩을 내려주었다.

원균의 패배로 조정은 공포에 휩싸였다. 공조판서 신헌국은 비변사에 책임을 돌렸다. 그는 임진왜란이 일어난 지 6년이 지났는데도 비변사가 원균의 패전 소식에 당황하는 모습이 가소롭다면서 해체를 주장했다.

비변사는 중종 때 삼포왜란이 일어나자, 군사 문제를 처리하는 임시 비상기구로 설치됐으나 임진왜란 때는 군사 문제뿐만 아니라 정치, 외교 등 국정을 총괄했다.

"비변사는 여러 사람이 모여서 잡담만 늘어놓고 아무것도 이룬 것이 없습니다. 한 사람이 의견을 제시하면 서로가 시비만 논쟁하다가 허송세월했습니다. 길가에 짓는 집은 오가는 사람의 입방아로 3년이 지나도 지어지지 않은 것과 같습니다."

비변사는 임금에게 화살을 돌렸다. 임금이 몸소 속오군을 검열하고, 중국 장수를 따라서 현장을 누비겠다는 약속을 지켜야 백성의 인심이 동요되지 않는다고 했다. 민심 단결을 우선 주문하고 그 선두에 임금이 있어야 함을 강조했다. 선조는 대답 대신에 중국 장수를 따라서 현장을 누비겠다고 약속했다.

홍문관도 선조에게 약속을 지키라고 요구했고 사헌부는 도성 사수를 발표하라고 건의했다. 이런 배경에는 왕비가 피란 간다는 소문이 있었다. 일부 사대부도 가족을 몰래 성에서 빠져나가게 했다.

선조는 사헌부 탓을 했다. 선조는 사헌부가 사대부 가족이 성을 빠져나가는 것은 문제 삼지 않으면서 임금 가족이 빠져나가는 것만 문제 삼느냐고 비망기를 내려서 질타했다. 원균의 패배로 조정에서는 서로를 탓하는 공방만 벌이는 대혼란에 빠졌다.

조정의 분위기를 일신할 무엇인가가 필요했다. 그 해답은 이순신이었다.

: 아직도 12척의 배가 남았습니다 :

이순신은 삼도 통제사로 임명된 후 바다로 가면서 설사 등으로 인사불성이 될 정도의 육체적 고통을 겪었다. 육체적 통증으로 바다와 육지를 번갈아 오가면서 잠자리를 바꾸어야 했다. 이순신이 그동안 조정으로 압송돼서 고문받고, 백의종군하면서 들은 원균의 패배 소식, 군·현 책임자들의 도망 등이 장군을 얼마나 육체적·심리적으로 힘들게 했는지 알 수 있다.

이순신은 20여 일 후 해남군 어란포에 도착했다. 바다는 텅 비었다. 이틀 후 초탐관 임준영이 왜군이 이진梨津으로 오고 있다고 보고했다. 어란포와 이진은 숙종 때 진관이 설치될 정도로 바다의 중요한 관문이다.

왜선 8척이 쳐들어왔다. 경상 우수사 배설과 병사들은 지레 겁을 먹고 피하려고 했다. 이순신이 없는 동안 장수와 군사에게 패배의 공포가 얼마나 컸는지 짐작할 수 있었다. 이순신은 배를 움직이지 못하게 했다. 왜선이 바짝 다가오자, 호각을 불고 깃발을 올리고 추격하게 했다. 해남 갈두까지 쫓아가서 왜선 일부를 불태우고 쫓아냈다.

이순신의 승리에도 배설은 도망갔다. 그는 칠천량 해전에서 판옥선 12척을 이끌고 한산도로 도망갔다. 그 덕분에 판옥선 12척이 남았고, 이순신은 그 배로 추격했다. 배설은 이후 전쟁터를 이탈하고 칠천량 패배의 책임을 물어서 참수당한다. 그가 이순신을 도와서 명량해전에 참전했다면 참수를 면했을지도 모른다.

원균의 칠천량 패전 이후, 조정에는 육지의 패배 소식이 계속 올라왔다. 충청병사 이시언은 2천여 명을 거느리고 영남으로 출진했으나 돌아올 때는 50여 명만이 남았다. 선조는 육지의 패배가 잇따르자, 이순신에게도 육지에서 싸우기를 명했다.

그러나 이순신은 바다의 희망을 포기할 생각이 없었다. 이순신은 임진왜란 5, 6년간 적이 감히 바다를 넘보지 못했다고 하면서 임금에게 불굴의 의지를 올렸다.

신에게는 아직 12척의 전선이 남았습니다. 비록 전선의 수는 부족하지만, 미천한 신이 살아 있는 한, 적은 감히 우리를 업신여길 수 없습니다. 『이충무공전서』 권9

이순신은 12척의 배와 자신을 믿어달라고 장계를 올리고 진도 벽파진으로 나아갔다. 이순신은 정탐군을 보내 왜군의 정보를 수집했다. 왜군이 어란포로 모여든다는 첩보가 들어왔다.

며칠 후 망보는 군사가 보고를 했다.

"무려 200여 척이 명량을 거쳐서 바로 진을 치고 올라옵니다."

이순신이 닻을 올려서 바다로 나아가니 무려 133여 척이 우리 배를 에워쌌다. 적선이 아군 배보다 열 배가 넘는다. 중과부적이다.

이순신은 명량의 아래쪽에 진을 쳤다. 명량은 땅이 좁고, 조수의 물결이 세다. 왜선은 상류에서 조수를 타고 산을 누를 기세로 몰려왔다. 군사들은 왜선의 기세에 꺾여서 싸울 의지가 위축됐다.

이순신은 선두로 나아가서 포탄과 화살을 쏘아댔지만 아군의 나머지 배들은 그저 바라보고 진군하지 않았다. 이순신이 부드럽게 명을 내렸으나 여전히 뒤처져 있었고 우수사 김억추의 배는 훨씬 뒤쪽에 있었다.

이순신은 결전을 하루 앞두고 군사들에게 용기를 불어넣었다.

> 죽고자 하면 살 것이고 살고자 하면 죽을 것이다. 한 사람이 길목을 지키면 천 명도 두렵게 할 수 있다.『이충무공전서』권8

이순신은 이 말은 병법에서 우리의 처지를 두고 한 말이라고 강조하고 두려움을 떨쳐내라고 했다. 그러나 병사들은 바로 눈앞에 펼쳐진 적의 수에 압도돼 머뭇머뭇하거나 오히려 뒤처졌다.

이순신은 중군장 김응함의 배로 가서 바로 효시하고자 했다. 그러나 이순신의 배를 돌리면 아군의 배가 더욱더 물러날 것이다. 이순신은 그 대신 군령 내리는 기와 초요기를 세웠다. 김응함의 배와 거제현령 안위의 배가 다가왔다.

이순신은 안위를 불러서 큰소리로 꾸짖었다.

"네가 군법에 죽고 싶으냐? 물러나 도망가면 살 것 같으냐?"

김응함에게도 호령을 내렸다.

"너는 중군장으로서 대장을 구원하지 않으므로 당장 처형하고 싶지만, 우선 형세가 급하니 공을 세울 기회를 주겠다."

장군의 호령에 두 배는 적진으로 들어가서 죽기 살기로 포를 쏘았고, 장군의 배도 뱃머리를 돌려서 포를 빗발치듯이 쏘았다. 적선 세 척을 섬멸했다 이에 녹도만호 송여종, 평산포 대장 정응두의 배도 합류해서 용감하게 싸웠다.

항복한 왜인이 바다를 굽어보면서 "무늬 놓은 붉은 비단옷을 입은 자가 적장 마다시입니다"라고 알려주었다. 마다시는 해전에 뛰어나다는 평가였지만 이미 공격받고 바다에 빠져 있었다. 이순신은 선원 김돌손을 시켜서 갈고리로 낚아 뱃머리로 끌어올리게 했다. 그리고 마다시의 시체를 토막 냈다. 지휘관이 죽자 왜군의 기세가 크게 꺾였다. 지자총통과 현자총통이 더욱더 불을 뿜었고 31척을 수장시켰다. 이순신은 승리를 천행, 즉 하늘이 도왔다고 표현했다. 명량해전이다.

하지만 명량해전에는 승리 방정식이 있었다.

우리 군사와 장비를 철저하게 훈련하고 준비해서 군사들에게 용기를 불어넣었고, 적의 움직임을 탐지하고, 무엇보다도 이순신이 선택한 장소에서 싸웠다.

한산도 해전은 넓은 바다를 이용했다. 아군은 훈련된 군사, 거북선, 판옥선, 함포 등 사전 준비가 잘 돼 있었다. 우리의 장점을 최대한 살릴 수 있는 넓은 바다가 유리했고 학익전을 펼쳐서 승리했다.

반면 명량해전은 전혀 다르다. 왜군은 칠천량의 승리로 기세등등했고, 함선도 거의 열 배나 많았다. 우리는 모든 것이 열세였다. 군사의 수나 함선도 적의 10분의 1에 불과했다. 아군의 실체가 드러나는 넓은 바다보다는 물살이 거칠고 좁은 바다를 선택했다. 해류의 흐름도 중요한 정보였고, 왜군보다는 우리가 해류의 흐름을 잘 안다. 명량의 해류 변화도 중요한 승리 요인이었다.

한산도 해전은 아군의 장점을 살렸고, 명량해전은 아군의 단점을 역이용한 장소였다. 두 해전은 이순신의 지략과 용기로 승리했음을 알 수 있다.

이순신은 12척실제는 한 척이 더 있어서 13척으로 133여 척을 상대해서 이겼다. 해전 사상 유례 없는 승리였다. 이순신은 왜군이 이제 더 이상 저항하지 못하고 바다를 침범하지 못했다고 『난중일기』에서 밝혔다.

명량해전은 칠천량 해전으로 패배감에 물든 군사들을 다시 승리의 자신감으로 돌려놓았다. 피란으로 삶의 터전을 잃은 백성들도 다시 이순신 곁으로 돌아왔다. 군사들은 자신감이 생겼고 백성은 의지할 곳이 생겼다. 전라도 바다에서 왜군도 몰아냈다. 이로써 육지에서 왜군이 위축되었고 우리 조정에도 활기를 불어넣었다.

명량해전, 조선 수군이 강한 것이 아니라 이순신의 수군이 강한 것이었다. 조선의 바다에 이순신이 있음을 증명했다.

: 장렬하게 전사하다 :

명량해전의 승리로 왜군이 물러갔지만, 바다의 전투가 끝난 것은 아니었다. 이순신은 할 일이 태산 같았다.

우선 도망간 군사들을 다시 불러 모아서 전함을 건조하고, 무기를 만들고 장비를 손질했다. 소금을 구워 팔아서 수만여 섬의 군량을 확보했다. 국가는 재정이 부족해서 납미령을 내리고 쌀 몇 석으로 군역을 면제해 주는 형편이었다. 이순신은 군량을 자급자족했다.

또한 수군의 본진을 한산도에서 고금도로 옮겼다. 고금도는 호남의 앞과 먼바다를 통제할 수 있는 요충지였다. 산봉우리가 중첩돼 있어서 적의 동향을 살피는 데도 유리했다. 1,500여 호가 살고 있고, 농사지을 땅도 많았다. 인근의 섬과 연계해서 둔전을 하면 군량을 확보할 수 있었다.

몇 개월 후 이순신은 명나라 수군 도독 진린을 고금도로 초대해서 연회를 베풀었다. 연회를 막 시작할 무렵 왜군이 습격한다는 첩보가 들어왔다.

이순신은 연회를 중단하고, 바로 장수들에게 명령을 내리고 출진했다. 장군은 적진으로 돌격해서 화포를 쏘았다. 명나라 배는 먼바다로 피해서 바라만 보고 있었다. 도독 진린이 뱃전에서 군사들을 꾸짖었으나 소용이 없었다.

왜선 50여 척을 불살랐다. 왜군의 시체가 바다에 가득했고, 그중 70여 급만 베었다. 진린은 강압적으로 수급을 요구했다. 먼발치에서 구경하다가 공을 가로채겠다는 뜻이다. 이순신은 마지못해 40여 급을 나누어 주었다.

이뿐만 아니라 진린은 우리 수군의 지휘권도 요구했고 선조는 넘겼다. 선조가 바다 지휘권을 넘긴 것은 큰 실수였다. 이후 이순신은 단독으로 왜군을 섬멸하려고 했으나 진린이 매번 거절했다. 명나라의 참전으로 평양성을 회복하는 등 공도 있었으나 명나라군의 횡포도 이만저만이 아니었다.

선조 31년1598년 8월 임진왜란이 일어난 지 6년째, 이순신은 일본에서 도망온 사람에게 중요한 첩보를 입수한다.

"도요토미 히데요시가 7월 초에 병으로 죽었고 왜군은 철수한다."

이순신은 비밀리에 조정에 보고했다. 경상도 관찰사 정경세도 도요토미 히데요시가 병으로 중태이거나 이미 죽었다는 소문이 돌고 있으며, 왜군의 움직임을 보면 변화가 분명히 있다고 조정에 보고했다.

이로부터 3개월 후, 왜군은 순천으로 모이고 있었다. 진린이 이순신에게 연락해서 만났다. 진린은 순천 왜교성의 적들이 철수한다는 정보를 알려주면서 돌아가는 길목을 차단해서 막자고 제안했다. 한편, 진린은 왜군과 따로 철군협상을 벌이고 있었다.

그러나 이순신은 왜군의 철군협상을 염두에 두지 않고, 한 명의 왜군도 돌려보내지 않겠다는 각오로 철저하게 정탐했다. 왜군이 살아 돌아가서 다시 우리 국토를 침범하게 둘 수는 없다고 했다.

어느 날 밤, 왜군 네 명이 배를 타고 나가는 것을 목격했다. 이순신은 이들이 나간 지 나흘이 지나도록 돌아오지 않자, 구원병을 요청하러 간 것으로 판단했다.

이순신은 많은 왜군이 바다로 나올 것으로 보고 진린에게 전투를 요청했다. 진린은 왜군과 협상 중이었고, 이순신의 전투요청을 거절했다. 이순신은 포기하지 않고 눈물로 호소했으나 진린이 듣지 않자 단독으로 싸우기로 했다. 상관의 명을 어기, 군법으로 처형당할 행동이다.

이순신의 판단은 옳았다. 사천, 남해, 고성에 정박해 있던 왜선

300여 척이 노량으로 모여들었다. 이순신은 명량해전 승리 이후에도 철저하게 준비했고, 이제 전함과 무기, 훈련된 군사를 갖추었다.

이순신은 밤새워 노를 저어서 노량으로 나아가서 길목을 차단하고 공세를 퍼부었다. 명나라도 협상은 했으나 마지못해 전투에 참여했다.

우리의 배가 주축이 되어 함포를 쏘고 총공격했다. 적선 300여 척 중에서 200여 척을 쳐부수었다. 왜군의 시체와 무기, 의복, 부서진 배의 나무판자 등이 바다를 뒤덮어서 물이 흐르지 못할 정도였다. 바닷물도 온통 핏빛이었다. 왜군의 부상자는 수천 명이었다. 임진왜란의 마지막 전투, 노량해전이다.

도독 진린의 배가 포위당하고 있었다. 이순신에게 전투를 못하게 하고, 따로 왜군과 철군협상을 한 진린이었지만 이순신은 외면하지 않았다. 장군은 진린을 구출하기 위해서 남해의 경계까지 쫓아갔다. 왜선에서 활과 돌이 날아왔으나 멈추지 않고 추격하다가 결국 가슴에 탄환을 맞는다.

지금 싸움이 한창 급하므로, 나의 죽음을 적에게 알리지 마라.

『선조수정실록』 31년 11월 1일에 이순신이 쓰러지면서 남긴 마지막 말이 기록되어 있다. 조카 이완은 장군의 죽음을 숨기고, 대신 지휘해서 진린을 구했다. 적장 고니시 유키나가는 왜선이 대패하는 것을 보고 먼바다로 도망쳤다. 이로써 임진왜란·정유재란의 7년 전쟁은 끝났다. 대륙으로 진출하고자 하는 도요토미 히데요시의 야욕은 꺾였고, 그의 생명도 단축했다.

조선은 무방비 상태에서 국토가 유린당했으나 노량해전으로 적선 200여 척을 쳐부수는 멋진 복수로 대미를 장식했다. 그 중심에는 이순신이 있었다. 그러나 조선은 영웅을 잃었다.

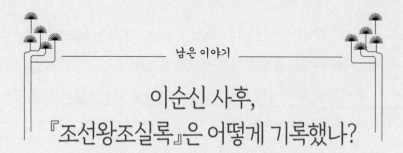

이순신 사후, 『조선왕조실록』은 어떻게 기록했나?

이순신은 노량해전에서 전사했고, 그의 육신은 사라졌다. 장군이 남긴 업적이나 정신은 어떻게 됐을까? 이순신 사후, 『조선왕조실록』에 기록된 장군의 흔적을 찾는 것도 의미가 있다.

좌의정 이덕형은 노량해전의 승전을 조정에 보고했다. 그는 명나라 경리 양호의 접반사로서 명나라 군과 조정을 조율하면서 현장을 누볐다. 그곳에서 이순신의 평을 들을 수 있었고, 이순신이 새롭게 설치한 수군 본영, 고금도로 가서 확인도 했다.

그는 이순신을 만난 후 일을 처리하는 것을 보면서 과거 원균의 말만 듣고 이순신을 잘못 판단한 것을 솔직하게 인정했다. 이덕형은 자신의 종사관을 보내서 노량해전의 전투도 확인했다. 선조 31년 7월, 그는 노량해전의 공을 인정해서 이순신에게 특별한 상훈을 주어야 한다고 임금에게 건의했다.

"지난 시절 원균의 말만 듣고 이순신은 재간은 있어도 진실성과 용감성은 남보다 못할 것으로 여겼습니다. 그러나 전라도에 가서 보니 모든 백성이 이순신을 칭찬하고 한없이 아끼고 추대했습니다. 이순신은 성의를 다하고, 죽을 각오로 나라에 몸 바칠 것을 맹세하였고, 계획하고 실천하는 일들이 모두 볼 만하였습니다.

이순신이 전사하자, 무지한 노약자도 서로 조문하면서 눈물을 흘렸습니다. 사람을 이처럼 감복시킨 것은 우연이 아닙니다. 그는 옛날의 어떤 명장에도 부끄럽지 않은 인물입니다. 조정에서는 특별한 상훈을 시행하십시오."

이덕형은 이순신의 전사 소식을 듣고 "이제 이순신만 한 사람은 구하기 어려울 것이다"라고 여기고, 참으로 애통해 하면서 선조에게 특별한 상훈을 요청했다.

선조는 명량해전의 승리에도 이순신을 신뢰하지 않았고, 노량해전의 승리도 과장된 듯하다고 했다. 명나라 장수들이 노량해전은 자신들의 공이라고 부풀려서 선조에게 보고한 측면도 있다.

선조는 밴댕이 속이었다. 이덕형은 자신의 종사관을 노량으로 보냈고, 현장 확인을 통해서 '굉장한 승리'라고 다시 설명했다.

명나라 수군 제독 진린은 이순신이 구원해 준 것을 사례하면서 비로소 장군의 전사 소식을 들었다. 그는 장군의 전사에 놀라서 의자에 떨어져서 가슴을 치고 통곡했다. 그러나 진린은 노량해전이 대승을 거두고 이순신이 전사하자, 애초 뇌물을 받고 싸우지 않으려고 했던 마음을 숨기고, 자신의 공으로 포장했다. 심지어 그가 이순신을 구하려고 했다고 반대로 설명했다. 그는 참으로 뻔뻔했다.

우리 군사와 명나라 병사들은 장군의 전사 소식을 듣고 통곡했다. 백성들은 장군의 운구 행렬이 이르는 곳마다 제사를 지냈고, 운구 수레를 붙잡고 울어서 수레가 앞으로 나아갈 수 없었다.

선조 34년 노량해전 승리 이후 3년이 지났다. 선조는 대신 및 비변사 당상을 소집해서 일본의 침입에 대한 방비책을 논의했다. 이순신의 승리로 해전의 중요성이 드러났다. 그러나 말뿐이었다. 대사간 박홍로는 노량해전 3년 후 남쪽지방을 다녀온 뒤, 들은 이야기를 전했다.

"임진왜란 때는 수군이 많았고, 판옥선도 100척으로 삼도가 힘을 합쳤기 때문에 왜선이 침입하지 못하고 두려워했습니다. 지금은 수군도 적고, 판옥선도 삼도를 합쳐도 겨우 30척이라고 합니다. 이 배로 적을 막기가 어렵습니다."

이순신의 후임자로 충청병사 이시언이 임명됐다. 그는 전라 우수사를 맡은 경험은 있으나, 주로 육지의 장수였고 본인도 육지에서 지휘하고 싶다고 했다. 그런데도 조정은 마땅한 인물이 없다는 이유로 3년째 이순신의 뒤를 이어 수군을 맡겼다. 이순신이 없는 수군은 점차 세력이 기울었다.

선조 37년, 임진왜란을 극복한 공으로 공신을 책정한다. 선조가 도성을 떠나서 의주로 피란 갈 때 임금의 거가를 따른 사람을 호성공신이라고 했다. 무려 86명으로, 내시도 26명 포함돼 있었다. 공신 잔치를 벌였다.

왜군을 무찌르거나 명나라에 양곡을 주청한 사람은 선무공신으로 18명에 불과했다. 일등은 이순신, 권율, 원균이다. 신하들은 원균을 이등으로 올렸으나 선조가 기어이 일등으로 바꾼다. 곽재우, 고경명, 조헌 등 의병장들은 삼등에도 포함되지 않았다. 의병장의 공을 내시보다 못하게 여겼다. 선조 37년 6월, 사관은 공신 잔치를 비판했다.

"호성공신을 80여 명이나 녹훈하고, 이 중에서 내시 26명, 복례 20여 명도 포함됐으니 지나치다."

국가가 위급할 때 나라에 충성해서 적을 방어하고 나라를 안정시킨 공으로 공신을 책정했으나 선조의 개인 판단과 문신 위주의 공신록은 도저히 이해가 가지 않은 조치였다.

군사를 양성해서 국가를 지키는 데는 군량 확보가 필수적이다. 인조 때 국가 재정은 충분하지 않았다. 팔도 체찰사 김류는 이순신의 예를 들어서 둔전 설치를 건의했다. 체찰사는 지역을 돌면서 군사의 일을 점검하는 직책이다.

『인조실록』 5년 11월에는 이런 기록이 있다.

"이순신은 여러 섬에 둔전을 설치해서 군사들이 군사훈련과 농사짓는 것을 같이했습니다. 백성들에게 조금도 폐해를 끼치지 않고 군량을 확보해서 좋은 정책으로 여겼습니다. 이순신의 고사에 의하여 전라도 해변에 둔전을 설치하십시오."

그러나 인조는 수군에게 농사짓게 하는 것이 옳은지 모르겠고, 둔전은 해만 있고 이익은 없을 듯하다고 유보했다. 인조는 선택적으로 둔전을 설치하지만, 폐지하는 등 체계적으로 운영하지 못하였다. 결국 둔전을 운영하는 사람이 중요했다.

효종 2년 6월, 부사과 민정중은 인재 등용의 중요성을 상소하면서 이순신과 권율의 예를 들었다.

"이순신은 원래 미관말직이었고 권율도 명망이 없었습니다. 두 사람이 때를 만나지 못하고 하급관리로 있었다면 그들의 뛰어난 재주는 오늘날까지 전해지지 않았을 것입니다. 지금 세상에 얼마나 많은 이순신과 권율 같은 인재가 늙어가는지 어찌 알겠습니까?"

민정중은 이순신과 권율 같은 인재가 주변에 있을 수 있으므로 관직을 주어서 시험해 보자고 했다. 이순신도 출세하기 어려운 무관으로 출발했으나 관직을 옮길 때마다 좋은 평가를 받았다.

효종 4년 7월, 영중추부사 이경여는 상을 엄격하게 주라고 하면서 역시 이순신과 권율의 예를 들었다.

"이순신의 한산도 해전과 권율의 행주대첩은 나라를 중흥했음에도 한 자급을 올렸을 뿐입니다. 그런데 지금은 군기를 장만하거나 도둑 한 번 잡아도 자급을 바로 올려줍니다. 이것은 경중을 잃었습니다."

이경여는 사소한 일로 상을 남발하면 청렴하거나 남에게 양보하는 절조를 잃고, 관리들은 지켜야 할 규율을 따르지 않을 것이라고 했다. 상과 벌을 엄격하게 하는 것은 나라를 다스리는 근본이라고 했다.

이순신과 권율이 공에 비해서 상훈을 적게 받은 예는 후대의 왕에게도 여러 번 인용되었다.

숙종은 충청도 유생 서후경의 건의에 따라서 이순신의 고향이자 무덤이 있는 아산에 사당을 세우고 '현충顯忠'이라는 시호를 내렸다. 아산 현충사의 시발이다.

숙종은 금군장 이봉상을 승지로 삼는다. 무관을 승지로 삼은 특이한 예다. 이봉상은 이순신의 후손으로서 추천된 것이다.

영조와 정조도 이순신의 후손을 잘 돌보고, 업적을 기렸다. 영조 때 황해도 수사 박문수는 어민을 보호하기 위해서 빠른 배 20척을 만들고자 조정에 400냥을 요청했다. 영조 20년 2월, 임금은 이순신의 예를 들면서 말했다.

"이순신은 군사 장비를 만드는 어려움에서도 능히 전선을 만들었는데, 돈 400냥을 마련하지 못해서 이런 청을 하는 것인가?"

영조는 박문수를 추고하게 하고 돈을 스스로 마련해서 배를 만들게 했다. 형조참판 이주진은 박문수가 갓 부임해서 이런 청을 했다고 거들었으나 이주진도 추고를 받았다.

정조는 이순신의 충성과 무인의 용감성으로 볼 때 지금까지 영의정으로 추증하지 못한 것은 실로 잘못됐다고 여겼다. 정조는 이순신은 천하의 명장으로서 영의정으로 추증했다. 이순신의 사후 195년 만이었다.

또한 정조는 이순신의 행적 및 유고를 모아서 『충무공이순신전서』를 발간하게 한다. 『이충무공전서』로 이름을 바꾸었다. 정조는 책을 편찬할 때도 여러 번 관심을 표명했고, 책을 인쇄할 때도 내탕금 500민*, 어영청의 돈 500민을 내려주었다.

정조의 간행사업은 진실로 값진 것이다. 우리가 이순신 장군을 더 깊고 정확하게 알 수 있는 데는 『충무공이순신전서』가 기반이 되기 때문이다.

『난중일기』도 여기서 탄생했다. 이순신의 일기 중에서 임진년에서 노량해전으로 전사하기 전까지 일기를 모아서 편찬자들이 『난중일기』로 이름을 붙였고, 국보가 됐다. 이순신이 『난중일기』로 이름을 붙인 것은 아니다.

정조는 이순신의 비도 세우면서 비문을 직접 썼다.

"국가에 충성한 공을 높이 숭상하며 보답하고, 무공을 세운 자를 세상에 드러내서 표창하는 것은 옛 선왕들이 격려하고 다스리는 도구이다. 나 역시 언제나 힘쓰는 일이다."

조선은 이순신을 잊지 않았다. 이순신은 해전 승리뿐만 아니라 여러 가지 정책의 준거로서 인용되었다. 조선이 그랬던 것처럼 이순신의 현재형과 미래형은 우리의 몫이다.

---

* 민(緡): 조선시대 화폐단위. 조선시대 화폐단위로는 민, 관, 냥, 전, 푼 등이 있다.

『조선왕조실록』에 기록된 거북선

"임금이 임진도를 지나다가 거북선과 왜선이 서로 싸우는 것을 구경하였다."

『태종실록』13년 2월 5일에 거북선이 처음 등장하는 기록이다. 태종은 온천을 가기 위해서 궁궐을 나와 임진 나루터를 지나면서 거북선과 왜선이 싸우는 것을 구경했다. 조선을 건국한 지 21년째다.

『태종실록』에는 거북선이 한 번 더 나온다. 좌대언 탁신은 군사에 관한 여섯 가지 대책을 올리면서 거북선은 많은 적선과 충돌하면서 끝까지 전투할 수 있다고 하면서 거북선을 견고하고 교묘하게 만들어서 승리의 도구로 갖추자고 건의했다.

두 기록을 종합하면 거북선의 구체적 모습은 기록에 없으나 강에서도 다닐 수 있고, 적진을 헤집고 들어갈 수 있는 뛰어난 전투 능력을 갖추었음을 알 수 있다.

거북선은 왜 사라졌을까?

그러나 거북선을 언제 만들었는지에 대한 기록은 없다. 태종 때 거북선이 있었고, 또한 새롭게 만들자고 건의한 것으로 보면 거북선은 고려시대부터 있었던 것으로 추정한다. 태종 이후 이상할 정도로 거북선의 기록은 전혀 없다. 조선 초기,『태종실록』에 기록된 것뿐이다.

『조선왕조실록』에 거북선이 다시 등장한 것은 임진왜란의 사천해전이다. 거북선이 실전 배치됐고, 이순신이 만든 거북선의 특징에 대해서 상세하게 기록하고 칭찬했다.『선조수정실록』25년 5월 1일에 기록된 거북선의 설명이다.

> 전라 수군절도사 이순신은 전투 장비를 크게 정비하면서 스스로 거북선을 만들었다. 배 위에 판목을 깔아서 거북등처럼 만들고 그 위에는 군사가 겨우 통행할 수 있을 만큼 십자로 좁은 길을 내었다. 나머지는 모두 칼과 송곳 같은 것을 줄지어 꽂았다.
>
> 앞은 용의 머리를 만들고 입은 대포 구멍으로 활용하였으며 뒤에는 거북의 꼬리를 만들어서 꼬리 밑에 총구멍을 설치했다. 좌우에도 총구멍이 각각 여섯 개가 있으며, 군사는 모두 그 밑에 숨도록 했다.
>
> 사면으로 포를 쏠 수 있게 했고, 전후좌우로 이동하는 것이 나는 것처럼 빨랐다. 전투할 때는 거적이나 풀로 덮어 송곳과 칼날이 드러나지 않게 하였고, 적이 뛰어오르면 송곳과 칼에 찔리게 되고 덮쳐 포위하면 화포와 총을 일제히 쏠 수 있다.
>
> 그리하여 적진으로 들어가서 아군은 손상을 입지 않는 채 가는 곳마다 적선을 바람에 쏠리듯 격파하였으므로 늘 승리했다.

이순신이 거북선을 만들었고, 바다 전투에서 매우 뛰어난 활약을 했음을 알 수 있다.

선조 이후는 거북선이 계속 등장한다. 광해군이나 인조 때도 거북선을 계속 만들거나 개조해서 군사에 활용하고자 했다. 다음은 『광해군일기』 14년 7월에 실린 글이다.

"이순신은 기이한 꾀를 내서 바다를 방위하는 여러 가지 일을 했습니다. 이순신이 왜적을 방어하는 방법대로 거북선을 만들고 장비를 갖추도록 전라 좌·우수사에게 지시하십시오."

숙종 때 무인 이지달은 거북선은 역풍을 만나도 전진할 수 있으므로 방패선을 거북선으로 만들어서 선봉에 세운다면 힘을 얻을 수 있다고 건의했다.

정조 때 경상좌도 수군절도사 최동악은 누선樓船 큰 배로 다락이 있고 느렸음을 빠른 거북선으로 개조하겠다고 건의하고 허락받았다.

순조 때 표류한 왜인들은 거북선은 노 없이 바다에 떠다니는 것이 마치 거북과 같고, 입과 코에서 연기가 나오므로 "사람을 사로잡는 기계다"라고 놀라워했다. 거북선이 바다를 누비면서 활동했음을 알 수 있다.

고종 때 『승정원일기』에도 거북선을 배치했다는 기록이 있다.

거북선은 조선 초기부터 조선 말까지 등장한다. 특히 임진왜란 때 이순신 장군이 만들어 해전에서 승리하여 거북선의 존재가 주목받았다. 그 이후도 거북선을 계속 만들어서 해군력 강화를 위해서 노력했다.

그러나 조선시대 실전에 배치된 거북선은 현재 남아 있지 않다. 거북선은 왜 사라졌을까? 참으로 아쉽다.

통신사를 파견하다

임진왜란·정유재란 7년간의 전쟁이 끝났다. 조선, 일본, 대마도, 명나라가 얽힌 전쟁이었다.

조선은 국토를 유린당하는 깊은 상처를 입었고, 일본의 재침략에 대한 대비책을 세워야 했다. 일본은 도요토미 히데요시 정권이 무너지고, 새롭게 정권을 잡은 도쿠가와 이에야스가 조선과 화해를 원했다. 대마도는 조선과 관계를 회복해서 무역 재개를 희망했다. 명나라는 조선에 한시적으로 군사를 주둔해서 영향력을 행사했다.

임진왜란·정유재란이 끝나고 3년이 지났다. 일본에 포로로 끌려갔다가 돌아온 조선 백성 방언룡은 명나라 대장에게 편지를 보냈다. 선조 33년, 그는 일본에 볼모로 잡힌 명나라 관리들과 조선인 수만 명이 고향 하늘만 쳐다보는 딱한 사정을 알렸다.

"포로들은 말라가는 물고기에게 물이 없고 지친 새에게 쉴 가지가 없는 것과 마찬가지로 서로 보고 눈물 흘리고 통곡합니다."

그는 지난해도 일본에서 세 번이나 사신을 보냈는데 답서가 없었다고 했다. 이제 조선에서 답서를 보내면 볼모가 된 명나라 관리와 조선 포로들은 고향으로 돌아올 수 있다고 주장했다. 또한 일본의 섭정자들은 화해를 원한다고 덧붙였다. 그는 명나라 대장을 통해서 조선이 움직이도록 했다.

선조는 강화요구에 반대했다. 일본이 강화를 내세우는 것은 우리의 방비를 허술하게 해서 다시 공격하기 위한 수단으로 봤다.

일본은 조선 백성들을 통한 호소가 효과가 없자, 관리의 이름으로 서신을 보냈다. 대마도태수, 섭주태수, 기주태수가 예조판서 앞으로 서신을 보냈다. 세 태수의 내용은 비슷했고 조선과 화해를 원했다.

"조선은 사신을 파견해서 전쟁을 그치도록 해주십시오. 일본은 조선과 오로지 화해를 바랍니다. 조선은 사신을 보내서 강화하겠습니까? 아니면 사신을 보내지 않고 신의를 끊겠습니까? 귀국은 의논해서 속히 답을 주십시오."

조선은 답을 하지 않았다. 일본은 조선이 답을 주지 않자, 명나라 장수에게도 서신을 보냈다. 조선은 명나라 장수를 통해서 받은 서신이므로 이번에는 마지못해 답을 했다.

"양국은 200년 동안 국경 분쟁이 없었다. 그대들이 군사를 일으켜서 우리의 종묘사직은 폐허가 되고, 조선 백성은 어육이 되게 했다. 이것은 결코 우리가 배신한 것이 아니고 그대들이 우리를 배신한 것이다."

조선은 전쟁 책임은 일본에 있고, 화해 의사가 없음을 전달했다. 조선은 가해자가 내민 손을 쉽게 잡을 수 없었다. 국토 유린의 상처가 깊었고, 일본의 신의를 믿을 수 없었다.

그러나 현실적인 고민이 있었다. 영의정 이덕형은 체찰사로서 남쪽지역을 모두 둘러보고 점검했다. 전라도는 어느 정도 물력이 보전되었으나 경상도는 물력이 고갈되어 회복을 위해서는 몇 년이 더 필요했다. 이순신이 지휘할 때보다 노를 저을 격군이 부족했고, 전함도 마찬가지였다. 선조 35년 12월, 이덕형은 보고를 올렸다.

"망망한 바다에 삼도의 전함은 겨우 75척뿐입니다. 이 배로 오직 방비에만 전념해도 부족합니다."

더 심각한 것은 수군을 지휘할 지휘관이 마땅히 없었다. 경상 좌수사 이운룡은 어버이가 아프다는 구실로 상관에게 보고하지 않고 집으로 가버렸다. 무단이탈죄로 잡아 가두었다.

이순신의 부하로서 노량해전에서 용감히 싸운 유형은 경상 우수사로서 삼도 통제사를 겸했으나 1년도 안 되어 교체했다.

유형은 국사에 전력을 다하는 지휘관으로 병사들은 좋아했으나 장수들은 싫어했다. 그는 너무 엄격했다. 장수들은 유형의 엄격한 훈련이 싫었다. 전쟁이 끝난 지 얼마 되지 않았으나 벌써 장수들이 나태해지고 있었다.

평안병사 이기빈, 경상 좌병사 이수일도 후보군에 속했으나 수질水疾이 있다고 핑계를 댔다. 장수 후보군들은 악조건의 바다 근무를 원하지 않았다.

결국 평판이 좋은 이경준을 삼도 통제사로 임명했으나 그는 수전 경험은 전혀 없었다. 이후 현장을 무단이탈한 이운룡을 다시 삼도 통제사로 임명해야 하는 처지가 됐다. 이순신 이후 바다를 지휘할 장수가 없었고, 내로라하는 장수 재목을 찾기도 어려웠다.

조정에서 일본은 불공대천지수로서 강화할 수 없다는 강경론이 우세했다. 그러나 남쪽 바다를 지키기 위해서는 지휘관, 장수, 병사, 함선, 물력 등이 갖추어져야 했다. 이덕형은 이순신 사후, 바다의 지휘관으로서는 이순신을 대신할 인물이 없음을 예측했고, 현실은 그대로 됐다.

이덕형은 선조에게 지역 상황과 지휘관 부재를 솔직하게 보고했다. 조정에서는 일본과 한 하늘 아래 살 수 없다는 강경론을 펼치고 있었으나 막상 지역의 방어는 이순신 때보다 약화됐다.

선조는 강경일변도만을 고집할 수 없었고, 현실적 문제를 고려해서 조금씩 마음이 바뀐다. 일본으로 끌려간 백성의 쇄환도 중요했다.

선조는 결국 사명대사를 일본에 파견하기로 한다. 사명대사는 임진왜란 때 승병장으로 활약해서 여러 번 공을 세웠고, 선교종판사와 첨지중추부사정3품의 직을 주었다. 임진왜란 때 가토 기요마사의 진영으로 들어가서 협상을 벌이고 적정도 탐색했다. 일본과 협상 경험이 있었고, 일본의 승려와 교류도 있었다.

선조가 사명대사를 파견한 것은 고육지책이었다. 임금은 사명대사를 만났으나 국서나 사신의 직책도 주지 않았다. 대마도까지

가는 것은 허용했으나, 일본에 들어가는 것은 스스로 판단하도록
했다. 임금의 부름을 받고 나랏돈으로 갔으나, 정작 일본에 들어
가는 중요한 문제는 스스로 결정하게 했다. 공식과 비공식의 경
계를 애매모호하게 했다. 사명대사는 대마도를 넘어서 일본으로
가서 도쿠가와 이에야스를 만났다.『난중잡록』, 조경남

"나는 임진왜란에 대해서 잘 알지 못합니다. 양국이 아무 일 없
이 태평하게 지내기를 바랍니다."

"우리나라와 일본은 영원히 잊지 못할 원수지만 교린의 예로
그대들을 저버린 일이 없습니다."

도쿠가와 이에야스는 도요토미 히데요시와 달리 조선 사신의
만남 자체가 우호 표시라고 해서, 화해를 손짓했다. 사명대사는
전쟁 책임이 일본에 있다는 것을 분명히 밝히고 이웃의 예로 대
하고자 했다.

사명대사는 일본의 여러 산천을 구경하겠다는 명분을 내세워
서 적정을 탐색하고, 백성 3천 명을 데리고 돌아왔다. 사명대사의
임무는 성공적이었다.

선조는 백성을 쇄환했지만, 통신사 파견은 고려해야 할 사항이
있었다. 임진왜란 전 일본에 통신사를 파견했으나 침략한 전례가
있다. 그렇다고 끝까지 문을 닫고 거절할 수도 없었다.

"우리나라와 일본은 불행히도 서로 가까이에 있다. 조선과 일
본은 천지가 끝나도록 함께할 나라로 마치 음과 양, 낮과 밤이 함
께 운행하면서도 어그러짐이 없는 것처럼 난처하기 그지없다."

선조 38년, 임금은 2품 이상 관리가 모여서 숙의하도록 했다.

비변사는 조정의 의견을 모아서 통신사를 파견하는 두 가지 조건을 내걸었다. 도쿠가와 이에야스가 먼저 서신을 보내고, 임진왜란 때 선릉성종의 능과 정릉중종의 능을 파헤친 범인을 조선으로 보내는 조건이었다. 대마도를 통한 간접 교섭이었다.

일본은 조선의 요구에 모두 응답했다. 선조 39년 11월, 도쿠가와 이에야스의 서신이 왔다. 그는 "임진년에 자신의 군사는 바다를 넘지 않았다", "나는 도요토미 히데요시가 한 짓을 모두 되돌렸다"라고 임진왜란에 참가하지 않았고, 도요토미 히데요시와 다르다는 뜻을 밝히고 화해를 원했다.

: 통신사와 회답사, 그리고 쇄환사 :

또한, 선릉과 정릉을 파헤친 범인 두 명을 보냈다. 그러나 그들은 가짜였다. 대마도에서 사형죄를 선고받은 자들이었다. 조선은 가짜 범인이라는 것을 알았고, 어떻게 처리하느냐를 놓고 갑론을박했으나 결국 받아들이고 길거리에서 효수했다.

선조는 두 가지 조건이 완벽하게 충족된 것은 아니지만 통신사를 파견하기로 했다. 성균관 직강정5품 여우길을 정사로 삼았다. 사신의 이름도 고심해서 회답사로 했다. 도쿠가와 이에야스의 서신에 답을 보낸다는 뜻으로 우리가 적극적으로 교류를 원하지 않았다는 의미가 포함됐다. 여기에 조선 백성을 쇄환하는 목적을 추가해서 '회답사 겸 쇄환사'로 했다.

선조가 통신사를 파견한 것은 어려운 결정이었다. 조정에서 강경론이 우세했고, 일본을 쉽게 믿을 수 없었기 때문이다. 그러나 국가를 유지하기 위해서는 국방력과 더불어서 외교도 중요했다. 선조는 국방력 약화를 외교로 보완했다.

선조 이후 순조까지 통신사를 11번 더 파견했다. 규모는 470명 전후였다. 일본은 큰 비용을 부담해서 조선통신사를 맞이했고, 조선통신사의 글은 일본인에게 인기였다. 조선통신사가 파견되는 약 200년 동안 조선과 일본은 평화를 유지했다.

선위를 연극하다

조선에서 왕이 되는 방법은 네 가지가 있다. 태조의 창업 군주, 세종처럼 부왕 태종이 살아 있을 때 왕위를 이어받는 선위 혹은 양위, 중종이나 인조처럼 반정, 그리고 사위嗣位다. 사嗣 자는 잇는다는 뜻으로 선왕이 승하하면 왕위를 이어받는 방법이다. 조선의 27명 왕 중에서 사위가 가장 많다.

선조 25년 10월, 임금은 임진왜란이 발발한 지 6개월 후, 느닷없이 세자 광해군에게 선위를 발표했다.

"나라를 망친 군주는 다시 보위에 나갈 수 없다. 나라를 망쳐도 나라를 다스린 자가 있지만 이것은 너무도 부끄러운 일이다. 나는 그렇게 할 수 없다. 좌의정은 내가 물러난 후 세자에게 돌아가서 좌의정의 포부를 펼치도록 하라."

이즈음 평양성이 함락돼서 선조는 의주로 피란 갔고, 명나라에 지원을 요청해서 긍정적인 답을 받았다. 선조는 신하들과 명나라 지원군과 함께 나라를 회복할 대책을 논의하고 비망기를 내려 나쁜 제도나 버릇을 혁신해서 나라의 기강을 확립해야 한다고 말했다. 그런데 개혁의지를 밝히면서 동시에 세자에게 자리를 물려주겠다고 했다.

좌의정 윤두수를 비롯한 승정원에서 반대했고 선위는 이틀 만에 슬며시 철회됐다. 선조의 마음이 개혁에 있는지, 선위에 있는지 종잡을 수 없었고, 그 속내를 알 수 없었다.

20여 일 후 유학 남이순과 송희록은 세자에게 선위할 것을 상소했다. 선조는 선위하겠다는 자신의 뜻은 변함이 없다고 하면서 조건을 달았다.

"나는 의주에서 명나라에 대한 사대와 명나라 지원군을 요청하는 일만을 처리하겠다. 이 역시 적을 토벌하는 일이다."

이때 조정을 나누는 분조로 선조는 의주에 있었고, 세자는 성천에서 군사를 위무하고 있었다. 신하들이 막상 선위를 요구하자 선조는 의주에서 왜적 토벌을 지원하겠다고 조건을 달았다. 20여 일 전 스스로 선위하겠다는 태도와는 사뭇 달랐다. 좌의정 윤두수를 필두로 조건부 선위를 반대했다. 선위는 철회됐다.

명나라는 지원군을 파견해서 조선군과 연합해서 평양성을 회복했다. 해가 바뀌었다. 선조 26년 1월, 임금은 또 선위를 발표했다.

"이제 평양성을 탈환해서 군사가 남으로 전진하니 국토회복을 기대할 만하다. 의주는 나라의 귀퉁이로서 전투를 지휘하기 어렵다. 세자가 있는 안주로 내려가서 협력하는 것이 좋다. 승지는 먼저 어보를 갖고 안주로 내려가라. 선위하겠다."

선조는 의주의 피란생활 8개월을 돌아보고 의주 백성을 불러서 소회를 밝혔다. 의주 백성들이 어려운 환경에서 임금을 돌보고 명나라군을 접대한 것에 감사했다. 공로에 따라서 백성들에게 임명장을 주거나 면역첩, 면천첩을 나누어 주고 의주를 떠났다.

신하들은 여전히 선위를 반대했다.

선조와 세자는 평안도 정주에서 합류했다. 조정이 하나로 모인 것이다. 선조는 모든 정사를 세자에게 보고해서 처리하게 했다. 선위하겠다는 약속 대신 대리청정으로 바꾸었다. 대리청정은 왕이 아프거나 특수한 사정이 있을 때 세자에게 정사의 일부를 위임하는 것이다.

선조는 41세로 건강했고, 국토도 차츰 회복되고 있었다. 한산도 대첩, 행주대첩, 제1차 진주성 전투 등에서 승리와 의병장의 활약 덕분이었다. 세자에게 대리청정을 명할 이유는 없었고, 영의정 최흥원을 비롯한 신하들 모두가 반대했다. 세자는 식음을 전폐하고 며칠 동안 뜰에 나가서 철회를 요청했다. 선조는 세자의 손을 잡고 일으켰다. 왜적이 물러나면 바로 선위하겠다는 조건을 내걸고 대리청정을 철회했다.

: 선위와 철회를 반복하다 :

약 8개월 후 또 선위를 발표했다. 임진왜란 발발 후 1년 4개월 만에 네 번째였다. 이번에는 질병을 내세웠다.

선조는 젊어서부터 병으로 약을 달고 다녔다고 하면서 피란생활 동안 제대로 먹지 못했고 현재도 죽으로 연명하고 있다고 밝혔다. 밤잠을 이루지 못하고, 뼈마디가 쑤시며, 광병, 눈병, 습병, 풍병이 있고 아직 가을도 오지 않았는데 가죽옷을 입을 정도로 추위에 견딜 수 없다는 것이다. 나열한 병을 보면 거의 활동할 수 없는 상태였지만 정상적으로 업무를 처리했다.

신하들은 선위할 이유가 없다고 반대했고, 세자 광해군은 뜰에 나가서 엎드려 눈물을 흘리며 철회를 요청했다. 진짜로 아픈 사람은 세자였다. 위증과 담증으로 여러 달 동안 치료를 받고 있었다.

선조는 이번에는 쉽게 선위를 포기하지 않았다. 열흘 가까이 고집을 피웠다. 세자는 매일 새벽부터 뜰에 나가 명을 거두어 달라고 청을 올렸다. 정승과 2품 이상의 관리, 삼사사헌부·사간원·홍문관까지 나서서 선위를 반대했다. 조정의 거의 모든 신하가 열흘 동안 계속 반대하자, 선조는 또 조건부로 철회한다. 한성으로 돌아가서 조상의 능을 찾아뵌 후 선위하겠다는 것이다. 임금의 선위 조건은 계속 바뀌었다. 이때 임금은 황해도 해주에 있었다.

선조는 보름 후, 한성으로 돌아와서 정릉동 행궁현 덕수궁 터에 머물렀다. 궁궐을 몰래 빠져나간 후 1년 6개월 만이었다. 선조는 노성을 시찰하고 뼈만 남은 시체를 묻어주면서 민심을 수습하고, 파헤쳐진 선릉과 정릉을 참배했다. 보름 전 두 능을 참배한 후 선위하겠다고 약속했으나 아무런 언급이 없었고, 그 약속을 지키라고 요구하는 신하도 없었다.

선조 26년 11월, 임금은 도성으로 돌아온 후 총을 직접 만들어 영의정 유성룡에게 보여주었다.

"내가 조총의 단점을 보완하는 총을 만들었다. 한 사람은 조종해서 총을 쏘고, 한 사람은 화약을 장전하고 돌려가면서 다시 넣는다면 탄환이 연속적으로 나갈 것이다. 다만 처음 만든 것이라서 정교하지는 못하다."

선조가 총을 만들었다는 기록은 이것뿐이지만 더 좋은 무기로 왜적을 물리치겠다는 의지를 볼 수 있다. 그런데 며칠 후, 선위하겠다고 도승지에게 말했다.

"재위 20여 년 동안 명나라에 지성으로 사대한 것은 하늘과 땅이 알 것이다. 왜적의 침입으로 파천했다가 다행히 황제의 도움으로 환도했지만, 온갖 질병에 시달린다. 세자는 영명하고 현명한 신하도 있으므로 이에 선위하고자 한다."

이번에는 뚜렷한 이유가 있었다. 명나라 장수 경략 송응창이 보낸 문서 때문이었다. 그는 조선의 병마훈련, 요충지 수축, 군기 제조와 군량을 자신에게 보고한 후 실시하도록 하면서 임금과 신하의 행태를 질타했다.

"조선의 임금과 신하가 개과천선해서 힘써 노력하기를 기다렸습니다. 조선의 신하들이 나라 방위와 백성을 생각하지 않고 부귀만 누린다면 철수하겠습니다. 현명한 신하를 가까이하고 간사하고 아첨하는 자를 시급히 멀리해야 합니다. 이런 것을 국왕이 거행하지 못하면 내가 처리하겠습니다."

송응창은 매우 직설적인 표현으로 임금과 신하들의 행태를 꼬집었다. 내정간섭에 버금가는 고압적인 자세다. 선조는 송응창의 문서에 분노를 삼키면서 선위를 발표했다.

영의정 유성룡은 임금의 마음을 달랬다. 송응창은 애초 황제에게 왜적을 물리치는 공을 세우겠다고 했으나 아직도 왜적을 몰아내지 못하자 그 탓을 조선에 돌리려는 술책이라고 했다. 그의 말이 한심하므로 선위할 이유가 없다고 설득했다.

선조는 한 달 후 또 선위를 발표한다. 이번에는 명나라 사신 심유경 때문이었다. 심유경은 임진왜란 초기부터 일본과 강화를 위해서 파견한 사신이다. 그는 오만과 과욕을 부리면서 강화회담에 주력했고, 선조와 신하는 마뜩잖게 생각했다.

선조 26년 윤11월, 신하들은 선조에게 심유경을 만나서 접대해야 한다고 권했으나, 도둑 같은 자와 얼굴을 맞대고 술을 마시는 것은 종사에 부끄러운 일이라고 거절했다. 신하들은 거듭 대의로 크게 보라고 권했고 마지못해서 만났다.

"심유경은 천하의 일을 그르치는 자다. 내가 그와 함께 술을 마시고 웃으면서 환담하는 것은 의리에 맞지 않는다. 그러나 (나라를 위해서) 힘써 만나겠다."

심유경은 여러 가지를 요구했다. 임진왜란 발발부터 현재까지의 대처상황, 현재의 병력이나 무기, 군량 등을 물었고, 선조는 낱낱이 답했다. 그는 황제의 뜻을 내세위서 세자와 판서 세 명은 남쪽으로 내려가라고 요구했다. 또한 명나라에 너무 의지하지 말고 스스로 성을 수리해서 방어해야 한다는 뜻도 내비쳤다.

: 습관적인 선위 소동 :

명나라의 지원을 받는 만큼 명나라 사신의 간섭을 참아야 했다. 선조는 심유경을 만난 후 유성룡과 대책을 논하면서 또 선위를 꺼냈다.

"나는 눈과 귀, 마음이 다 병들고 혼미해서 죽는 일만 남았다. 몸뚱이만으로 세상에 살고 싶어도 살 수 없다. 나는 재위할 수 없다."

선조는 선위 사실을 명나라에도 알리게 했다. 신하들은 온갖 논리를 다 동원해서 선위를 수십 차례 반대했으나 보름 가까이 철회하지 않았다. 세자는 이미 궁궐을 떠나 남으로 내려가서 군사를 위무하고 있었다.

이번 선위는 진짜로 보였다. 영의정 유성룡은 결국 타협안을 냈다. 세자가 지역에서 올라오면 선위를 받아들이겠다고 했다. 선조도 세자에게 빨리 한성으로 올라오라고 하면서 선위를 철회했다. 세자는 공주에 있었다.

보름간의 선위 소동은 끝났고, 누구도 세자를 모시러 공주로 내려가거나 조정의 논의를 전하지 않았다. 신하들도 임금의 선위가 진짜 속내가 아님을 읽었다.

선조 27년 1월, 임진왜란 3년째다. 왜군은 남쪽으로 내려가서 부산, 울산, 거제 등에 웅거했고, 전쟁은 소강상태였다. 명나라는 싸울 의사가 없었고 강화에 마음을 두고 있었다. 선조는 싸울 의지는 있으나 군사와 물력 등이 부족했다. 우리 군사는 신뢰하지 않았고, 명나라군을 너무 의지했다. 또 선위하겠다고 전교를 내렸다.

"나의 죄가 커서 국가가 이 지경이 되었다. 전쟁이 일어난 지 3년이 되었으나 죽고 싶은 심정뿐이다. 국가의 위기를 극복하기 위해서는 혁신밖에 없고, 혁신은 현재의 왕이 물러나는 것이 최선이다. 나의 망언이 아니라 이치가 진실로 그렇다."

그동안 명나라군이 철병한다는 움직임이 있었으나 특이사항은 없었다. 조정대신들은 선위를 만류했고 하루 만에 철회했다.

선조의 선위 발표는 계속됐다. 약 3개월 후 또 대신들에게 선위 전교를 내렸다. 선조는 궁궐에 있었으나 세자는 충청도를 돌면서 군사를 위무하고 있었다.

"내가 세자에게 선위하겠다는 것은 하루라도 잊지 않았다. 세자에게 국새를 전하든지, 세자를 올라오게 해서 의식을 거행하든지 하라. 나는 죄인으로서 백성 위에 있을 수 없다. 병까지 고질화해서 잠도 못 자고 먹지도 못하고 정신도 허탈하고 오직 땅속으로 들어가고픈 심정이다."

2품 이상의 신하들이 모였다. 임금의 선위 발표에 걱정과 두려움이 앞섰다. 세자는 지역을 돌면서 군사를 위무하고 있는데, 임금은 궁궐에서 선위가 되지 않으면 죽고 싶다고 했다. 신하들은 임금이 선위하고자 하는 마음이 아무리 간절해도 국새를 전할 수 없다고 반대했다. 결국 하루 만에 철회했고, 선조의 선위 발언은 양치기 소년처럼 됐다.

: 7년 동안 열여섯 번 선위 소동을 일으키다 :

선조는 임진왜란·정유재란 7년 동안 16차례 선위 혹은 대리청정 소동을 일으켰다. 전쟁이 끝난 후 9년을 더 어좌에 있었고, 선위의 말은 쏙 들어갔다. 전쟁 전에도 선위는 꺼내지 않았다. 전쟁의 위기에서 지도자가 툭하면 그만두겠다고 한 것이다. 왜 선위 소동을 일으켰을까?

선조는 주로 병을 내세웠지만 설득력이 떨어진다. 선조와 신하의 발언, 상황을 통해서 추정해 보자.

첫째, 선조는 피란생활을 하는 자신이 불쌍하다는 것을 강조했다. 그는 못 먹고, 잠을 이루지 못해서 여러 가지 병이 겹쳤다고 했다. 도성에 백성을 두고 몰래 궁궐을 빠져나온 임금이 할 소리는 아니었다. 선조는 자신이 불쌍하다는 것을 강조해서 전쟁을 막지 못한 책임을 피하려고 하지 않았을까?

둘째, 선조는 우리 군사는 비하하고 명나라 군사는 치켜세웠다. 그런데도 명나라 사신이나 장군의 모욕적인 발언을 참지 못했다.『선조실록』 26년 윤11월 2일

> 유성룡: 훌륭한 장수를 얻고 군사를 훈련하면 우리의 군사가 명나라 군사보다 나을 것입니다.
>
> 선조: 내 생각은 다르다. 우리 군사는 어리석고 무지하고 사납고 교묘하게 속여서 훈련할 수 없다. 우리 군사는 결코 명나라 군사보다 나을 수 없다.

선조는 이 외에도 우리 군사를 깎아내리는 발언을 여러 차례 했다. 유성룡처럼 군사를 훈련해서 강한 군대를 키울 생각을 왜 하지 않았는지 묻고 싶다. 선조는 명나라군에 대한 의존도가 매우 높았으나, 정작 명나라 사신이나 장수들의 심한 발언은 참지 못하고 울분을 터뜨렸다. 현실에 맞는 감정조절을 하지 못했다.

셋째, 선조는 자신보다 나은 사람을 못 견뎌 했다. 모두가 이순신을 칭찬하자 원균을 끌어올렸고, 세자가 지역을 돌면서 군사와 민심을 다독이고 주목받자 선위 소동을 일으켰다.

임금이 "선위하겠다"라고 입을 떼는 순간 조정의 모든 것이 임금에게 집중되고, 신하들은 선위를 말리며 전전긍긍한다.

선조가 임진왜란·정유재란 7년 동안 16차례나 선위를 발표한 것은 일부의 진심이 담겼을지도 모르지만, 연극으로밖에 볼 수 없고 조정과 신하의 관심이 자신에게 집중하도록 만드는 최대의 무기였다. 그러나 선위 소동을 일으키는 만큼 국력은 낭비되었다.

사람은 위기에서 참모습이 드러난다. 선조는 선위 소동만으로도 전쟁의 위기를 극복하는 지도자가 아니었다. 도요토미 히데요시가 일어서는 때, 선조가 지도자였던 것은 조선의 불행이었다.

그러나 같은 시대에 이순신, 권율, 김시민 같은 장군들, 곽재우, 정인홍, 고경명, 조헌 같은 의병장들, 행정과 외교를 뒷받침한 유성룡, 이항복, 이덕형, 이원익 같은 문신들이 있었고, 전란의 위기에 똘똘 뭉친 군사, 의병과 백성들의 여량이 발휘된 것은 조선의 저력이었다. 국가 위기에서 지도자는 더욱더 중요하다. 선조 같은 지도자를 더 이상 만나고 싶지 않다.

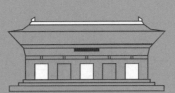

4장

광해군, 공포정치와
중립외교의 두 얼굴

후궁의 아들, 군의 설움

광해군은 임진왜란 중에 세자가 되었다. 선조는 왕비 의인왕후 사이에 자식이 없었고 임진왜란이 일어나기 전까지 세자를 정하지 않았다. 당시 왕비는 37세로 아직 원자를 낳을 가능성이 있다고 보았다.

그러나 임진왜란으로 부산과 동래성이 순식간에 무너지고 믿었던 신립조차 전사하고 왜군이 북상하자, 선조는 파천을 생각하고 있었다. 세자를 빨리 정하라는 상소가 빗발쳤다. 후궁 공빈 김씨와 사이에 두 아들이 있었다. 임해군과 광해군이다. 선조는 둘째 광해군을 세자로 정한다. 광해군은 총명하고 학문도 열심히 한다는 평판이었다. 17세였다.

임진왜란이 발발한 지 2개월도 채 안 되어 평양성이 함락되고,

함경도까지 함락됐다. 선조는 다시 요동으로 피신하고자 했고, 세자에게 분조를 명했다. 분조는 조정을 나눈다는 뜻이다.

"나는 내부內附 명나라에 들어가서 의탁함를 청하겠다. 세자는 당연히 종묘사직을 받들고 감무*하면서 나라에 머물러야 할 것이다. 누가 나를 따라 요동으로 건너가겠는가."

선조는 세자가 분조를 거느리게 하고 다시 북으로 피란했다. 왕이 앞장서서 결연한 의지를 보여주지 않자, 신하들도 각자 살길을 찾아서 떠났다. 대사성 임국로, 호조판서 한준, 이조좌랑 허성 등이다. 심지어 왕의 곁에서 국사를 기록하는 사관들도 떠났다. 선조는 사관이 떠났다는 소식을 듣고 얼굴빛이 참담하게 변했다. 이에 비해서 세자는 감군으로 전쟁터를 누볐다. 북쪽의 맹산, 영변, 정주에서 남쪽의 개성, 과천, 수원, 공주 등 군사와 백성을 감독하고 위무했다. 피란하는 선조에 비해서 전쟁터를 누비는 세자에게 백성의 마음이 쏠릴 수밖에 없다.

선조 26년 윤11월, 왕세자는 호남행 감무를 앞두고 수행하는 신하들에게 글을 내렸다.

"나라가 천 길 벼랑 끝에 선 위급한 형세에 남쪽의 감무를 맡았다. 반복해서 생각해도 결코 감당할 수 없고, 마치 모기가 산을 진 것처럼 나아갈 바를 모르겠다. 경들은 종사를 생각해서 나의 부족한 점을 가르쳐 달라."

임진왜란이 끝나고 의인왕후가 승하했다. 선조는 51세에 32세 아래의 인목왕후를 왕비로 맞이했다. 광해군보다 9세 어렸다. 광

● 감무: 감국무군(監國撫軍)으로, 왕세자가 임금을 도와서 국사와 군사를 감독하고 달래는 일.

해군은 예에 따라서 인목왕후를 모후라고 했다. 광해군의 생모 공빈 김씨는 이미 죽었다.

선조 39년, 인목왕후와 선조 사이에 대군이 탄생했다. 선조는 임금이 된 지 39년 만에 왕비로부터 아들을 얻었다. 영창대군이다. 왕비의 아들은 '대군', 후궁의 아들은 '군'이라고 한다. 선조는 매우 기뻤다. 조정대신들은 임금에게 축하하는 진하식도 거행했다. 세자 광해군이 누리지 못한 축하의식이다. 왕비와 후궁 자식의 차이였다. 세자 광해군은 후궁의 차남으로서 살얼음을 밟는 듯 조심하고 조심했다. 부왕과 함께 궁궐에 있을 때는 어느 왕세자보다 문안 인사를 철저히 했다. 겉으로 드러나지는 않았지만, 영의정 유영경을 중심으로 영창대군을 세자로 추대하려는 움직임이 있었다. 선조 41년 1월, 의병장이자 전 공조참판 정인홍은 이런 사실을 눈치채고 장문의 상소를 올렸다.

"전하께서 광해군을 세자로 선택한 것은 여러 아들 중에서 잘 알고 한 것이 아닙니까. 임진왜란 때 세자에게 분조를 명해서 감군을 위임한 것도 전하의 분부가 아닙니까. 이러한 것은 하늘이 지켜보고, 나라 백성이 다 아는 바입니다. 유영경은 이간질로 세자를 업신여기고 전하를 배반했습니다."

정인홍의 상소로 유영경의 의도는 좌절됐다. 선조는 이로부터 열흘 후 승하한다. 영창대군은 3세였고 국사를 담당하기에 너무 어렸다. 세자 광해군은 다시 기회를 잡았고, 선조 승하 바로 다음날 왕위에 오른다. 제15대 왕이다.

동복형 임해군을 죽이다

세자 광해군은 선조가 승하한 다음 날 정릉동 행궁현 덕수궁 터에서 즉위했다. 세자는 일반적으로 선왕이 승하한 엿새 후 즉위했으나, 인목왕후가 국사를 잠시도 비워둘 수 없다는 전교를 내렸기 때문이다.

인목왕후는 자신이 낳은 영창대군을 왕위에 올리는 욕심을 부릴 수도 있었다. 선조가 중병을 얻은 후 인목왕후를 통해서 영의정 유영경을 비롯한 7명의 대신에게 영창대군을 잘 보호해 달라는 유교를 내렸기 때문이다.

또한 선조는 중병을 앓은 후 세자 광해군에게 미리 유교를 작성해 두었다.

"내가 살아 있을 때처럼 형제를 사랑하고 참소하는 말을 듣지 마라. 이런 내용으로 너에게 부탁托하노니, 아무쪼록 나의 뜻을 깊이 유념하기를 바란다."

선조는 두 명의 왕비와 8명의 후궁에서 25명의 자녀를 두었다. 왕자가 14명이었다. 선조는 왕권을 두고 형제간 골육상잔을 우려해서 형제간의 사랑을 강조했다. 선조가 자식에게 남기는 유교에 '부탁托'의 단어를 사용한 복잡한 심경을 읽을 수 있다.

그러나 아무리 왕이라도 죽은 후의 일까지 관장할 수 없었다. 광해군 즉위년 2월, 선조가 승하하고 보름이 지나지 않았는데 임해군을 절도에 유배 보내라는 상소가 올라왔다.

"임해군 이진은 오랫동안 은밀히 다른 마음을 품고 군기를 저장하고 사병을 양성했습니다. 지난해 선왕이 아플 때부터 유명한 장군들을 사귀고 무사들을 불러 모아서 반역 같은 일을 도모했고, 이것은 모두가 알고 있습니다.

궁궐 내 건물을 짓는다는 핑계로 철퇴와 환도칼날이 곧고 짧아서 급할 때 쓰기가 편리를 빈 가마니에 싸서 궁궐로 들여왔습니다. 대신과 병조가 조속히 일을 처리해서 임해군을 절도에 유배 보내소서."

: 임해군을 반역으로 몰다 :

사헌부가 올린 상소이다. 선왕의 승하로 조정에 슬픔이 가득하고 장례 절차를 논의할 때 임해군이 반역을 일으킬 수 있다는 것이다. 형제간에 피바람을 불러일으키는 내용이다. 홍문관에서도 비슷한 내용의 상소를 올렸다. 사헌부와 홍문관의 상소는 가볍게 여길 수 없다.

임해군은 광해군의 동복형이다. 만약 임해군이 반역을 모의했다면 체포해서 진술을 듣고, 증거를 찾아야 한다. 사헌부의 주장대로 철퇴와 환도를 궁궐로 들여왔다면, 무기를 갖고 온 사람, 본 사람을 포함해서 철퇴와 환도를 증거물로 찾아야 한다. 궁궐 내에 있으므로 왕이 명을 내리면 찾는 것은 어렵지 않다.

그러나 광해군은 눈물을 흘리면서 임해군이 반역할 리가 없다고 부인했으나 대신에게 처리를 맡겼다. 대신들도 임해군의 진술을 받고, 증거를 찾아서 반역의 실체를 찾아야 했으나, 진술과 증거에는 관심이 없었다. 대신들도 사헌부와 홍문관의 주장을 그대로 따라서 절도 유배를 청했다. 대신들과 삼사는 아무런 법적 근거와 증거도 없이 임해군을 반역으로 몰아갔다.

광해군도 모반의 증거를 찾는 노력을 하지 않은 채, 사헌부의 주장을 그대로 받아들여서 임해군을 진도로 유배 보냈다. 조건을 달았다. 반역의 단서가 드러날 때까지 진도에 유배시킨다고 했다. 즉, 유배를 보낸 후 단서를 찾겠다는 것이다.

조선은 『경국대전』 법전이 있었으나 광해군과 신하들은 이에 따르지 않았다. 후일 임해군을 진도에서 강화도로 옮겨 외부 사람과 접촉하지 못하게 했다.

임해군을 유배 보낸 후 있을 수 없는 일이 벌어졌다. 임해군의 반역을 주장한 사헌부가 임해군에 관해서 주위들은 말로 경중을 가리지 않고 처벌을 요구했다고 실토하고, 자신들의 파면을 청했다. 특히 사헌부 지평 민덕남은 "임해군이 은밀히 다른 마음을 품었다"라는 말은 자신의 착오였다고 밝혔다.

사헌부는 자신들의 상소가 명확한 근거 없이 올린 거라고 실토했으나, 광해군은 받아들이지 않고 국청을 설치한다.

광해군 즉위년 2월, 임해군의 종들을 붙잡아와서 추국을 시작했다. 주범(?) 임해군은 조사도 하지 않고 유배 보낸 후 그 주변을 조사했다. 종들은 모두 임해군의 반역에 대해서는 모른다고 대답했다. 만일 임해군이 철퇴와 환도를 궁궐로 가져갔다면 궁궐을 지키는 군사를 조사하면 알 수 있을 것이라 진술했다.

전 경기 방어사 고언백도 잡혀와서 공초 받았다. 임해군과 친하다는 것이 이유였으나 그도 역모 혐의와 친함을 부인했다.

"저는 임진왜란 때 곳곳에서 전공을 세웠습니다. 출진한 횟수가 260여 회에 이르고 매달 20일 정도 전투를 했습니다. 그 공으로 정2품에 올랐고 1년에 60여 석의 녹봉을 받습니다. 이제 나이 60에 무슨 부족함이 있어서 역모를 모의하겠습니까. 임해군은 경기 방어사로 있을 때 딱 한 번 만났을 뿐입니다."

모두 혐의 내용을 부인하자 광해군은 압슬형을 가하도록 명했다. 압슬형은 죄인의 바지를 벗기고 무릎을 꿇려 그 위에 무거운 물체를 올려서 짓누르는 형신이다. 가장 잔인한 고문의 하나로서 조선시대 압슬형의 8할이 광해군 때 자행됐다.

임해군은 종친을 관리하는 종부시 제조우두머리였다. 그래서 여러 종친과 연결고리가 많았다. 수십 명의 종친이 붙잡혀와서 국문을 받았다. 여러 무인도 잡혀왔다.

사헌부는 임해군의 역모 혐의로 철퇴와 환도를 가마니에 숨겨서 궁궐로 들여왔다고 주장했다. 영의정 이원익은 임해군이 궁궐을 출입할 때의 수직 군사를 추국하라고 청하였으나 광해군은 받아들이지 않았다. 광해군은 결정적인 증거가 될 수 있는 철퇴와 환도를 찾으려 하지 않았다. 아니 찾을 생각이 없었다. 광해군은 증거물이 조작됐음을 알았을 것이다.

광해군은 그 대신 임해군의 주변 사람들을 무턱대고 잡아와서 고문했다. 굴비처럼 엮어서 수 명이 수십 명으로 늘어나고, 다시 수십 명을 잡아와서 고문했다. 임해군이 역모했다는 아무런 증거를 제시하지 않은 채 몇 개월째 국문은 지속되었다. 역모를 진술하는 사람은 없었고, 죄를 인정할 때까지 압슬형, 낙형을 가하자, 감옥이나 형틀에서 죽는 사람이 부지기수였다.

그해 5월, 죄를 추궁하는 추관인 우의정 심희수가 아뢰었다.

"신은 지난 4개월 동안 국문을 감독했습니다. 누가 죄인이고 누가 죄인이 아닌지 알지 못한 채 계속해서 죽어가고 있습니다. 죄도 없이 재앙에 걸린 이들이 한두 명이 아닙니다. 그러니 조사를 잘못한 책임은 신에게 있고, 너무나 두렵고 애통합니다."

심희수는 애통하고 슬픈 마음으로 이제 옥사를 끝내야 함을 에둘러 지적했다.

영의정 이원익, 영중추부사 이덕형도 옥사를 은혜롭게 해야한다고 이미 차자를 올렸으나 소용이 없었다. 광해군은 즉위 초기였지만, 조정대신들의 간언은 쇠귀에 경 읽기였다. 실체가 없는 반역의 옥사에 집착했다.

: 광해군 횡포의 서막 :

이러던 중 문제가 생겼다. 연릉 부원군 이호민을 명나라에 파견해서 선조의 죽음을 알리고, 광해군의 승습承襲 부왕의 왕위를 이어받음을 청했다. 장남 임해군은 병에 걸려서 왕위를 이어받을 수 없다고 거짓 설명했으나, 명나라는 형제의 순서가 맞지 않다고 하면서 광해군의 왕위를 승인하지 않고 직접 조사하겠다고 했다.

명나라의 사신이 와서 임해군을 면담했다. 광해군은 외척 김예직을 임해군에게 미리 보내서 대답할 말을 일러주었다. 또한 광해군은 명나라 사신의 입막음을 위해서 은 수만 냥도 바쳤다.

임해군은 명나라 사신에게 자신은 중풍에 걸려서 손발을 움직일 수 없고, 정신도 혼미하다고 각본대로 진술했으나 반역을 도모한 일은 없다고 명확히 밝혔다. 임해군이 반역을 하지 않았다는 유일한 진술이다. 그러나 명나라 사신은 수만 냥의 은을 뇌물로 챙긴 뒤라 조사는 의미가 없었다. 명나라 사신의 배만 불린 꼴이었다.

임해군은 이듬해 강화 유배지에서 죽는다. 위리안치를 지키는 장수 이정표가 독을 마시게 했으나 따르지 않자 목을 졸라 죽였다. 임금의 명령 없이 장수가 왕의 형을 살해했다. 법적으로나 도덕적으로 있을 수 없는 일이 벌어졌다.

그러나 광해군은 이정표를 죄주지 않고, 심지어 경상 좌병사로 올려주었다. 조정대신 누구도 이정표의 죄를 청하지 않았다. 왕과 신하들은 모두 이정표의 임해군 살해를 묵인했다.

광해군이 즉위해서 임해군 살해까지 약 1년 3개월의 『광해군 일기』를 보면 임해군 옥사 관련 내용이 대부분이다. 즉위 초기에 백성을 위무하는 정책이나 임진왜란 이후 나라를 보전하는 국방에 관해서 논의한 것이 거의 없다. 이이첨을 중심으로 아부하는 신하들은 늘어나고 옥사로 수많은 백성만 죽어갔다.

광해군의 집권으로 백성을 위한 정책은 실종됐고, 이러한 잔인한 옥사는 시작해 불과했다.

이복동생 영창대군을 죽이다

광해군은 동복형 임해군을 역모 혐의로 몰아서 죽이고, 이복동생 영창대군도 역모 혐의를 덮어씌웠다.

영창대군의 역모 혐의는 한갓 도적사건에서 비롯됐다. 도적사건과 역모 혐의는 아무런 관련이 없었지만, 이이첨의 농간으로 역모로 몰아갔다. 광해군 때 또 다른 잔혹한 옥사, 영창대군 사건을 들여다보자.

선조 39년 인목왕후와 사이에 첫아들이 태어나자, 임금의 기쁨은 말할 수 없었다. 영창대군이 2세가 되자 노비 450명과 전답 300결을 내렸다.

그러나 선조는 영창대군을 오래 지킬 수 없었다. 영창대군이 3

세 때 병으로 승하한다. 승하하기 전에 인목왕후를 통하여 영의정 유영경, 우의정 한응인, 박동량, 서성 등 7명에게 유교를 내려서 영창대군을 부탁했다.

"내가 중병을 얻어서 어린 대군이 장성하는 것을 보지 못하게 되어서 걱정스럽다. 내가 죽은 후 영창대군을 참소하는 말이 생기면 경들은 대군을 사랑하고 보호하기를 바란다. 감히 이를 부탁한다."

선조는 유교의 겉봉에 7명의 이름을 썼다. 모두 왕자와 부마의 인척으로서 영창대군과 가까운 사이다. 그런데 이 유교는 선조의 바람과 달리 오히려 영창대군을 죽이는 빌미가 된다. 광해군은 7명이 자신의 자리를 빼앗는 세력으로 여겼기 때문이다.

광해군 5년, 경상도 조령에서 은銀 상인을 죽이고 은자 수백 냥을 탈취하는 도적사건이 일어났다. 범인은 명문가 자제들로 모두 첩의 자식이라는 공통점이 있었다. 범인은 체포됐고 은자도 찾았다. 강도·살해 사건으로 끝날 일이었고, 포도대장 한희길은 도둑들이 명문가 자제들이었기 때문에 죄주기를 망설였다. 그런데 임금이 상세조사를 지시한다.

"포도청은 병조와 형조의 당상관과 합동으로 엄하게 신문해서 도둑의 패거리를 상세하게 조사하라."

광해군은 포도청, 병조와 형조의 합동조사를 명했다. 포도청이 모르는 무엇인가가 있는 것이다. 그 이면에는 광창부원군 이이첨의 농간이 있었다. 이이첨은 포도대장 한희길로부터 사건 내용을 알아내고, 엄청난 일을 꾸며 심복 김개와 한희길에 실행케 한다.

은자 범인과 상인을 죽인 죄로 잡힌 박응서에게 살려주는 조건으로 역모를 고변하게 한다. 박응서의 진술이다.

"우리들은 천한 도적들이 아닙니다. 훔친 돈으로 무사들에게 은화를 나누어 주고 무사를 모아서 반역을 꾀하려고 했습니다."

박응서는 영의정을 지낸 박순의 첩의 아들이다. 그는 역모 자금을 위해서 도둑질했고, 모의한 사람도 있다고 진술했다. 이이첨이 시킨 내용이었다. 광해군은 박응서를 포도청에서 의금부로 옮기도록 명했다. 포도청은 일반사건, 의금부는 역모사건을 처리한다.

광해군은 평소 업무에 매우 소홀했다. 이런저런 평계를 내세워서 처리하지 않은 업무가 산더미처럼 쌓여 있었다. 광해군이 업무에 소홀한 일화를 보자.

광해군 즉위 4년, 임금은 내시 이봉정의 외모를 물었다.

"너는 왜 그렇게 뚱뚱하냐."

"선왕은 공사청에 나가시어 온갖 일을 열심히 재결하시기 때문에 늘 곁에서 모시느라 밥 먹을 겨를도 없었고, 밤에도 편히 잠을 자지 못했습니다. 그런데 전하께서는 공사청에 납시지 않으시니 소신은 종일 태평스럽게 쉬고, 밤에도 편히 잠을 자기 때문에 어찌 살이 찌지 않겠습니까."

내시가 광해군이 평소 일을 하지 않은 것을 풍자한 말이다.

그러나 광해군은 역모사건은 몸소 처리했고 밤새우기도 했다. 역모사건의 국문이 몇 달 동안 계속돼도 친국했다. 다른 왕들과 달리 역모사건은 집요하게 파고들었다. 박응서를 친국해서 진술을 받아냈다.

"서양갑과 박치의가 역모의 주모자로 4, 5년 전부터 준비했습니다. 중국 사신이 올 때 군사를 일으키려고 했으나 사신의 호위가 엄격해서 실시하지 못했습니다. 지난해는 사대문 밖에서 격문을 띄워서 군사를 일으키려고 했으나 다른 역모 고변이 있어서 미루었습니다.

이제 조령에서 은자 상인을 죽여 은 600~700냥을 얻었고, 군사 300명을 모아 대궐을 습격해서 임금과 세자를 죽이고 영창대군을 옹립하려 했습니다. 영창대군과 인목대비에게는 사전에 알리지 않았습니다."

박응서는 13명의 공모자 이름도 밝혔다. 모두 잡혀와서 국문을 받았다. 박응서의 진술과 공모자의 진술은 전혀 달랐다. 박응서가 제시한 날짜에 중국 사신은 오지 않았다. 그가 진술한 내용을 조금이라고 꼼꼼하게 들여다보았더라면 허점투성이라는 것을 알 수 있었다. 광해군은 밤새워서 조사했으나 역모 혐의를 찾지 못했다.

박응서는 공모자 외에도 친구 7명을 끌어들였으나, 이름이 틀린 자도 있었다. 이후도 계속 잡혀와서 감옥은 만원이었고, 낙형과 압슬형이 가해졌으나 대부분 역모 혐의를 부인했다. 그런데도 '영창대군을 옹립하려 했다.'라는 박응서의 진술에 초점을 맞추어서 역모로 몰아갔다.

: 불똥은 대비의 아버지에게 :

인목대비의 아버지 김제남에게도 불똥이 튀었다. 마침 영창대군이 마마를 앓고 있어서 김제남은 인목대비의 요청으로 대궐에 와서 숙직하면서 병간호했다. 그는 역모 배후자로 의심받았다. 그는 영창대군의 외할아버지로서 손자를 잘 돌본 죄밖에 없었으나 결국 사사된다.

사간원은 선조의 유교를 받은 신하 7명의 징계를 요구했고, 현직자들은 유배 보내고 사판에서 삭제했다. 사판은 벼슬아치의 명부로, 사판 삭제는 더 이상 관리로 등용될 수 없음을 의미한다. 영창대군의 잠재적 세력을 없앴다. 부왕 선조의 유교가 오히려 역모 혐의로 덧씌워졌다.

아무리 고문하고 잔인한 형벌을 가해도 영창대군의 역모 혐의는 찾지 못했다. 역모 자체가 없었기 때문이다. 그해 5월, 양사사헌부·사간원는 역모의 증거와 진술을 확보하지 못하자, 박응서의 진술만으로 영창대군에게 책임을 물어야 한다고 요구했다.

"영창대군은 어려서8세 아무것도 모른다고 할지라도 박응서의 진술로 엄청난 죄명역모을 지녔습니다. 왕법은 지극히 엄한 만큼 (영창대군은) 편안히 궁중에 있을 수 없습니다. 법대로 처리하소서."

증거를 중시해야 할 사헌부가 오히려 증거도 없이 영창대군의 처벌을 요구했다. 광해군은 영창대군의 처벌을 받아들이지 않았지만 이로부터 영창대군의 처벌을 요구하는 상소가 빗발쳤다. 영창대군의 주변부터 조사를 시작했다.

영창대군은 신문하지 않았으나 그의 노비는 모조리 체포해서 잡아왔다. 의금부 감옥이 모자라서 전옥서의 옥사까지 활용했다. 전옥서의 감옥 9칸에 200명의 죄인이 갇히니 누울 수도 없는 상태에서 지레 죽어 나가는 자도 많았다.

광해군은 대질 신문도 못 하게 했다. 대질 신문은 진실을 밝히는 중요한 수단이었으나 이것을 막은 것이다. 역모를 고변한 자들의 말이 거짓임이 밝혀질까봐서였다. 도둑사건의 진실보다 역모로 몰아가는 것이 중요했다.

대신과 2품 이상도 영창대군의 처벌을 요구했다. 광해군은 짐짓 거절했다.

"어찌 어린아이가 이런 역모를 알았겠는가. 나는 차마 처단하지 못하겠다."

모든 백관이 영창대군의 처벌을 요구했고, 종실도 나서서 영창대군을 죽이는 것은 공론이라고 주장했다. 종묘사직을 지킨다는 명분으로 어린 생명의 소중함과 법은 안중에도 없었다.

내시와 궁녀들도 임금의 명으로 잡혀왔다. 그런데 그들의 죄가 무엇인지 아무도 몰랐다. 다만 임금과 인목대비 사이에 틈이 벌어져서 임금이 그들에게 보복하는 것이라고 추측만 할 뿐이었다. 인목대비에게도 화가 미칠 것임을 예고했다.

결국 모든 문무백관이 영창대군의 처벌을 요구하자, 영창대군을 폐하여 서인으로 만들었다. 대군으로서 누리는 모든 권리를 박탈했다. 폐서인이 되었으니, 궁궐에서도 나가야 했다.

영창대군은 강화도에 위리안치 된다. 가시나무를 두르고 임해군보다 두 배의 감시를 붙였다. 광해군은 이정표를 수장으로 배치했다. 임해군을 살해하고 임해군이 병으로 죽었다고 거짓 보고한 자다. 이번에도 영창대군을 바로 죽이려고 했으나 별장 홍유의가 반대하고, 강화부사 기협도 자주 음식을 넣어주어서 실천하지 못했다.

광해군은 이 사실을 알고 홍유의와 기협을 체직시키고 유배 보냈다. 그 자리에 무인 정항을 강화부사로 임명한다. 그는 영창대군에게 음식을 주지 않았고, 밥에 모래와 흙을 섞어서 주었다. 이런 밥이 목에 넘어갈 리가 없다.

강화부의 낮은 벼슬아치가 이런 사실을 알고 밥을 품 안에 몰래 갖고 가서 주었다. 그는 정항에게 발각되어서 곤장을 맞고 쫓겨났다. 영창대군은 이때부터 밥을 먹지 못하여 기력이 다하여 죽었다.

: 불행의 그림자가 왕을 뒤덮다 :

『광해군일기』는 이 외에도 영창대군의 죽음에 대해서 두 가지를 더 기록하고 있다.

"강화부사 정항은 영창대군이 빨리 죽지 않을까 싶어 온돌에 불을 아주 뜨겁게 때서 태워 죽였다. 영창대군이 문지방을 종일 붙잡고 서 있다가 힘이 다하여 떨어지니 옆구리의 뼈가 다 탔다."『광해군일기』 6년 1월 13일

"정항은 음식물을 넣어주지 않았다. 침상에 불을 때서 눕지 못하게 하고, 영창대군이 창살을 부여잡고 서서 밤낮으로 울부짖다가 기력이 다하여 죽었다."『광해군일기』 6년 2월 10일

광해군이 영창대군을 죽이라는 직접적인 지시는 없었다. 그러나 영창대군을 보호하려는 기협과 홍유의를 유배 보내고, 정항과 이정표를 배치한 것은 살해를 방조한 것과 다름이 없다.

부호군 박영신은 사대부들이 많이 모인 자리에서 외쳤다.

"임금이 정항을 시켜서 영창대군을 죽게 했다고 역사는 기록해야 할 것이다."

임금의 뜻을 살핀 정항이 영창대군을 살해했음을 알린 것이다. 박영신은 이 발언으로 진도로 귀양 갔다.

광해군 6년 2월, 부사직 정온도 장문의 상소를 올렸다. 그는 임금의 동생, 영창대군을 죽인 자는 용서할 수 없다고 하면서 정항을 참시하라고 청했다.

"요즈음 요행의 문이 열리자, 공을 탐하는 짓들이 남발되고 있습니다. 임금의 지친을 살해해서 자신의 부귀 수단으로 이용하고 있습니다. 신하 된 자로서 차마 이런 짓을 할 수 있겠습니까. 변방으로 쫓아내야 올바른 도리가 설 것입니다."

또한 정온은 영창대군이 죽은 이상, 인목대비와 사이를 좋게 해서 효의 도리를 다하라고 청했다. 인목대비는 광해군보다 9세 어리지만 예법으로 모후임금의 어머니였기 때문이다. 정온은 지난날의 잘못을 덮고 아첨하는 사람을 물리치고 새로운 교화를 펼치기를 바라면서 상소를 마무리했다.

징온은 이 상소로 제주도로 유배 갔다. 정항은 오히려 황해도 병사로 승진한다. 광해군은 점차 귀를 닫았고, 정상적인 판단을 하지 않았다.

영창대군을 죽인 사건을 '계축옥사'라고 한다. 대북파 이이첨은 단순 도둑사건을 역모로 변질시켜서 영창대군과 소북파 김제남 세력을 제거했다. 그는 영창대군을 잠재적 위협으로 여긴 광해군의 불안 심리를 이용했다. 이 과정에서 영창대군뿐만 아니라 아무런 죄도 없는 무수한 백성노비와 종, 궁녀, 내시들이 죽어 나갔다.

이이첨은 그 죗값을 치렀다. 인조반정으로 참형되고 네 아들도 참수되거나 옥사했다. 광해군은 이이첨의 장단에 춤을 춰서 형과 동생을 죽이고 선보다는 악을 점차 쌓아갔다. 또한 모후 인목대비를 서궁현 덕수궁에 유폐한다. 선한 의지로 권력을 행사하지 않았다.

광해군의 결말은 예측된다. 광해군에게 불행의 그림자가 피어오르고 있다. 역사가 늘 그렇게 증명하고 있기 때문이다.

목숨을 걸고 광해군을 직격한 청년 윤선도의 상소문

고산 윤선도는 「어부사시사」 「오우가」 등 아름다운 시구로 잘 알려져 있다. "지국총 지국총 어사와, 강촌 온갖 고지 먼 빗치 더옥 됴타", "나의 벗이 몇이나 있느냐 헤아려 보니 물과 돌과 소나무, 대나무로다" 등 속세를 벗어나서 자연에 파묻히고 싶은 심정을 아름다운 언어로 표현했다.

이것은 그의 생애 상당 부분을 유배지에서 보낸 체험에서 우러나온 감정일지도 모른다. 그가 유배된 것은 임금에게 올린 상소와 관련 깊다. 그의 상소문은 아름다운 시구와 달리 에둘러 표현하지 않고 직선적이다. 생명을 맞바꿀 각오로 현실의 문제를 그대로 토해내고 대안을 제시했다.

: 왕의 정치놀음에 죽어가는 백성 :

광해군 8년, 정치는 어지러웠다. 거의 매일 역모 혐의의 옥사가 벌어졌다. 광해군은 형제를 죽이고, 신하들은 반대세력을 제거했다. 그 정치놀음에 이유도 모르는 채 죽어가는 백성도 많았다. 정권 실세가 된 이이첨은 제 세상을 만나서 곳곳에 자신의 세력을 심었다.

임진왜란·정유재란 이후 국토는 회복되지 않았고, 자연재해 등으로 흉년이 이어졌다. 이러는 판에 대대적인 궁궐 공사로 세금은 더욱더 가혹했다. 삶의 터전을 버리고 유리걸식하는 백성이 늘어났다.

윤선도는 이러한 현실을 외면할 수 없어서 과감히 붓을 들었다. 아직 벼슬길에 나가지 않은 진사 신분으로 29세 때였다. 상소는 자칫 잘못하면 벼슬길이 막히고, 아니면 죽음에 이를 수도 있지만 용기를 냈다.

그의 상소문은 『광해군일기』 8년 12월 21일에 기록되어 있는데, 매우 길지만 핵심적인 내용으로 짧게 요약했다.

> 임금이 아랫사람을 통제하는 방도는 권강權綱을 모두 쥐고 있는 것보다 더 중요한 것이 없습니다.

상소문의 첫 문장은 오직 임금만이 상과 벌을 줄 수 있다는 것으로 시작했다. 인사권의 중요성을 강조했다. 이것은 현재의 상과 벌이 임금에게 나오는 것이 아니라 누군가가 임금을 대신해서 인사권을 행사한다는 뜻이다. 예조판서 이이첨이 그 인물이고, 조정의 핵심부서에 그의 복심을 심었다고 했다.

보통 상소에서 인물을 비판할 때는 이름을 유추할 수 있도록 에둘러 말하지만, 이이첨의 실명을 그대로 밝혔다. 이조와 병조의 인사도 이이첨에게 물어서 하고, 사헌부와 사간원의 논죄와 홍문관의 고문도 이이첨의 뜻이고, 심지어 성균관 유생들도 이이첨의 당파라고 했다.

이이첨이 이토록 권세를 휘두르는 것을 모르고 계십니까? 아니면 알고도 그에게 맡겨서 의심하지 않고 계십니까?

임금에게 직선적으로 이이첨의 실상을 묻고, 이이첨의 농단을 모른다면 자신이 알려주겠다고 했다.

최근 해의 이변이 일어나고, 지진이 여러 번 발생하고, 겨울 안개가 사방에 가득한 큰 재변이 일어난 것은 형체가 나타나기 전의 그림자라고 했다. 이이첨이 간신이라면 오늘날의 재변도 다른 탓으로 돌릴 것이라고 했다.

또한 인심이 투박하고, 세상의 도리가 떨어지고, 풍속이 무너지고, 염치가 없어졌다고 했다. 백성의 원성이 자자한 것을 보면, 이이첨은 어진 자기 아님이 분명하다고 했다.

윤선도는 과거시험도 문제 삼았다.

과거시험이 공정하지 못하다는 말은 오늘날 일상적인 이야기입니다. 그런데도 이이첨이 김히 번녕하고 있으니 원통하고 분하게 생각합니다.

요즈음 시험 제목이 사전에 유출되는 것은 예사라고 했다. 성균관 시험은 늘 시간에 쫓겨서 한 편의 글을 간신히 지어내는 데 비해서 올해의 시험은 제목을 내걸자 바로 지어내는 자가 많았다고 했다. 그는 귀신이 도와주어도 이렇게는 못 한다고 하면서 탁월한 인재들이 많은 줄 몰랐다고 비꼬았다.

이이첨의 네 아들이 모두 과거에 합격한 것도 온 나라 사람들이 뒷말한다고 지적했다. 네 아들이 재주와 명망이 없는데도 잇따라 장원을 차지하고, 문장을 짓는 실력이 없는데도 쉽게 과거에 합격했다는 것이다. 이이첨과 그의 도당들이 과거를 자신들의 소유물로 삼고 있다고 했다.

또한 인사 추천권을 가진 이조전랑과 좌랑에 그의 두 아들을 배치해서 인사도 주무른다고 했다.

이원익과 이덕형, 심희수처럼 나라의 기둥으로서 소신을 굽히지 않거나 재능과 덕망이 있는 인물은 이이첨의 사주로 조정에서 쫓아내 귀양을 보내려는 반면, 유희분과 박승종 같은 용렬한 자에게 요직을 주고 있다고 했다.

이렇게 해서 임금은 위에서 고립되고 이이첨의 도당은 아래서 날로 번성한다는 것이다. 지금 임금을 위해서 올바른 말을 올리는 자가 없고, 우리나라의 300여 군에 의로운 선비가 한 사람도 없는 것이 통탄스럽다고 했다.

　윤선도는 자신이 올린 글을 자세히 살펴서 이이첨과 도당들이 위복을 멋대로 농단하는 죄와 유희분과 박승종이 임금을 잊고 나라를 저버린 죄를 다스리라고 청했다.

　그러나 이러한 세력이 조정에 널리 퍼져서 제거하기도 어려울 것이라고 하면서 임금은 조심하고 또 조심하라고 마무리했다. 그리고 개인 사정을 덧붙였다.

> 신의 상소에 아비가 손을 잡고 눈물을 흘리며 오열했습니다. 아비는 상소를 중지시키려고 했으나 신은 임금께 바른말을 하고 죽기로 했습니다. 신에게 무거운 벌을 내리더라도 늙은 아비에게는 화가 미치지 않도록 하소서. 참으로 피눈물을 흘리며 간절하게 바라는 바입니다.

　윤선도는 나라를 위한 충과 개인적인 효 사이에서 갈등하고, 결국 충을 택해서 상소를 올렸다고 밝혔다. 그의 상소문은 실세 이이첨과 그의 도당을 겨냥했지만, 그것을 통제하지 못한 임금을 향한 직격탄이었다.

　윤선도는 예빈시 부정을 지낸 윤유심의 아들이다. 강원도 관찰사와 남원부사를 지낸 작은아버지 윤유기가 아들이 없어서 양자로 늘어갔다.

: 상소에 대한 보복 :

윤선도의 상소에서 거론된 이이첨과 그의 도당들은 모두 사직서를 냈지만, 보복을 시작했다. 사헌부와 사간원은 이러한 상소는 윤선도의 소행도, 윤유기의 짓도 아니라며 배후를 밝혀야 한다고 요구하면서 둘을 변방에 안치하라고 청했다. 사헌부와 사간원은 이러한 상소에 임금이 벌을 주려고 하면, 일반적으로 언로를 막아서는 안 된다고 상소를 옹호한다. 하지만 지금은 두 부서가 오히려 죄주라고 앞장섰다. 조정이 비정상적으로 돌아가고 있음을 알 수 있다.

성균관 유생 이부방 등도 윤선도의 상소를 불태우라고 했다. 성균관도 사헌부처럼 바른말을 하는 상소를 지키고자 했고, 스스로 그러한 상소를 올렸다. 그러나 성균관 유생이 상소를 불태우라고 한 것은 좀처럼 보기 드문 요구였다. 이이첨의 영향이 성균관에 미치고 있고, 유생들조차 시류에 물들었음을 알 수 있다.

광해군은 윤선도의 상소를 흉악한 상소로 규정하고 그를 외딴 섬에 안치하라고 명했다. 윤유기는 삭탈관직해서 고향으로 돌아가게 했다.

광해군 초기에 언로의 중요성을 강조한 삼사도 이미 이이첨의 세력으로 배치되어 윤선도를 옹호하는 관리는 없었다. 광해군이 간언에 귀를 막은 지는 오래됐다.

윤선도의 상소문은 광해군에게 아무런 효과를 발휘하지 못했다. 이이첨의 세력을 제거하지 못했고, 오히려 되치기당해서 유배 신세로 전락했다. 결국 함경도 경원*으로 유배 갔다가 다시 경상도 기장으로 옮겼다.

그러나 역사는 그의 상소문을 기록했고, 그 기록을 통해서 광해군 시대의 어둠에 맞서 나라와 공을 위해서 사를 버리는 조선 시대 선비정신의 단면을 엿볼 수 있다.

윤선도의 상소문은 아름다운 시구와 달리 비분강개해서 죽음을 각오하고 붓을 든 올곧은 청년의 모습을 떠올리게 한다. 윤선도는 광해군, 인조, 효종, 현종까지 활동했고 현종 때는 예송논쟁에 상소를 올려서 유배 갔다. 84세에 졸했다.

• 윤선도는 함경도 경원으로 유배 가시 늙은 기생에게 시를 남겼다. 이 기생은 함경도로 귀양 온 수 많은 유배객 중에 오직 윤선도와 이항복만 특별히 따뜻하게 대해주고 전송했나니 한다.
"내가 말한 일이 실로 때가 아닌 것을 그대는 아는데 나는 알지 못했구나. 학문이 그대에게도 미치지 못하다니 천생 바보라고 이를 만하구나."『고산유고』 1권
윤선도는 때를 모르고 올곧은 상소를 올린 자신이 학문을 하지 않은 늙은 기생에게도 못 미치고 있음을 자학하고 있다. 그러나 조정에 돌아와서 또다시 직선적인 상소를 올리고 유배 갔다.

도읍을 교하로 옮겨라

임진왜란으로 경복궁, 창덕궁, 창경궁은 모두 불탔다. 선조는 의주 피란에서 돌아와 정릉동 행궁성종의 형 월산대군 집, 현 덕수궁 터에서 정무를 처리했다. 국가의 일을 개인의 집에서 처리하는 것은 여러 가지가 불편했다. 회의나 국가 행사를 치를 공간이 좁았다. 심지어 장마로 행궁 안의 하수구가 넘쳐서 홍문관의 서적이 떠내려갔다. 책은 행궁 밖 조금 높은 곳의 도총부로 옮겨야 했다.

그런데도 불탄 궁궐을 쉽게 복원할 수 없었다. 전란으로 국가의 창고는 비었고, 백성의 삶은 팍팍해서 회복할 시간이 필요했다. 경복궁보다 비용이 덜 드는 창덕궁을 우선 복원하기로 했다.

선조 39년, 임진왜란이 끝난 8년 후부터 궁궐 복원을 준비하고 공사를 시작했다. 강원도 등에서 목재를 베어서 물길로 실어오고, 돌을 캐내서 운반하고, 기와를 굽고, 백성을 동원해서 힘들게 복원했다.

: 한성은 흉지, 교하는 길지 :

그러나 광해군은 백성의 땀과 노력으로 복원한 창덕궁에 어쩐지 머무르기를 꺼렸다. 오히려 담장이 낮고 여염집과 붙어 있어서 시끄럽게 다투는 소리가 들리는 정릉동 행궁에 거처하고자 했다. 신하들이 창덕궁으로 옮길 것을 청했으나 임금은 주저했다. 광해군 5년, 그는 속내를 지관풍수가 이의신에게 털어놓는다.

"창덕궁은 큰일을 두 번 겪었으니 거처하고 싶지 않다."

광해군이 말한 두 번의 큰일은 단종과 연산군이 창덕궁에서 쫓겨나 유배된 것을 말한다. 창덕궁의 터가 불길하다고 여기고 두 사람처럼 되고 싶지 않아서 창덕궁에 머물려고 하지 않았다.

이의신은 전라도 광주의 서얼 출신으로 초시에 합격해서 지관이 됐다. 우리나라 여섯 도의 산을 답사해서 경험을 쌓았다. 그는 학문에도 성취가 있어서 선조는 동반직을 주어 고향으로 돌아가지 못하게 했다. 동반직은 '문관'을 의미하는 것으로 어느 정도 출세를 보장받는다. 선조의 첫 왕비 의인왕후 능 자리를 정하는 데 중요한 역할을 했을 정도로 지관으로서 이름을 알렸다. 그는 광해군 때 지리학 교수가 된다.

이의신은 단종과 연산군이 쫓겨난 것은 피할 수 없는 변고로서, 궁궐의 길흉이 아니라 도성의 기운이 빠졌기 때문이라 했다. 또한 도읍 탓으로 임진왜란과 역모의 변이 일어나고, 조정의 관리들은 붕당으로 나누어지고 사방의 산들도 벌거벗은 것이라고 했다. 이의신은 한성은 기가 빠져서 흉지가 되었기 때문에 도읍을 옮겨야 한다고 주장했다. 길지는 교하현 경기도 파주시라고 했다. 광해군의 귀를 달콤하게 하는 말이었다.

: 지관의 말만 듣고 도읍을 옮기려 하다 :

도읍을 옮기는 것은 국가적 중대사다. 국가의 모든 인력과 물자가 동원되기 때문에 신하들의 동의도 필요하다. 그러나 광해군은 이의신의 말에 귀가 솔깃해서 신하들과 의논 없이 한성을 버리고 교하로 도읍을 옮길 뜻을 내비쳤다.

광해군은 교하로 옮기더라도 한성을 아주 버린다는 뜻이 아니라고 했다. 또한 이의신을 지나치게 믿는다고 경솔하게 판단하지 말라고 했다. 홍문관과 사간원이 반대하자 2품 이상에게 교하 도읍의 논의를 모으라고 명했으나 좌찬성종1품 박홍구만 홀로 찬성했다.

광해군은 교하의 형세가 기이하다고 해서 산성을 쌓고 궁궐을 짓고 순행하고 싶다고 했다. 도읍이 아니더라도 일시적으로 머물겠다는 뜻이다. 비변사에 전교해서 헌관제사를 주관하는 대신, 언관, 지관이 같이 가서 교하의 형세를 그려오도록 비밀리에 명했다.

그러나 승정원은 군사 기밀이 아닌데도 비밀로 하는 것은 민심이 더욱더 의혹한다고 건의해서 임금의 명을 공개했다.

광해군 5년 1월, 사헌부와 사간원은 그 사실을 알고 대신 파견을 반대하고 교하의 단점을 지적했다.

"교하는 항구 입구에 끼여서, 그 땅을 둘러싸고 보호하는 고산준령이 없고, 또한 지역을 옹호하는 큰 강도 없으며 하류는 습지입니다. 우물도 한두 개뿐이어서 백성들은 늘 물 부족에 시달립니다. 돌도 나무도 없어서 수십 리 밖에서 가지고 옵니다. 요새가 아님이 명백합니다."

사헌부와 사간원은 도읍을 옮긴다는 설로 민심이 동요하면 외적의 침입보다 더 참혹하다면서 명을 거두라고 청했다. 영의정 이덕형도 교하는 습한 저지대이므로 도읍으로 적당하지 않다고 반대했다. 영의정의 반대로 대신을 현지에 파견하는 것은 중단됐다.

광해군은 좌의정 이항복에게 교하 천도에 관해서 물었고 이항복은 답변을 올렸다. 『백사집』에 답변이 실려 있다.

"신은 땅에 관해서 알지 못하지만, 사람의 일은 압니다. 나라의 일과 집안의 일은 길흉의 등급이 같습니다. 덕과 복을 심는 것이 최상이고, 제일 계책이 없는 것은 집을 옮기고 방위를 피하는 방법으로 요행을 바라는 것으로서 더욱더 쓸쓸하고 곤궁해집니다. 이것을 거울로 삼아야 합니다."

이항복은 사람의 일에서 덕을 쌓는 것이 중요하고, 풍수는 요행을 기대하는 것으로 오히려 가난하게 하는 것이라고 부정적으로 아뢨다. 영의정과 좌의정이 반대하고 삼사도 약 6개월간 끈질

기게 교하 도읍 포기를 요구했다. 교하 도읍에 유일하게 찬성한 박홍구에게 비판이 쏟아지자 그는 사직서를 제출했다.

광해군은 결국 교하 도읍을 포기한다. 조정은 쓸데없는 데 시간과 정력을 낭비했다.

사헌부는 임금이 계신 곳에 왕기王氣가 다했다는 요망한 말로 임금을 기만하고 민심을 의혹하는 이의신의 처벌을 요구했으나 받아들이지 않았다. 광해군은 오히려 이의신을 더욱더 신임해서 벼슬을 주고, 그의 조언에 따라서 궁궐 2곳경덕궁·인경궁을 더 짓는다.

궁궐을 짓기 위해서 재원이 부족하자 일본에서 준 은자 6천 냥도 썼다. 일본이 사신으로 온 김윤겸에게 준 사례금이었다. 김윤겸은 그 돈을 숙소에 두고 가져오지 않았다. 그러나 일본은 그 돈을 기어코 다시 부산의 왜관으로 가져왔고 보관해 두었다.

임진왜란의 상처도 아물지 않아서 김윤겸이 거절한 돈을 광해군은 궁궐 영건 비용으로 사용했다. 백성들은 더 많은 세금을 내야 했고, 노동력을 제공했다.

광해군은 교하 도읍을 포기했지만, 학문적 정설보다 풍수와 땅의 기운, 미신 등에 운명을 맡기려는 이설에 더욱더 빠졌다. 지도자가 정설보다 이설에 빠지면 백성만 고통의 늪에 빠져서 애먼 신세가 됐다. 광해군 자신도 결국 '왕'이 아니라 '군'으로 떨어졌고, 왕비도 폐비가 되었고, 자식까지 생명을 단축했다.

상궁 김개시, 광해군을 휘어잡다

조선시대도 궁궐에서 바둑을 둘 만큼 널리 퍼졌으나 사대부가 바둑을 두는 것은 대체로 부정적인 인식이었다.

관리들이 관청에서 바둑을 두다가 적발되어 탄핵당하기도 했고, 내시와 의원이 바둑을 두다가 적발되어 순금사에 사흘간 구금됐다. 태종 16년 9월, 세자 양녕은 할머니 신의왕후의 기일에 흥덕사에 제를 올린 후 바둑을 두다가 충녕대군세종에게 핀잔을 듣기도 했다.

"세자의 지존으로서 소인배와 바둑놀이를 하는 것도 불가한데, 더군다나 기일에 바둑을 두는 것입니까."

조선시대 바둑은 소일거리로서 장난치며 노는 행위로 봤기 때문이다. 이와는 달리 바둑을 좋아하는 왕도 있었다. 세조는 문· 무관에게 바둑을 두게 하고, 이긴 사람에게 활을 하사했다.

: 후궁과 바둑을 둔 광해군 :

누구보다도 바둑을 즐긴 왕은 광해군이다. 광해군은 바둑의 즐거움에 빠져서 정사를 돌보지 않을 정도였다. 그 상대는 후궁 신씨였다. 광해군 2년 11월의 기록을 보자.

"신씨는 아름답고 총명했다. 문자도 이해해서 왕의 총애를 독점했다. 왕은 날마다 신씨와 함께 돈내기 바둑을 두고 정사를 내팽개쳐 처리하지 않은 문서가 수백 건에 이르렀다."

광해군은 즉위 초기부터 정사를 잘 돌보지 않았고 경연도 하지 않았다. 대신들보다 후궁들과 보내는 시간이 많았다.

광해군 즉위 초기 궁녀 약 30명을 한꺼번에 인사해서 승진시켰다. 이례적인 인사였다. 광해군이 궁녀를 각별하게 챙겼음을 알 수 있다.

"왕은 즉위한 이후에 한 명의 어진 선비를 임용하지 않았다. 그런데 궁녀를 제수하는 것은 왕의 덕에 누가 되지 않겠는가."

사관은 광해군이 즉위해서 어진 선비를 찾는 데 소홀히 하고 궁녀들의 승진 잔치를 벌인 것을 꼬집었다. 즉위 초기부터 광해군의 관심이 어디로 향하고 있는지를 보여준다.

김씨도 이때 상궁으로 승진한다. 김씨의 이름은 '김개시'로, 선조 때 궁녀로 들어와서 세자 광해군의 시녀가 되고 총애를 받았다.

: 광해군과 세 명의 후궁 :

광해군의 사랑을 서로 독차지하려는 궁녀와 후궁들이 즐비했다. 김 상궁정5품과 임 소용정3품, 정 소용정3품 등이 대표적이다.

임 소용은 얼굴이 예쁘고 아첨을 잘했고, 정 소용은 교태를 잘 부리고 일도 잘해서 문서를 관리하고 임금의 말을 대신 전할 정도로 신임이 두터웠다. 김 상궁은 기교로서 사랑을 받았다. 이중에서 광해군에게 가장 가까이 있는 여인은 김 상궁이었다.

김 상궁은 예쁜 용모는 아니었다. 그녀는 매우 겸손한 척했으나 그 이면은 흉악하고 눈치가 빠르고 계교가 많았다는 평이다. 외모보다 머리와 말솜씨로 광해군의 마음을 사로잡았다.

광해군이 김 상궁을 얼마나 총애했는가를 알 수 있는 예가 있다.

이이첨은 대북파의 대표로서 광해군의 기준으로는 가장 믿을 수 있는 충신으로 최고 실세였다. 이이첨은 은밀하게 뜻을 이루고자 할 때는 김 상궁을 활용했다. 진귀한 노리개와 좋은 보물을 바치고, 자신의 뜻을 언문으로 써서 주고 임금을 움직이게 했다. 이이첨이 김 상궁을 섬겨서 왕을 속였다는 말이 돌 정도였다. 김 상궁은 이이첨보다 임금에게 더 가까이 있었고, 국가가 가장 경계해야 할 비선 실세였다. 그녀는 조정의 공식적인 논의 체계를 무력화시켰다.

또한 인사에도 개입했다. 이정원이 이조참의에 오른 것이 대표적이다. 이조참의는 조정의 인사에 관여하는 노른자위다. 김 상궁과 내통한 결과였다.

"이정원은 사대부들의 수치다."

광해군 11년 4월, 사관은 한성과 지방의 무뢰배들이 이정원에게 뇌물을 주고 벼슬을 얻는 모습을 이렇게 평가했다. 그가 김 상궁을 배경으로 해서 얼마나 많은 인사를 전횡했는가를 보여준다. 이정원은 김 상궁의 덕택으로 관직을 누렸으나 인조반정으로 바로 죽임을 당한다.

김 상궁은 도저히 상상할 수 없는 짓거리도 했다. 왕비 유씨를 질투해서 원수처럼 대했다. 광해군 10년, 왕비 유씨가 몸이 불편하자, 광해군은 왕비의 건강 회복을 위해서 사면령까지 반포했다. 그런데도 왕비의 건강이 회복되지 않자, 의원은 흉악한 물건으로 저주하는 사악한 귀신이 원인이라고 병을 진단했다.

왕비의 병을 진단하는 의원의 수준이 한심스럽지만, 광해군은 왕비를 저주하는 물건과 범인을 찾을 생각조차 하지 않았다. 김 상궁을 포함한 후궁들이 벌인 짓거리로 미루어 짐작할 수 있기 때문이다. 그녀들이 주는 즐거움을 잃지 않도록 왕비의 병을 모른 척했다.

특히 광해군은 김 상궁이 주는 즐거움에 빠져서 권좌까지 잃어야 했다. 인조반정은 여러 가지 조짐이 있었고, 광해군에게 사전 보고되었다.

: 역모 조짐을 무시하다 :

광해군 14년, 인조반정의 주역 이귀는 인조반정 약 3개월 전 평산부사였다. 그는 북방 방어를 구실로 내세워서 군사훈련을 열심히 했다. 행동은 평상시와 달랐고, 국가의 변란이 있으면 군사를 일으켜서 잘못된 국정을 바로잡아야 한다고 황해도 관찰사 이명에게 말했다. 역모를 일으키겠다는 뜻이다. 이명은 그 말을 사헌부에 전달했고, 그해 12월 사헌부는 이귀의 체포를 청했다.

"이귀와 김자점이 인목왕후영창대군의 어머니를 보호하기 위해서 난을 일으킨다는 말이 쫙 퍼졌습니다. 이귀와 김자점을 잡아다가 추궁하도록 하소서."

"이번 일이 무슨 현저한 근거가 있는가. 대체로 풍문으로 옥사를 일으킬 수 있겠는가."

광해군의 대답은 의외였다. 지금까지 역모의 조짐만 있어도 옥사를 크게 해서 수많은 사람을 죽였고, 심지어 전혀 증거가 없는 형 임해군과 동생 영창대군도 역모 혐의를 덮어씌워서 죽였다. 이 외에도 재위 기간 내내 역모 관련 옥사가 끊이지 않았다. 그런데 역모 혐의가 있다는 황해도 관찰사의 말은 근거 부족으로 일축했다.

이때 광해군은 후원에서 김 상궁과 잔치를 벌이고 있었다. 김 상궁은 광해군의 손을 잡고 크게 웃으며 그 말을 무시했다.『조야첨재』

"외부의 논의가 실로 가소롭다. 김자점이 어찌 반란을 일으킬 것인가."

역모 조짐을 임금이 아니라 김 상궁이 판단하고 마치 역모가 없는 것처럼 말했다. 이유가 있었다. 이귀와 김자점은 자신들의 역모모의가 새 나가자 김 상궁을 뇌물로 매수했다. 그녀의 전횡을 광해군만 몰랐다. 사간원 정언 한유상 등도 임금에게 간곡하게 역모 조짐을 아뢨다.

"충성된 말은 귀에 거슬리고 간사한 말은 믿음직한 법입니다. 그러나 훗날 후회가 생길 때 신들이 말씀을 드리지 않았다고 말하지 마시옵소서."

한유상 등은 인조반정에 대한 정확한 정보를 광해군에게 보고했다. 그러나 광해군은 김 상궁의 교언영색에 가리어 눈과 귀를 막고 아무런 대비책을 세우지 않았다. 스스로 무덤을 팠다.

김 상궁은 궁녀로서 해야 할 본분을 잊고 권한 밖의 일로 권한을 남용했다. 그 결과 인조반정 때 정업원에서 불공을 드리다가 소식을 듣고 민가에 숨었지만, 군인이 찾아내서 베었다.

광해군은 왕위에 오른 후, 세자 때의 영민하고 백성을 위무하는 모습과는 완전히 달라졌다. 왕의 주변은 왕과 장단을 맞추는 이이첨 등의 세력으로 채워졌다.

또한 상궁 김개시 등 후궁들의 입김도 차츰 세지고, 환관조차 정사에 개입했다. 거기에 지관들이 도움을 얹고, 거대 궁궐을 짓도록 해서 조정 신하들보다 더 영향력을 발휘했다.

광해군은 학문이나 업무에 관심이 없었다. 경연을 하지 않고, 병을 핑계로 대신들을 만나지 않았으며, 밤에는 긴급하지 않은 것은 아뢰지 않게 했다.

이러한 것이 모여서 광해군은 강제로 어좌에서 내려와야 했고, '왕'이 아니라 '군'으로 됐다.

조선에서 세종이나 정조처럼 훌륭한 업적을 남긴 왕에게는 황희, 맹사성과 채제공, 정약용처럼 뛰어난 인물의 이름이 떠오른다. 반면 연산군은 임사홍과 장녹수, 광해군은 이이첨과 상궁 김개시처럼 난신적자가 떠오른다.

세종이나 정조처럼 왕 역할을 제대로 하는 환경에서는 김 상궁 같은 독버섯은 자라지 않았다. 난신적자가 끼어들 여지를 주지 않는 지도자의 역할이 중요하다.

대동법을 실시하고 반대하다

어느 시대라도 세금을 거두는 국가와 내는 사람의 온도 차가 있다. 양쪽이 만족하는 세금제도는 쉽지 않았고, 시대에 맞게 조금씩 개선했다.

조선의 세금은 조·용·조가 기본이었다. 토지, 사람, 집을 기준으로 해서 곡물, 부역, 특산물을 바쳤다. 이 외에도 백성은 새로운 명목의 세금을 내고 그 기준은 들쑥날쑥했다.

특히 조·용·조에서 방납의 폐해는 심각했다. 방납은 백성이 마련하지 못한 공물을 관에서 먼저 조정에 내고, 추후 백성으로부터 그 대가를 받았다. 관청은 방납인을 내세워서 그 일을 맡겼고, 방납인은 중간에서 물건 가격을 장난쳐서 몇 배로 뛰게 했다. 공물을 빌린 백성은 가격이 오른 만큼 부담이 가중된다.

: 대동법 확대 시행을 반대한 까닭 :

광해군 즉위년 5월, 영의정 이원익은 방납의 폐해를 개혁하고자
했다.

"방납인이 물건 가격을 중간에서 몇 배나 올려서, 그 폐단을 고
치기 어려울 정도입니다. 경기도가 더욱더 심합니다. 백성들에게
쌀로 일정하게 거두어서 물가를 올리는 간사한 꾀를 끊으셔야 합
니다."

이원익은 세금을 쌀로 일정하게 거두면, 지역의 수령은 임의적
잣대로 세금을 더 거둘 수 없고, 또한 사람이나 집에 따라서 제멋
대로 거두는 것이 어렵다고 봤다. 조·용·조의 단점을 보완해서 세
금을 고르게 내는 제도를 제안했다. 이원익은 '선혜'라는 단어를
사용했고, 이는 대동법이 시행되는 출발점이다. 대동법은 처음에
경기도에서만 시행했다.

율곡 이이도 선조에게 올린 『동호문답』 「논안민지술」에서 공
물 방납의 폐해를 심각하게 봤다. 대동법이 시행되기 39년 전
이다. 백성은 세금을 많이 내지만 중간에 방납인이 가로채서 국
가의 수입은 적다고 했다. 그는 방납 폐해의 대안으로 해주의 곡
물법을 제시했다.

"해주는 논 1결마다 쌀 한 말을 징수합니다. 백성은 쌀만 내고
(방납인의) 농간을 알지 못합니다. 관청은 미리 비축해 두었던 물
건을 조정에 바칩니다. 이 법을 전국적으로 실시하면 백성을 구
제하는 좋은 법이 될 것이고, 방납의 폐단은 개혁될 것입니다."

이이가 제시한 해주의 곡물법을 언제, 어떻게 시행했는지에 대한 설명은 없지만, 지역 단위에서 대동법의 형태가 이미 시행되었음을 시사한다.

경기도 백성들은 대동법 시행을 환호했다. 세금을 예측할 수 있고 고르게 낼 수 있기 때문이다. 그러나 광해군 1년 2월, 광해군은 대동법 시행에 대해서 부정적인 의견이었다.

"승지 유공량이 대동법은 불편한 점이 많아서 영구히 시행할 수 없다고 이야기했다. 나 역시 대동법은 진실로 시행하기 어려울 것이라고 여겼다."

이러한 배경에는 방납인들의 농간이 있었다. 대동법을 계속 시행하면 더 이상 방납으로부터 이익을 취할 수 없기 때문이다. 광해군은 백성의 편리보다 방납으로 이익을 얻는 자의 말에 더 귀를 기울이는 듯했다. 사헌부는 대동법을 지속적으로 시행해야 한다고 건의했다.

"어떤 제도를 시행할 때 1년은 실시해야 그 편익여부를 알 수 있습니다. 대동법을 시행한 후 반년 만에 그만둔다면 곡물 가격의 혼란만 초래할 것입니다. 올해는 규정대로 시행하고 장단점을 따져서 다시 결정하는 것이 어떻겠습니까?"

광해군은 대동법 시행의 중단은 보류했지만, 여전히 부정적인 시각을 갖고 있었다. 대동법 시행으로 궁궐에서 사용하는 물품이 떨어지고 비축이 안 되어 궁궐의 위엄이 떨어졌다는 이유였다. 토지의 세금은 쌀로 바치지 말 것을 호조에 명했다.

"궁궐에서 요긴하게 쓰는 물건은 쌀로 내는 대동법을 적용하지 마라."

임금의 생각과 달리, 의병장 곽재우를 비롯한 여러 신하는 백성들이 고르게 혜택을 입을 수 있도록 대동법의 전국적 시행을 주장했다. 강원도 관찰사 홍서봉도 경기도 백성이 편리하니 강원도에도 대동법을 시행할 것을 건의하고, 구체적 절목까지 마련했다. 광해군은 받아들이지 않았고 그해 11월 이렇게 말했다.

"대동법은 경기도에만 시행하는 것은 좋다. 다른 도로 확대되면 난처한 상황이 벌어진다. 백성에게 조금 혜택을 베풀려다가 큰 근본을 망각할 수 있다. 대동법의 확대 시행은 안 된다."

광해군 6년, 호조는 경기도의 시행 성과를 검토하고, 방납을 폐지하면 국가가 필요로 하는 물품을 어떻게 조달할 것인지 하는 처음의 우려는 불식됐다고 하면서 장점을 설명했다.

"경기도가 대동법을 시행한 이후, 경기도의 요역은 유지될 수 있었고, 공물사주인*들도 대동법을 바탕으로 생활할 수 있으며, 국가의 경비도 부족하지 않고, 백성들은 조금 숨을 돌릴 수 있습니다."

호조는 경기도에서 실시한 대동법에 대해서 긍정적인 결과를 산출하고, 대동법의 전국 실시는 오로지 임금의 결단에 달려 있다고 보고했다. 그러나 광해군은 토지에 따라서 공물을 바치는 제도가 오래되었다고 하면서 대동법 확대를 원하지 않았다.

대동법은 인조 때부터 순차적으로 확대 시행되었다. 인조는

● 공물사주인(貢物私主人): 지역에서 공물을 바치러 온 향리에게 숙박을 제공하거나 한성의 시장에서 공물무역을 중개·알선하는 사람.

강원도, 효종은 충청도와 전라도, 숙종은 전국적으로 확대 시행했다.

광해군은 임진왜란으로 국토가 회복되지 않은 상태에서 여러 토목공사를 많이 했다. 경복궁에 버금가는 궁궐, 인경궁과 경덕궁을 지었다. 국가는 많은 비용이 필요했다.

광해군은 방납인들의 요청과 대규모 토목공사, 또한 궁궐생활을 여유롭게 하기 위한 물품 조달 때문에 대동법을 경기도에서만 시행한 것으로 보인다. 대동법의 전국 시행을 반대한 이유일 것이다.

동의보감을 완성하고 간행하다

『동의보감』은 허준이 약 400년 전에 편찬한 의서로서 임상 의학적 방법으로 내·외과를 나누고, 각 병마다 진단과 처방을 내려 기록했다. 동양에서 가장 우수한 의서로 평가될 정도이다. 그 이유를 『조선왕조실록』과 개인 문집을 통해서 알아보자.

: 14년 만에 『동의보감』을 완성하다 :

허준은 어려서부터 총명하고 영민했으며 책 읽기를 좋아해서 유학과 역사학을 두루 섭렵했다. 특히 의학에 정통해서 신묘한 이치를 깊이 터득했다.

홍문관 부제학 유희춘의 천거로 내의원 첨정이 되었고, 선조와 세자 광해군을 잘 치료해서 각별하게 신임받았다. 특히 광해군이 두창에 걸려서 생사가 오갈 때 치료해서 당상관이 된다. 그의 나이 52세였지만 어마어마한 특혜였다.

사헌부의 반대가 심했으나 선조는 받아들이지 않았다. 허준의 뛰어난 의학지식과 치료성과를 인정했던 것이다. 선조는 잔병치레가 많았고, 어의 허준의 치료효과를 톡톡히 보았다. 선조는 그 혜택이 백성에게도 돌아가기를 바라면서 제자백가의 의술을 모아서 책으로 편찬하기를 명했다.

"외진 시골에는 의약이 없어서 요절하는 사람이 많다. 우리나라에는 향약조선에서 나는 약재이 많이 생산되는데도 사람들이 알지 못한다. 그대는 약초를 분류해서 생산되는 곳의 이름을 써서 백성들이 쉽게 알도록 하라."『월사집』 제39권, 『동의보감』서문

허준은 선조의 명으로 의약책을 편찬하기로 하고 유의 정작, 태의 양예수, 김응탁, 이명원, 정예탁 등과 실무부서를 꾸렸고, 1년여의 노력 끝에 중요한 내용은 그럭저럭 갖추었다. 그러나 정유재란의 발발로 의원들이 뿔뿔이 흩어져서 책 편찬은 중단되었다.

그 후 선조는 허준에게 혼자서라도 책을 완수하라고 명하고, 국내 서적 100여 권을 참고할 수 있게 했다. 하지만 선조는 책의 찬집이 반도 되지 않았는데 승하했다. 어의 허준은 선조의 승하 책임으로 먼 지방으로 유배 갔다.

조정은 허준의 유배만으로는 불충분하다고 해서 위리안치를 청했으나, 광해군은 오히려 유배 7개월 만에 풀어준다. 세자 시절 허준 덕택에 두 번이나 생명의 위기를 넘겼고, 지금도 어의가 필

요하다는 이유였다.

사간원에서 여러 차례 반대했고 심지어 의금부까지 나서서 우려를 전달했으나, 광해군은 받아들이지 않았다.

"허준의 죄는 이미 귀양살이에서 징계가 되었고 석방으로 공로를 세울 것이다."

허준은 광해군의 뜻에 보답했다. 광해군 2년, 허준은 유배를 끝낸 9개월여 후 『동의보감』을 완성하고 바쳤다. 25권이었다. 광해군은 책의 완성에 매우 기뻐했고 전교를 내렸다.

"허준은 부왕의 명으로 의서 찬집을 시작해서 몇 년 동안 자료를 수집하고, 심지어 유배지에서도 그 일을 멈추지 않고 비로소 책을 완성했다. 부왕이 명한 책을 과인의 대에 완성하게 되었으므로 비감을 금할 수 없다."

선조의 명을 받은 이후 14여 년 만에 완성했다. 광해군은 허준에게 숙마 한 필을 하사하고 치하했다. 책을 편집하고 출간해서 중외에 널리 배포하도록 했다.

: 동양의 최고 의학서 :

그러나 『동의보감』을 간행한 것은 쉬운 일이 아니었다. 내의원은 필사본을 하삼도충청·경상·전라도로 내려보내 간행하도록 했으나 지역 책임자는 여러 차례 난감해 했다. 조선시대 서적 간행은 주로 지역에서 했는데 『동의보감』은 다른 책과 달라서 두 줄로 소주小註의 작은 글자로 써놓아서 새기기가 어렵고, 약명과 처방의 착오가 있다면 사람의 목숨과 관계되므로 필사본으로 확인하는 데 한계가 있다는 것이다.

내의원은 그 의견을 받아들여서 직접 간행하고자 했다. 내의원 내에 별도의 국을 설치해서 과거의 의서 간행 경험을 살려 의관이 감수하고 교열하게 했다.

광해군은 내의원에 예산을 지원하고 이조판서 이정귀 예조판서를 9번 지낸 최고의 외교관이자 문장가에게 서문을 짓도록 명했다. 이정귀는 서문에서 제왕이 인자한 정치를 펼치는 데 우선해야 할 것은 "일찍 죽는 백성을 의약으로 구제하는 것이다"라고 밝히고 그 내용을 요약했다.

"이 책은 고금의 서적과 제자백가의 의술을 절충했습니다. 내용은 상세하지만, 불필요한 것을 늘어놓지 않았고, 간략하지만 포함되지 않은 것이 없습니다. 조리 정연해서 백천 종류의 환자도 각각의 처방을 내릴 수 있습니다. 온갖 처방도 증상에 따라서 투약하면 어김없이 들어맞습니다. 참으로 의학의 보감이요 세상을 구제하는 좋은 법 처방입니다." 『월사집』 제39권, 『동의보감』 서문

『동의보감』은 3년여의 과정을 거쳐서 광해군 5년, 목판본으로 간행됐다. 선조가 책을 저술하라고 명한 지 17년 만이었다.

『동의보감』은 간행 이후 국내뿐만 아니라 중국, 일본에도 큰 반향을 불러일으켰다. 국내는 『목민심서』 『산림경제』 『구급이해방』 『의림촬요』 등 수십 종류의 책에 그 처방이 소개되어 활용되었고, 정조 때 펴낸 의학서 『제중신편』의 저본이 되었다. 이덕무는 우리나라의 좋은 책 세 가지로 도학은 『성학집요』, 경제는 『반

계수록』, 사람을 살리는 방술책은『동의보감』을 꼽았다.

명나라에서는 더욱더 인기가 있었다.『동의보감』은 중국의 의서도 많이 참고했다. 그러나 허준은 단순 인용이 아니라 자신의 견해를 밝혀서 더욱더 가치 있는 책으로 만들었다.

명나라 사신은 올 때마다『동의보감』을 갖고 싶다고 청했고, 명나라 현지에서 찍어내고 파는 진풍경이 펼쳐졌다. 은 다섯 냥으로 비쌌다. 책이 비싸서 사지 못한 사람은 서문이라도 베껴서 아쉬움을 달랬다.

일본에는『해동제국기』『퇴계집』『율곡집』등과 함께『동의보감』이 들어갔다.『동의보감』은 한·중·일 최고의 의학서였다.

현대는 그 가치를 인정해서 국보로 지정했고, 세계 기록문화유산에도 등재됐다. 원본은 한문으로 돼 있다.

허준은『동의보감』외에도 백성이 이해할 수 있는 언문으로『언해두창집』『언해태산집』『언해구급방』을 저술했다. 백성이 자주 어려움을 겪는 두창과 출산, 응급처치를 위한 책이다. 또한『신찬벽온방』『벽역신방』도 펴냈다. 온역질환, 성홍열에 관한 책이다.

허준은『동의보감』이 간행된 2년 후, 광해군 7년에 76세로 졸한다. 광해군은 허준을 익사공신 보국숭록정1품으로 추증했다.

광해군이 유배 간 허준을 풀어주어『동의보감』을 완성하고, 간행한 것은 매우 잘한 일이다.

명과 청 사이의
중립 외교를 하다

한 사람이 사이가 좋지 않은 두 사람과 동시에 좋은 관계를 유지하기는 쉬운 일이 아니다. 이것은 사람에게 국한되지 않고 나라의 관계로 발전되면 더욱더 복잡하다. 한반도를 둘러싸고 미국, 중국, 러시아, 일본 등 국가 간의 이해관계에 따라서 취하는 정책이 다른 것과 마찬가지다.

: 명나라의 대항마 누르하치 :

광해군 8년, 누르하치가 여진족을 통합해서 후금을 세워서 칸이 되었다. 후금은 만주와 연해주를 근거지로 했으나 조선과 명나라는 독립 국가로서 인정하지 않았다.

조선은 누르하치를 여진족의 추장으로 여겨서 '노추老酋'라고 했고, 여전히 오랑캐胡로 인식했다. 명나라는 요동에 건주위를 설치해서 여진족을 다스렸다. 그들의 군사 행동은 반란이었고 토벌 대상이었다.

그러나 누르하치는 조선과 명나라의 생각과 달리 여진족의 여러 부족을 통합하고, 강력한 군대를 보유하면서 명나라의 대항마로 성장하고 있었다. 반면, 명나라는 기울고 있었다. 임진왜란 때 조선을 지원해서 국력이 약화된 것도 원인이었다.

조선은 건국 초기부터 여진족과 관계를 맺었다. 그들이 조선으로 오면 필요한 생활용품을 주어서 어루만졌고, 귀화하는 사람에게는 벼슬도 내렸다. 그러나 우리의 변방을 침입해서 약탈할 때는 강력하게 대응했다. 세종과 세조는 대대적으로 정벌했고, 소규모 전투도 있었다. 여진족이 오면 받아주고, 귀찮게 굴면 모기처럼 쫓아내었다.

: 누르하치와 후금의 성장 :

하지만 광해군 때는 달랐다. 광해군 6년, 이제 여진족은 종족 단위가 아니라 스스로 나라國라고 여길 만큼 성장해서 명나라, 중원을 침입할 태세였고, 우리의 국경에도 자주 출몰했다.

"노추의 군사와 오랑캐들이 계속 출몰하고 있으므로 음흉한 꾀를 헤아리기 어렵다. 군사들은 경계를 철저히 하고 우리의 사정이 누설되지 않도록 하라."

광해군은 함경감사 권진과 북병사 이수일을 불렀다. 영리한 자를 파견해서 오랑캐의 동정을 잘 살피라고 하면서 갑옷과 투구를 내렸다. 정보를 수집하고 방어 태세를 갖추라고 했다.

광해군 10년, 누르하치가 청하지역을 포위하고 중원을 침입한다는 첩보가 들어왔다. 비변사는 이를 가볍게 여길 수 없다고 판단하고, 선전관을 국경 부근 의주로 파견해서 진위를 파악하도록 건의했다.

의주부윤의 보고도 들어왔다. 누르하치의 군대가 사하보 등을 침입해서 사람과 가축, 재물을 모조리 약탈했다고 전했다. 명나라의 요동총병도 전사해서 중앙군을 파견하고 정벌을 계획한다는 것이다. 아울러 명의 장수는 우리에게 국경을 더욱더 엄격히 방어하고, 병력을 합쳐서 함께 정벌하자고 했다.

광해군 10년 윤4월, 명나라는 이후 정식으로 외교문서를 보내와서 누르하치의 침입 사실을 알리고 우리의 도움을 요청했다.

"건주위 추장 누르하치가 무순을 습격하는 등 반역을 일으켰습니다. 우리는 마땅히 정벌할 것이고 조선은 방비책을 엄격히 하고, 우리와 연합도 고려하기를 바랍니다."

명나라는 처음에는 누르하치를 단독으로 정벌하려는 듯이 보였으나, 무순전투의 패배로 전세가 불리해지자 우리에게 파병을 요청했다. 광해군 10년 5월, 광해군은 신중한 방침을 조정에 내렸다.

"임진왜란 때 명나라의 도움을 받았으므로 우리가 파병하는 것은 당연하다. 그러나 우리는 병농일치로 군사력이 강하지 않다.

군사 수천 명을 국경 부근에 배치해서 호랑이가 산속에 웅거하는 것처럼 후금의 배후를 위협해서 명나라를 지원하는 것이 적합할 듯하다."

광해군은 국토 방위를 위해서 장수 선발과 군사훈련, 군량미 비축, 성곽 수선, 무기 정비 등을 비변사에 지시했지만, 적극적인 파병 의사는 없었다. 명나라의 요구를 들어주면서 군사를 파병하지 않는 방법을 찾고 있었다.

이러는 사이 후금도 조선 국왕에게 문서를 보냈다. 그들은 명나라와 전투에서 자신들의 승리 소식을 전하면서 조선이 명나라를 돕지 않도록 요구했다.

"만약 조선이 명나라에 파병할 경우, 우리는 조선을 공격할 것입니다. 조선은 우리와 아무런 원한관계가 없으므로 군대를 일으키지 않도록 하십시오."

후금은 외교로 조선의 발을 묶으려고 했다. 조선은 명나라의 청병요청과 후금의 파병 반대 사이에 끼이게 됐다. 진퇴양난이다.

명나라의 요구는 점차 커졌다. 처음에는 우리의 국경 부근에서 후금의 배후를 위협하는 정도의 역할을 주문했으나, 차츰 압록강을 건너서 전투에 참가하라고 요청했다. 군사도 처음에는 7천 명 정도였으나 더 많은 군사를 요청했다. 명나라가 전선에서 불리해지고 있음을 암시했다.

: 의류장군 김응하의 죽음 :

광해군은 임진왜란의 파병을 외면할 수 없어서 결국 명나라의 청병요청을 받아들였다. 의정부 좌참찬 강홍립을 도원수, 좌조방장 김응하와 우조방장 이일원을 대장으로 하고 군사 1만3천 명과 보급부대를 합쳐서 2만여 명이었다.

광해군 11년, 우리 군사는 압록강을 건너서 명나라군과 합류했다. 비변사는 말, 활, 화살을 지원하고 군사들의 사기를 높이기 위해서 은자도 마련해 주었다.

강홍립은 명나라 도독의 진영으로 갔다. 명나라 진영은 의외로 허술했다. 대포와 총도 없었고, 오히려 우리의 지원군에 기대는 눈치였다. 군량 보급도 제대로 되지 않은 상태에서 행군 속도가 빨라서 군사들은 허기져 있었다.

명과 조선, 후금 사이의 본격적인 전투가 심하에서 벌어졌다. 명은 10만여 명으로 선두와 중간을 맡고 조선은 후방에 포진했다. 후금은 매복해서 명나라군을 기습했고, 명나라군은 전열을 재정비하지 못하고 순식간에 무너졌다. 명나라군은 군량 보급이 제대로 되지 않은 상태에서 서둘러 행군하다가 지쳐 있었다. 10만 명의 군사는 의미 없는 숫자에 불과했다.

명나라 도독은 군사를 독려했으나 맹렬하게 돌격하는 후금을 당해낼 수 없었다. 명나라 군사 10만 명은 거의 전멸하고 도독 이하 장군들은 패전을 인정하고 자결했다.

우리는 후방에서 좌군, 중군, 우군으로 나누었다. 우리도 명나라와 마찬가지로 식량 보급이 제대로 되지 않았다. 우군은 미처 진을 펼치기도 전에 전멸했다. 원수 강홍립이 이끈 중군은 싸울 의지가 없었고, 후금에 은밀히 밀서를 보내서 항복의사를 밝혔다. 광해군의 밀명에 따른 전략이었다.

이러한 상황에서 좌군을 이끄는 김응하 장군만 전쟁터에서 외롭게 분투했다. 그의 부대 3천 명은 6만 명의 후금을 상대했다. 장군 휘하의 군사들은 똘똘 뭉쳤고 들판에 포진하고 목책까지 설치했다. 화포가 위력을 발휘했다. 승세를 타고 달려오는 적을 향해서 화포를 쏘았고 아군의 탄환에 적은 마구 쓰러졌다.

그러나 날씨가 도와주지 않았다. 갑자기 서북풍이 불어와서 먼지와 모래로 앞이 캄캄해졌고, 날아가는 화포의 불이 꺼졌다. 화포를 더 이상 쏠 수 없었다.

육박전이 벌어졌다. 김응하 장군은 버드나무에 의지해서 수없이 화살을 쏘아서 적을 무너뜨렸다.

후금의 군사는 감히 그와 정면승부를 하지 못하고 뒤로 돌아서 등에 창을 찔렀다. 창이 가슴까지 관통했으나 칼을 놓지 않고 노기가 등등했다고 한다. 김응하와 부하들은 용감했으나 중과부적이었다. 마지막 보루 김응하 장군은 전사했다. 그의 나이 40세였다.

후금군은 "김응하 같은 자가 두어 명만 있어도 실로 감당하기 어려웠을 것이다"라고 칭찬하고 '의류장군'이라고 불렀다. 버드나무에 기대서 용감하게 싸운 장군이라는 뜻이다.

김응하 장군은 병조판서로 증직하고, '충무공'의 시호를 받

는다. 철원군에 사당이 있다. 영조는 사액했고, 정조는 어제시를
내렸다.

: 명과 후금 사이에서 두 마리 토끼를 잡은 광해군 :

심하전투는 후금의 승리로 끝났다. 명나라는 패전으로 큰 타격을
입었다. 광해군은 도원수 강홍립에게 상황을 봐서 항복해도 좋다
는 밀명을 내렸다.

　그러나 이 밀명이 좌조방장 김응하에게는 전달되지 않은 듯했
고, 김응하 장군은 용맹하게 싸우다 죽었다. 밀명이 전달되지 않
은 이유는 알 수 없다. 조선은 어쨌든 강홍립의 항복과 김응하의
용맹으로 두 얼굴을 보여주었다.

　신하들은 강홍립에게 내린 임금의 밀명을 몰랐다. 광해군이 밀
명을 밝히지 않은 것은 명나라에 알려지면 안 되기 때문이다. 비
변사는 투항한 강홍립의 직명 삭제와 가족을 잡아 가두어 명나라
의 의심을 풀어주라고 요구했다.

　그러나 정작 명나라의 판단은 달랐다. 명나라 황제는 강홍립의
항복은 자신들이 지휘를 잘못한 탓으로 돌리고, 오히려 김응하의
용맹에 무게를 더 두었다. 황제는 김응하에게 '요동백'이라는 시
호와 가족에게 백금을 내렸다. 또한 글도 내리고 제사를 올려서
장군의 영혼을 위로했다. 『송자대전』에 기록이 있다.

　"충신 김응하 장군은 삶을 버리고 의리를 취하였다. 장군의
전사는 나를 부끄럽게 하고, 또한 나에게 신하가 있었음을 증

명한다. 김응하 장군을 요동백으로 증직하고 그의 충혼을 위로
한다."

후금은 용감하게 싸운 김응하 장군도 높이 평가했지만, 강홍립
의 항복을 더 높이 평가했다. 조선과 평화를 유지할 필요가 있었
기 때문이다.

조선은 심하전투에서 명나라와 의리와 은혜를 지키면서 후금
에게 화해의 손을 내밀었다. 광해군의 뜻이 반영된 두 마리 토끼
를 잡았다. 광해군은 이후에도 이러한 자세를 유지했다. 『광해군
일기』 11년 4월 3일에 이런 얘기가 실려 있다.

"명나라 사신이 한성에 오면, 오랑캐로부터 서신외교문서이
왔다는 말을 누설하지 마라. 오랑캐*들을 특별히 잘 대접하라."

광해군은 후금과 비밀리에 외교문서를 주고받은 것을 명나라
사신에게 밝히고 싶지 않았다. 신하들은 명나라에 의리와 은혜를
지키는 사대외교만을 강조했지만, 광해군은 사대외교와 동시에
한창 기세가 오른 후금을 잘 미봉하는 것이 국가를 보전할 수 있
는 좋은 계책이라고 판단했다.

광해군은 비변사에 자신의 뜻을 이해하지 못하는 신하들만 있
는 것을 한탄했다.

"경들은 지난해 파병할 때 일거에 적을 소탕할 것처럼 말했다.
그러나 나는 명나라가 성을 나와서 적진으로 들어갈 때 반드시
패하리라는 것을 예측했다. 비변사에는 경험 있고 노련한 인재는
죄다 유배 보내고, 젊고 일에 서투른 자만 있으니 국가 운영을 잘

● 조선은 후금보다는 호(胡, 오랑캐, 여진족)를 사용했다.

경기도 남양주시에 있는 광해군의 묘. 인조 19년, 1641년 광해군이 제주 유배지에서 세상을 떠나자 같은 해 이곳에 묘를 조성했다.

못하는 것도 이상하지 않다."

광해군은 임진왜란에서 선조를 잘 보좌한 전 영의정 이원익과 이항복 등을 유배 보내고, 이제 조정에 그런 경험 있는 인재가 없음을 탓하고 있지만, 그 탓은 본인에게 있었다. 이이첨의 농단에 놀아나서 이원익과 이항복 등에게 유배의 명을 내린것은 자신이었다.

신하의 대부분은 명나라의 은혜와 의리를 강조했지만, 광해군은 명나라와 후금, 양쪽 모두에게 최선을 다하는 의지는 확고했고 실천으로 옮겼다. 광해군 13년 6월, 임금은 이렇게 말했다.

"후금의 형세는 날로 치열해지고 있다. 우리나라의 병력, 고상한 말과 큰 소리로 후금의 칼날을 막을 수 있겠는가."

후금의 사신을 잘 접대하고 후한 선물을 주어서 각별하게 보살

폈다. 명나라 몰래 후금에 사신도 보냈다. 물론 명나라에 대한 사대의 예를 했고, 명의 사신도 극진하게 대접했다.

광해군은 명나라와 후금 사이에서 아슬아슬하게 줄을 탔다. 명나라는 기울고 있고, 후금은 일어서고 있는 정세를 잘 읽었기 때문이다. 재위 기간에 국토를 보전하고 평화를 유지했다. 반면 인조는 명나라에 대한 사대의 예만 강조해서 한쪽으로 기우는 외교를 펼치다가 정묘호란과 병자호란으로 국토는 유린되고, 삼배구고두를 하는 치욕을 당했다. 이와 비교하면 광해군의 중립 외교는 매우 잘했다고 칭찬할 수 있다.

시호를 두고
왕과 신하 간의 격쟁이 벌어지다

태·정·태·세·문·단·세…. 조선의 왕 이름 순서를 외우는 방법으로 사용하고 그 뒤에 조祖와 종宗을 붙였다. 태조, 태종, 세종, 세조 등이다.

조와 종을 정하는 원칙은 조공종덕祖功宗德이다. 즉, 공이 있으면 조, 덕이 있으면 종을 붙였다. 여기서 공은 나라를 세우는 것에 버금가는 공을 일컫는다. 고려에서는 태조 왕건뿐이었으나 조선에서는 태조 이성계뿐만 아니라 세조, 선조, 인조, 영조, 정조, 순조 등 일곱 명의 '조'가 있다.

묘호와 시호

왕이 승하하면 묘호와 시호를 올린다. 묘호는 종묘의 신주에 쓰기 위한 왕의 이름으로 우리가 부르는 태조, 세종 등을 말한다. 시호는 왕의 공덕을 압축하는 글자다. 대체로 여덟 자이나 이보다 훨씬 길기도 했다.

태종 8년, 조선의 제1대 왕이 승하하자 묘호를 '태조'라고 짓고, 시호는 '지인 계운 성문 신무' 여덟 자를 했다. 조선을 창업한 왕의 묘호와 시호가 처음으로 탄생했다. 태조가 승하한 3개월 후였다.

연산군과 광해군은 끝내 군에 머물고

임금이 승하해도 바로 묘호와 시호를 올리는 것은 아니었다. 조선의 제2대

왕은 묘호를 받지 못했다. 그는 왕위를 물려준 후 '공정왕', '상왕', '노상왕' 으로 불렸다. 제2대 왕의 실록도 원래 이름은 『공정왕실록』이다.

묘호를 받지 못하면 종묘에 신주를 올리지 못한다. 왕이었으나 종묘 제사를 받지 못하고 자손도 '대군'이나 '군'보다 아래의 '정윤'이나 '원윤'이 된다. 성종 12년, 공정왕의 후손은 안타까울 수밖에 없고 묘호를 추상해 달라는 상소를 올렸다. 그러나 좋은 답변을 얻지 못했다.

"공정왕은 나라를 세우고 조정을 안정시킨 공덕이 없습니다." 성종실록 12 년 8월 13일

"태종이나 세종께서도 공정왕의 묘호를 올리지 않은 것은 깊은 뜻이 있습니다." 성종실록 13년 7월 20일

성종과 신하는 그동안 공정왕의 묘호를 한 번도 논의하지 않은 것은 어떤 깊은 뜻이 있을 것이라고 하면서 받아들이지 않았다.

공정왕의 묘호를 본격적으로 논의한 것은 숙종 때다. 숙종 7년, 임금은 공정왕의 묘호가 빠져 있음을 알고 명을 내렸다.

"유독 공정왕만이 묘호가 빠졌다. 미안한 일이다. 논의하라."

영의정 김수항, 영중추부사 송시열 등 대신들은 백성을 편안하게 하거나 왕위를 물려준 덕이 있다고 해서 '정종定宗'으로 묘호를 올렸다. 조선의 제2 대 왕이 '공정왕'에서 '정종'으로 바뀐 것이다. 그의 사후 262년 만이었다.

시호는 '의문 장무' 네 자를 더하고, 신주를 고쳐 쓰고 종묘로 옮기는 의식을 거행해서 숙종이 직접 제사를 지냈다. 교서도 반포했고, 사죄 이하는 사면하고, 축하하는 증광시까지 치렀다. 묘호와 시호를 정하고 올리는 것은 나라의 주요한 의례였다.

단종은 왕위를 물려준 후 '상왕'으로 불렸으나 단종 복위 운동이 실패로 돌아가자 '노산군'으로 신분이 떨어졌다. 이 역시 숙종 때 단종으로 묘호

찬궁 | 임금의 관을 임시로 모셔두는 집 모양의 구조물. 찬궁 내부의 네 면에는 청룡, 백호, 주작, 현무의 사수도가 그려져 있다. 임금이 승하해도 바로 묘호와 시호를 올리는 것은 아니었다.

를 올려주었다. 단端은 예와 의를 지켰다는 의미로 해석했다.

이에 비해서 연산군과 광해군은 끝내 '군君'에 머물렀고 묘호를 얻지 못했다.

시호만 스무 자인 세조

조와 종은 우열이 없다고 했으나, 후대의 왕은 선대의 왕에게 가능한 조를 붙이고자 했다. 그 첫 시작은 예종이다.

예종 즉위년, 임금은 부왕이 승하하자 빨리 존호를 올리고자 신하들을 재촉했다. 이에 나라의 주요 대신들이 모여 논의를 거쳐서 신종, 예종, 성종으로 '종'을 후보로 올렸고 시호는 '열문 영무 신성 인효' 여덟 자를 정했다.

예종은 우선 시호를 문제 삼았다. 시호에는 자신이 내려준 글자도 빠졌고, 글자 수도 제한하지 말라고 했는데 여덟 자로 했다고 하면서 매우 화를 냈다. 태조, 태종, 세종, 문종의 시호는 모두 여덟 자이다.

"내가 어리기 때문에 이처럼 했는가?"

예종은 오히려 자신을 나이18세로 무시하느냐고 신하들을 압박했다. 임금의 말씀에 냉랭한 기운이 돌고 신하들은 전전긍긍했다. 예종은 속내를 꺼냈다.

"부왕은 나라를 다시 세운 공이 있으니 '세조'라고 할 수 없는가?"

신하들은 왕의 제안을 따를 수밖에 없었다. 이렇게 해서 신하들이 올린 후보 '종'은 제외되고, 제7대 왕 '세조'가 탄생했다. 아들 예종의 의지로 '세조'가 되었다.

또한 세조의 시호는 매우 길다. '승천 체도 열문 영무…'로 열여덟 자다. 앞선 왕보다 열 자를 더했다. 예종은 이것도 모자라서 '흠숙'을 더해서 모두 스무 자로 다시 고쳤다. 시호가 너무 길어 오히려 외우는 것이 힘들 정도다. 아무리 좋은 시호도 기억하거나 불리지 않으면 소용이 없다.

묘호는 왕의 사후에 신하들이 논의를 거쳐서 올리는 것이지만 예종은 자신의 묘호를 생전에 '예睿'로 정해두었다. '슬기롭다, 총명하다'는 뜻이다. 부왕의 묘호를 정할 때 신하들이 자신의 뜻과 다르게 올린 것을 경험했기 때문일 것이다. 그의 뜻대로 예종이 되었다.

중종은 39년간 재위했다. 인종 1년, 임금은 부왕이 연산군을 쫓아낸 반정을 이루었고, 40여 년 동안 나라를 중흥시킨 공이 크다고 해서 '조'를 붙이고자 했다.

"부왕은 공과 덕을 갖추었고 또한 공이 현저하니 '조'를 간절히 원한다."

"아무리 나라를 중흥했다고 해서 '조'로 불리는 것은 온당하지 않습니다."

신하들의 반대는 심했고 인종은 신하들의 뜻을 받아들여서 결국 '중종'으로 귀결되었다. 그러나 광해군은 달랐다.

시호만 48자, 선조

광해군도 부왕의 묘호를 '조'로 불리기를 원했다. 부왕의 재위 41년간 나라를 빛내고 난을 다스렸다는 공을 내세웠다. 부왕 때 일어난 임진왜란·정유재란을 국토 침탈로 보기보다는 국난을 극복했다고 보았다.

그러나 신하들은 왕의 뜻을 따르지 않고 '선종'으로 올렸고 결정되었다.

광해군의 즉위 초기는 신하들의 뜻대로 되었으나, 광해군 8년에 기어코 '선종'을 '선조'로 변경한다. 이때 광해군의 뜻을 거스르는 것은 목숨을 내놓아야 했기 때문이다. 그리고 존호도 추가로 올려서 '유명 증시 소경 선조…'로 무려 48자로 했다. 다른 왕의 시호 여덟 자보다 여섯 배가 많은 글자 수다. 좋은 뜻을 48자로 나열했으나 이 역시 기억하고 부르기가 쉽지 않다. 광해군의 집념으로 부왕은 '선종'에서 '선조'로 바뀐 것이다.

인조는 처음에 열조烈祖로 결정했다. 그러나 효종은 '열조'에서 '인조'로 바꾼다. 홍문관 응교 심대부는 반정을 한 중종의 예를 따라서 '종'으로 해야 한다는 상소를 올렸으나 효종은 망령된 의논을 내지 말라고 일축했다. 이에 대해서 홍문관 부수찬 유계와 사간원 사간 조빈도 역시 '조'를 반대하면서 왕의 강압적 태도를 문제 삼았다.

"신하의 상소가 쓸 만하지 못하면 그냥 놔두면 될 일인데, 신하의 기를 꺾고 배척하는 것이 너무 심하지 않습니까? 전하의 마음이 공심입니까? 사심입니까?"

"나를 병들었다고 하지 말고 병을 치료할 수 있는 방도를 진술하라."

효종도 그냥 물러서지 않았다. 조와 종을 둘러싼 임금과 신하 간의 팽팽한 기싸움이다. 효종은 앙금이 남아 있었다. 결국 '조'를 반대한 심대부와 유계를 파직하고 유배 보냈다. 왕은 인사권과 형벌권을 무기로 사용했다.

그러나 후폭풍이 일어났다. 승정원에서도 유배를 반대했고, 사헌부와 홍문관에서도 반대 상소를 올렸다. 사헌부는 임금이 상소를 받아들이지 않자, 전원 사직을 청했다. 사간원도 사직을 청했다. 영의정과 우의정도 유배의 명을 거둘 것을 청하고, 유계를 천거한 이조판서와 참판도 사직을 청했다. 결국 효종은 한발 물러서서 심대부의 유배를 취소하였으나 몇 개월 후 마음을 바꾸어서 다시 유배 보냈다. 심대부는 64세에 유배 갔고, 유배지에서 7년을 보내고 있었다.

효종 8년, 전 예조판서 조경이 상소를 올렸다.

"그동안 두 번의 대사면이 있었으나 심대부만 혜택을 받지 못했습니다. 일흔이 넘어서 조정에 다시 등용되지 않을 것입니다. 전하의 성덕에 누가 되지 않기를 바랍니다."

"나 스스로도 한스러울 만큼 옹졸하다."

효종은 자신의 성격을 스스로 깎아내리면서도 받아들이지 않았다. 심대부는 동료들로부터 충실하고 질박하다는 좋은 평가를 받았으나 인조에게 '조'를 부여하면 안 된다는 상소로 유배지에서 7년간을 보내고, 그곳에서 생을 마감했다.

영조와 정조가 원래는 영종과 정종이었다고?

이후의 묘호에는 '조'가 없었다. 영조 때 중종을 다시 '중조'로 고치자는 상소가 있었으나 '종'을 '조'로 바꾸는 것은 너무나도 막중한 일이어서 감히 경솔하게 논의할 수 없다고 딱 잘라 거절했다.

조선의 왕 영조21대, 정조22대, 순조23대의 원래 묘호는 영종, 정종, 순종이었다. 실록의 원래 이름은 〈영종실록〉, 〈정종실록〉, 〈순종실록〉으로 편찬돼 있다.

'종'을 '조'로 바꾼 것은 후대의 왕, 철종과 고종이다. 철종은 자신을 왕으로 올린 순원왕후 김씨순조비가 승하하자, 존호를 올리고 순종을 순조로 바꾼다. 철종은 순원왕후에게 입은 은혜를 갚았다. 영종과 정종은 고종이 바꾸었다. 영종은 50년 동안 나라를 잘 다스렸다는 이유로 영조가 되고, 징종은 나라 안팎이 복종하는 의미로 정조가 되었다.

이렇게 해서 조선 27명의 왕은 연산군과 광해군을 제외하고, 모두 조와

종의 묘호를 얻었고 우리가 부르는 이름이 되었다.

왕이 살아 있을 때는 상上, 전하殿下, 조선 국왕외교문서으로 불렸다. 왕의 실제 이름은 피휘해서 사용할 수 없었다.

조선에서 조와 종을 붙이기 위해서 왕과 신하들 간의 치열한 논쟁이 있었다. 옛 문헌을 참고해서 '조'를 붙이지 말자는 상소로 왕을 직격했고, 자신의 직을 던지거나 목숨을 내놓은 신하도 있었다. 조와 종, 한 글자의 차이에 조선의 세계관을 엿볼 수 있다.

이 책을 세상에 낼 수 있는 것은 조선시대의 역사를 치열하게 기록한 사관들 덕분입니다. 나라의 흥망성쇠, 임금의 잘잘못, 벼슬아치의 옳고 그름, 백성의 희로애락 등을 가감 없이 기록한 정신을 보면서 그 만분의 일이라도 세상에 알리고 싶다는 간절한 소망을 갖게 되었습니다.

사관이 후세에 전달하고자 한 정신을 조금이라도 소홀히 하지 않기 위해『조선왕조실록』을 읽고 또 읽었습니다. 그 기록을 분류하고 축약해서 전달하는 지난한 과정도 거쳐야 했습니다.

그럼에도 불구하고 미흡한 부분이 있다면, 그것은 오로지 저의 부족한 능력 탓입니다. 앞으로도 계속 더욱 치열하게 고민하고 자료를 꼼꼼히 챙기고 정리해서 사필사관의 글 쓰는 법에 부끄러움이 없는 책을 만들어 가겠습니다. 책의 최초 독자로서 조언한 아내 최미희, 아들 세영과 며느리 황준덕, 딸 신영과 사위 김정섭에게 고마운 마음을 전합니다.

『왕PD의 토크멘터리 조선왕조실록』1권, 2권을 출간한 후 격려와 응원을 보내주신 독자들께 이 자리를 빌려 감사의 인사를 드립니다. 고맙습니다.

왕현철 드림